"十二五"普通高等教育本科国家级规划教材

《现代汉语通论》简明本

XIANDAI HANYU TONGLUN JINGBIAN

现代汉语通论精编
（第二版）

主编　邵敬敏

上海教育出版社
SHANGHAI EDUCATIONAL PUBLISHING HOUSE

"十二五"普通高等教育本科国家级规划教材
《现代汉语通论》简明本

《现代汉语通论》精编
（第二版）

主编：邵敬敏（暨南大学）
顾问：胡裕树（复旦大学）
　　　陆俭明（北京大学）

编者：导论：邵敬敏（暨南大学）
　　　语音：伍　巍（暨南大学）
　　　汉字：费锦昌（教育部语言文字应用研究所）
　　　　　　徐莉莉（华东师范大学）
　　　词汇：赵春利（暨南大学）
　　　语法：邵敬敏（暨南大学）
　　　语用：方小燕（华南师范大学）

上海教育出版社

国务院侨务办公室立项
彭磷基外招生人才培养改革基金资助
暨南大学教务处教学研究基金资助

前　言

　　为适应21世纪高等院校现代汉语课程教学改革的需要,也为了服务汉语国际教学(包括对外汉语教学、华文教学),我们在20世纪末就计划编写一部采用新思路新框架并且切实好教好用的新教材。

　　1999年开始启动《现代汉语通论》编写工作,主编邵敬敏特地聘请复旦大学胡裕树教授和北京大学陆俭明教授担任本书顾问,并约请十三所著名高校的十八位教授担任编者,具体分工如下:导论:巢宗祺(华东师范大学)、邵敬敏(华东师范大学);语音:唐健雄(河北师范大学)、方小燕(华南师范大学)、周静(河南大学);汉字:高家莺(华东师范大学)、范可育(华东师范大学);词汇:苏新春(厦门大学)、刘永耕(福建师范大学)、杨锡彭(南京大学);语法:邵敬敏(华东师范大学)、杨启光(暨南大学)、李宗江(洛阳军事外语学院)、吴继光(徐州师范大学)、孔令达(安徽师范大学)、蒋同林(安徽师范大学);语用:刘大为(华东师范大学)、段业辉(南京师范大学)、池昌海(浙江大学)。

　　《现代汉语通论》自始至终强调创新意识,服务精品课程的建设。其主要特色在于:

　　(一)编写创新:体现"学生为本、师生互动"的指导思想。编写原则是:理论成熟、观点公允、语料有趣、信息新鲜、方法实用、写法简明、练习丰富。坚持"三名"(名牌大学,名牌教授,名牌出版社)和"三高"(高水平、高效率、高效益)的理念。

　　(二)教学创新:教学宗旨秉承"以基础知识为前提,以分析方法为核心,以语言能力为目标"。语言能力的培养,包括三个层面:理解能力和表达能力;思辨能力和分析能力;研究能力和创新能力。这是我们新教材的重点,也是亮点。

(三)学术创新:我们坚持教材必须在学术上反映现代汉语研究的最新水平,在继承的基础上进行动态创新,一方面是尽可能地保留以往教材优秀的内容,另一方面大胆而谨慎地吸取1978年以来比较成熟的研究成果。

我们教材的目标定位:一是新颖,二是好用。在以下几个方面尤为着力,并形成鲜明的特色:

(一)采用中国现代汉语学界以吕叔湘、朱德熙为代表的主流派基本观点,尽可能地广泛吸纳历史上优秀教材最精彩的内容,使之具有普遍的可接受度,以体现其必须具备的继承性。

(二)尽可能吸收新时期以来有关现代汉语各个分支学科比较成熟的最新研究成果,使之具有鲜明的中国特色、时代特色和学科特色,以体现教材的前沿性。

(三)以学生为本,举例生动、典型,贴近当代生活,叙述清晰、简明、有条理,定义准确,层次分明,解释合理,强调在对比中显示特点,有比较强的可读性与可操作性。

(四)凸显方法论的指导思路,配备大量各种类型的练习题和思考题,保证知识和方法通过习题得以转化为学生的语言能力,以彰显其能力性和可检测性。

(五)不强调体系对立,不卷入学术争论,不故意标新立异,一切从现代汉语的语言事实出发,以体现我们教材的主体意识。

本教材第一版于2001年由上海教育出版社出版,很快就在全国获得一致好评。2007年出了修订第二版,编写者为邵敬敏、伍巍、费锦昌、郭熙和方小燕教授。经过九年的实践,2016年我们又推出了第三版,编写者基本不动,只有郭熙教授因工作变故改为赵春利教授。同时,我们还出版了配套教辅书:《现代汉语通论教学指导》(邵敬敏主编,第一版2002年8月,第二版2008年5月,第三版2017

年8月)以及《现代汉语通论参考文献精选》(邵敬敏主编,第一版2002年8月,第二版2018年7月)。

我们感到欣慰的是,本系列教材,在现代汉语教学界引起了比较积极的、正面的、令人欢欣鼓舞的反响。这主要表现为四个方面:

其一,教材一出版,就引起学界的重视,正式评论的论文有好几篇:柳石(朱彦,北京大学副教授)《一本适应新世纪需要的优秀教材》(《语言文字周报》2001年12月)、沈阳(北京大学中文系教授)《继承与创新结合,知识与能力贯通》(《语言文字应用》2002年8月)、田小琳(香港岭南大学教授)《适应新世纪要求的一本好教材》(《语文研究》2003年1月)、张潜(南京晓庄学院教授)《面向21世纪,加强语言素质教育》(《南京晓庄学院学报》2003年1月)、刘俐李(南京师范大学教授)《系统性是现代汉语教材之魂》(《忻州师院学报》2004年4月)、吴婕(芜湖职业技术学院副教授)《从〈现代汉语通论〉看现代汉语课程新思路》(《芜湖职业技术学院学报》2006年2月)、陈青松(浙江师范大学教授)《一部精益求精的好教材——读现代汉语通论(第三版)》(《语言文字周报》2016年11月)等。总的评价认为该教材"出新、稳妥、好用",是一部充分吸取了近年来现代汉语研究成果,真正面向21世纪的优秀教材。

其二,使用本教材的有浙江大学、吉林大学、华东师范大学、南开大学、新疆大学、华南师范大学、暨南大学、南京师范大学、安徽师范大学、河北师范大学、浙江师范大学、浙江财经大学、浙江工业大学、宁波大学、延边大学、华侨大学、洛阳军事外语学院、河南大学、青海民族学院、乐山师院等上百所高校;而且几乎所有高校都把本教材作为报考语言学研究生的必读参考书,还有直接用作研究生教材的。

其三,顺利进入高层次的四个书目:1.教育部"十一五"国家级规划教材;2.教育部"十二五"国家级规划教材;3.国家对外汉语教师资格证书考试必读参考书目;4.台湾教育事务主管部门华语文教师资格证书考试必读书目。现代汉语教材中,能够全部进入这四个书目的,此书恐怕是唯一的一本。

其四，2008年以《现代汉语通论》为依托的暨南大学"现代汉语"课程获得广东省精品课程称号。2010年《现代汉语通论》(第二版)获得广东省第六届高等院校教学成果一等奖(政府奖)。2013年获暨南大学校长特别奖"杰出教学贡献奖"(全校唯一)。2020年以本教材为依托，暨南大学"现代汉语"荣获教育部首批线下一流本科课程。

本教材原先确定的对象主要是教育部的重点大学以及各省市重点院校。现在我们考虑还需要照顾到大量的地方性院校，此外，也要为留学生、境外生服务，还要为新闻专业、外语专业、文秘专业、法律专业等非中文专业的本科生和研究生服务。此外，有部分院校的课时可能减少，教学内容不得不相应缩减。为适应上述需求，我们在《现代汉语通论》(第二版)的基础上，保留基本框架和水准，又适当压缩篇幅、降低难度，于2012年推出简明本《现代汉语通论精编》(上海教育出版社)，反响良好。由于《现代汉语通论》第三版已于2016年出版，《现代汉语通论精编》初版本明显落伍了。根据广大读者的愿望和市场需求，我们在2019年第七次现代汉语教学研讨会(青岛)上决定对精编本做重大修订。本次修订的总原则是"新颖、简明、实用、好学"，字数控制在30万字左右。需要特别说明的是：词汇部分由赵春利教授重新建构，语法部分增添部分新内容，并特邀华东师范大学徐莉莉教授加盟，对汉字部分做了重大补充，还请周娟教授及其团队制作了精美动态的"现代汉语通论PPT"，免费赠送读者，帮助教学。我们期待着《现代汉语通论精编》(第二版)能够为更多的大学生提供服务，成为一本最适合他们学习的好教材。

虽然我们如履薄冰、战战兢兢，但是我们深知，由于教材篇幅比较大，涉及问题也非常复杂，如何处理往往一时难以定夺，再加上受编者特别是主编水平的局限，错误在所难免。我们恳切希望使用这本教材的老师和同学们提出宝贵意见，使我们的教材能够更上一层楼。

邵敬敏
2020年12月

目 录

导论　现代汉语概述 …………………………………………… 1

第一章　语音 ………………………………………………… 12
第一节　现代汉语语音概述 ………………………………… 12
第二节　音节分析：元音和辅音 …………………………… 21
第三节　音节分析：声母和韵母 …………………………… 31
第四节　普通话声调与音节结构 …………………………… 43
第五节　音位和音位归纳法 ………………………………… 54
第六节　音变 ………………………………………………… 59
第七节　节律 ………………………………………………… 70

第二章　汉字 ………………………………………………… 84
第一节　汉字概述 …………………………………………… 84
第二节　汉字的结构类型 …………………………………… 94
第三节　汉字的发展演变 …………………………………… 102
第四节　汉字的字形字音字义 ……………………………… 109
第五节　现代汉字的规范化 ………………………………… 120

第三章　词汇 ………………………………………………… 138
第一节　现代汉语词汇概述 ………………………………… 138
第二节　构词法与造词法 …………………………………… 146

第三节　词义的构成 …………………………………… 157
　　第四节　词义分析与释义 ………………………………… 166
　　第五节　词汇的分类系统 ………………………………… 179
　　第六节　词汇的来源系统 ………………………………… 192
　　第七节　词汇的熟语系统 ………………………………… 201
　　第八节　词汇的发展与规范 ……………………………… 211

第四章　语法 ……………………………………………… 219
　　第一节　现代汉语语法概述 ……………………………… 219
　　第二节　词类系统及其鉴别方法 ………………………… 226
　　第三节　虚词特点及其辨析方法 ………………………… 241
　　第四节　短语及层次分析法 ……………………………… 252
　　第五节　句型与句式 ……………………………………… 266
　　第六节　句类及句子的动态变化 ………………………… 279
　　第七节　句法结构中的语义分析 ………………………… 291
　　第八节　歧义分析与认知解释 …………………………… 300
　　第九节　复句与划线分析法 ……………………………… 312

第五章　语用 ……………………………………………… 330
　　第一节　现代汉语语用概述 ……………………………… 330
　　第二节　言语行为的基本准则 …………………………… 336
　　第三节　话语衔接与语义连贯 …………………………… 345
　　第四节　指称指示和语境意义 …………………………… 357
　　第五节　语用效果与辞格 ………………………………… 364
　　第六节　语体的分类与功能 ……………………………… 383
　　第七节　病句的类型与修改 ……………………………… 391

附录一　汉语拼音方案 ……………………………………… 412
附录二　国际音标简表 ……………………………………… 415
附录三　普通话声韵配合总表 ……………………………… 417

导论　现代汉语概述

> 教学提示：要求对现代汉语有一个全面而深刻的理解。1.现代汉语的基本属性；2.普通话的定义及其检测标准；3.书面语和口语形成的历史进程；4.现代汉语的历史地位和国际地位；5.现代汉语的三大变体：地域变体、社会变体和功能变体；6.现代汉语动态发展观与规范标准的互动关系。

一、现代汉语的性质和特点

（一）语言的基本属性

1. 语言的特点

语言是人类社会特有的产物，语言既不是经济基础，也不是上层建筑，而是一种特殊的社会现象，具有两个重要特点：社会性和全民性。社会性是指语言和社会紧密联系，互相依存；全民性指语言是为全体社会成员服务的，没有阶级性。

2. 语言的功能

语言是人类最重要的交际工具和思维工具。能够运用语言表达思想并进行交际，是人类和其他动物的根本区别之一。所谓交际工具，是指人们能够利用语言传递并交流信息，它是组成人类社会的一个不可缺少的因素。所谓思维工具，是指人们能够利用语言形成和表达思想，它是思想最完善、最有效的载体。

3. 语言的构成

语言是人类特有的一套音义结合的符号系统。它包括**语音、词汇、语法**三个要素。语音是语言符号的声音要素,是它的物质外壳;词汇是语言符号的总汇,是它的建筑材料;语法是语言符号的变化规则和组合规则,是它的结构规律。三者不可或缺,合三为一。

可见,**语言是人类特有的一种社会现象,是人类最重要的交际工具和思维工具,是以语音为物质外壳,以词汇为建筑材料,以语法为结构规律而构成的符号系统。**同时还必须认识到,语言也是一种重要的资源,是一种特殊的财富。

(二) 现代汉语的定义和标准

现代汉语,可有两种理解。广义理解:包括普通话及各地方言。狭义理解:普通话。所谓普通话,也就是国家层面的共同语,也就是现代中华民族使用的全民共同语。**普通话的标准是以北京语音为标准音,以北方话为基础方言,以典范的现代白话文著作为语法规范。**

1. 现代汉语语音

规范语言必须以一个地点方言语音为准,否则无所适从,普通话规定以北京语音为标准音。因为长期以来,北京是全中国的政治、经济、文化中心,以北京语音为标准音,是历史发展的必然结果,也是得到全民与绝大多数专家公认的。

2. 现代汉语词汇

必须以某个重要方言为基础,否则会缺少代表性,普通话规定以北方话为基础方言。因为在汉语众多方言里,北方方言使用人数最多,范围最广,历史最悠久,内部具有比较广泛的一致性;而且正是北方话词汇构成了白话文的基础。

3. 现代汉语语法

必须以典范的现代白话文著作为典范,否则无以检测。所谓"典范",就是指具有广泛代表性的著作,如著名作家的、脍炙人口的名作,这些作品中的一般用例是大家学习的楷模,至于其中的特例,需要另作处理。

(三)现代汉语的历史地位

我国是一个多民族的国家,包括汉族在内有56个民族,各个民族都有自己的语言。由于使用汉语的人口在我国占绝大多数,所以汉语成了国内各民族之间共同使用的交际语言,也是国际上代表中国的语言,是世界上使用人口最多的语言。

1. 汉语的历史分期

一般可以分成四个时期:(1)上古汉语,公元3世纪以前,包括先秦、两汉,往古可上溯到有文献(甲骨文、金文)可考的殷商时代;(2)中古汉语,从公元4世纪到9世纪,包括魏晋、南北朝、隋、唐;(3)近代汉语,从公元10世纪到17世纪,包括晚唐到明末;(4)现代汉语,从清王朝建立(1636年)前后开始逐步形成,一直延伸到现在。

2. 书面语与口语

现代汉民族共同语的形成,有一个历史发展的过程。先秦的"雅言",汉代的"通语",它们都是当时统一的书面语,这就是所谓的"文言"。到了唐宋时期,在大众口语的基础上又形成了一种新的书面语,这就是"白话",比如《水浒传》《儒林外史》《红楼梦》等文学巨著就是白话写成的,白话在一定程度上具有了全民性,白话就是现代汉民族共同语书面形式的来源。

与此同时,以北京话为代表的"官话"也逐步传播开去,不仅成为各级官府的交际语言,而且逐渐变成各方言区之间的共同的口头交际工具。元末明初的《朴通事》和《老乞大》就是用北京口语写的。这样,以北京话为代表的北方"官话"就成了现代汉民族共同语口头形式的源头。

3. 现代汉语三次历史性演变

20世纪以来,现代汉语经历了三次巨大的变革:(1)1919年的新文化运动;(2) 1949年中华人民共和国的成立;(3) 1978年的改革开放。这极大地推动了现代汉语的发展和变化,对现代汉语普通话取得国家共同语地位具有重要的意义。尤其是21世纪以来,新词新语、新的组合形式、新的结构模式、新的使用习惯迅速替代旧的东西,可见,现代汉语正在向当代汉语转型。

(四)现代汉语的国际地位

1. 汉语与各国语言的互动

汉语是世界上最悠久、最发达的语言之一,在世界上具有非常深远的影响。汉语在东方文化史上处于一个极其重要的地位,对亚洲邻邦的语言和文化产生过巨大的影响。汉语和汉字曾随着古代中国高度发达的科学文化知识一起传播到日本、朝鲜、越南等国家。新中国成立以后,随着中国国家地位的日益提高,汉语在世界上的地位也不断提高,1973年联合国大会把汉语列为联合国的6种法定工作语言之一(其他5种分别是英语、法语、俄语、西班牙语和阿拉伯语)。改革开放以来,中国与世界各国的政治、经济、文化交流不断扩大,汉语的国际影响也越来越大,受到了各国的广泛重视,要求学习汉语的人也越来越多,形成了汉语国际传播的热潮。

民族、国家之间的贸易往来、文化交流、移民杂居、战争征服等各种形式的接触,都必然使语言之间产生相互联系。不仅汉语对亚洲各国的语言产生过巨大的影响,其他各国的语言,尤其是英语、日语对汉语也产生过巨大的影响,从而使现代汉语更加精密、准确并富有表现力。这包括大量的外来词,乃至于某些欧化句式,从而形成一种互动互补局面。例如:"葡萄、石榴、菠萝、狮子"等是从西域各民族的语言中吸收的;"菩萨、罗汉、佛、塔"等是从印度语言中吸收的;"胡同、站、蘑菇"等是从蒙古语言中吸收的;"雷达、啤酒、卡车、比基尼"等是从印欧语言中吸收的;"哲学、经验、方针、主观"等是从日语中吸收的。

2. 汉语与世界语言的关系

世界语言的语系大致有：印欧语系（包括日耳曼语族、罗曼语族、希腊语族、斯拉夫语族、波罗的语族、阿尔巴尼亚语族、亚美尼亚语族、印度-伊朗语族等）、汉藏语系（包括汉语、壮侗语族、苗瑶语族、藏缅语族）、闪含语系（包括阿拉伯语等）、乌拉尔语系（包括芬兰语、匈牙利语等）、阿尔泰语系（包括蒙古语、维吾尔语等）、高加索语系（包括格鲁吉亚语等）、南岛语系（包括马来语、高山语等）、南亚语系（包括高棉语等）等等。这种依照语言之间的亲属关系的亲疏程度把语言分为语系、语族、语支等的方法，就叫作"谱系分类法"。

彼此有同源关系的语言，叫作"亲属语言"。汉语的亲属语言包括壮侗、苗瑶、藏缅三个语族的语言。（1）壮侗语族，主要分布在中国的中南、西南地区和泰国、缅甸、越南、老挝等国境内。国内的壮侗语族包括三个语支：① 壮傣语支；② 侗水语支；③ 黎语支。（2）苗瑶语族主要分布在中国的西南、中南地区和越南、老挝境内，分两个语支：① 苗语支；② 瑶语支。（3）藏缅语族主要分布在中国的西南、西北地区和缅甸、不丹、尼泊尔、印度等国境内。国内的藏缅语族的语言分三个语支：① 藏语支；② 彝语支；③ 景颇语支。

二、现代汉语的各种变体

（一）现代汉语的地域变体（方言）

现代汉语的方言也就是它的地域变体。方言的形成主要跟人口的迁移分散、不同地域土语的接触和交融密切相关。汉语的方言大体分为三大板块七大方言区：北方方言以黄河流域为主，使用人口最多；长江流域有吴方言、湘方言和赣方言；珠江流域和东南沿海有粤方言、闽方言和客家方言。这样区分的依据主要是：（1）方言的可懂度；（2）方言的类型学特征；（3）移民历史；（4）地理位置。总的格局是：北方方言一致性大、差异性小；南方方言差异性大、一致性小；中部方言呈现过渡性特点。

每个大方言区包括不同的方言片，还可以细分出方言小片和方言点。

1. 北方方言

北方方言以北京话为代表。分布在长江以北,镇江以西、九江以东的长江南岸沿江地带,四川、云南、贵州、湖北(东南角除外)等省,湖南西北角、广西西北部。使用人口约占汉族总人数的70%以上。下属华北官话、西北官话、西南官话、江淮官话。

2. 吴方言

吴方言以上海话为代表。分布在上海市、江苏省长江以南镇江以东地区(不包括镇江)、南通的小部分地区、浙江省的大部分地区、江西东北部、安徽南部和福建西北角。使用人口约占汉族总人数的8.4%。

3. 湘方言

湘方言以长沙话为代表。分布在湖南省大部分地区(西北角除外)、广西北部。使用人口约占汉族总人数的5%。湘方言可以分为新湘语和老湘语两个方言片。

4. 赣方言

赣方言以南昌话为代表。分布在江西省大部分地区(东北沿江地区和南部除外)和湖北省东南、福建西北、安徽西南、湖南东部部分地区。使用人口约占汉族总人数的2.4%。

5. 客家方言

客家方言以广东梅县话为代表。分布在广东、广西、福建、江西、台湾等省的部分地区和湖南、四川的少数地区。使用人口约占汉族总人数的4%。客家人从中原迁徙到南方,虽然居住分散,但客家方言仍自成系统,内部差别不大。

6. 闽方言

闽方言以福州话为代表。分为闽南、闽东、闽北、闽中、莆仙五个次方言,分别以厦门话、福州话、建瓯话、永安话、莆田话为代表。闽方言分布在福建、广东的东部、海南岛和雷州半岛地区、浙江南部和台湾省。闽方言使用人口约占汉族总人数的4.2%。

7. 粤方言

粤方言也称白话,以广州话为代表。分布在广东、广西两省部分地区以及香港和澳门特区,华侨、华裔中也有不少说粤方言的。使用人口约占汉族总人数的5%。

汉语有七大方言,属于汉语学界主流看法。此外还有八大方言(闽方言再分为闽南方言和闽北方言)以及十大方言(再加上徽语、晋语和平语)的不同分法。这些方言之间的差异表现在语音、词汇、语法等各个方面。其中语音方面差别最为明显,词汇方面次之,语法结构的差别细微而隐蔽,比较难发现。虽然现代汉语的各种方言相互间存在不少差异,但它们都用汉字来书写,基本词汇大体相同,又有大致统一的语法结构和密切对应的音系。所以汉语的这些方言仍然是现代汉语的地域变体,而不是和普通话并立的独立语言。

(二)现代汉语的社会变体

由于性别、年龄、阶层、职业、信仰、文化程度等社会因素的不同,人分属不同的社会群体。每一群体都有一些区别于其他群体的语言特点,从而形成语言的各种社会变体,也叫作社会方言。现代汉语的社会变体主要有以下五种:

1. 性别变体

男女性别往往体现出不同的社会文化传统,在语言的使用方面也有一定的反映。例如男性讲话可以高声大嗓,偶露粗语也不以为怪;女性讲话则柔声柔气,文雅而不粗鲁,不带脏字。此外某些地方的女性有特殊的发音习惯。在词汇方面,女性较多涉及婚恋、子女、日常生活方面的词语,而男性较多涉及政治、体育、经济等方面的词语。女性表示感叹的词语也比男性丰富,有些是女性特有的。

2. 年龄变体

主要的表现在青年变体和中老年变体两个方面:青年变体中有大量的新词,体现了青年人的创新和求异的心理;中老年变体较少使用新词,反映了中老年人守旧和求稳的心理。称谓系统是年龄变体的重要变项,青年人使用亲属词的比例大大低于中老年人,有些方言还出现了新派和老派的差别与对立。

3. 行业变体

行业变体可分为专业术语变体和行帮隐语变体两类。专业术语变体没有排他性,不少词语的使用范围扩大,就成为日常交际用语,比如许多股市用语。而行帮隐语是行帮内通用的语言变体,也称黑话,是为了加强凝聚力和保密性而使用的特殊表达方式,具有强烈的排他性。

4. 阶层变体

由于社会阶层不同而形成的社会变体,如工人变体、农民变体、军人变体、知识分子变体等。知识分子常选用标准变体,书面词语较多,选用的称谓系统也比较持重;工人、农民常使用地域变体,偏重口语词,较多选用亲昵的称谓系统。

5. 社区变体

由于不同的社会制度,特别是"一国两制"的实施,在中国的香港、澳门、台湾以及海外华人中间,形成具有社区特色的变体。这最主要表现在词汇方面,有一些反映该社区政治、经济、文化、教育的特殊词语,例如:打工皇帝、直通车、夹心阶层、金鱼缸、太空人、楼花、黑金政治、太平绅士(香港社区);拜票、扫街、金主、愿景(台湾社区)等。

(三) 现代汉语的功能变体

1. 口语

口语灵活简短,变化多端,用词通俗易懂,多采用俚语俗词和方言词语,多省略句、独词句、非主谓句,多插入、移位、追补、省略、重复、修正等手段,生动活泼,短小精悍,便于口头交际。口语变体有多种形式:独白、演说、讲解、对话、交谈、辩论等。

2. 书面语

书面语在口语基础上加工而成,用文字记载下来,由于可以反复思考、斟酌修改,所以显得严谨规范,条理清晰,结构比较复杂,句子比较完整。书面语还可以分为:政论变体、法律变体、文艺变体、科技变体等。

三、现代汉语规范化问题

(一)语言的规范与规范化

什么是规范?规范是指"标准、法式",如:道德规范、行为规范、技术规范、语言规范。规范,有成文的规定,也有群体内共同遵守的不成文的习惯。

什么是规范化?就是使人们的思想、行为等更加符合规范。这就需要建立或进一步完善规范的"标准",并使人们接受和遵循这个"标准"。

语言规范大致有两层含义:一是形成规范,二是遵守规范。形成规范,就是要形成人们普遍接受的语言"标准",任何一种语言都有其内在的规律,人们都会自觉或不自觉地按规律运用语言,否则人际交流就无法进行或受到阻碍。遵守规范,就是要让使用这种语言的人自觉地按已形成的规则运用语言。

语言规范是出于保证社会中运用语言传递信息的有效性的需要。语言的规范化工作不是一劳永逸的。随着社会的进步,特别是随着当今社会信息技术的迅猛发展,人际交流和人机交流的需要对我们的语言运用提出了更高的要求,也对语言的规范化工作提出了新的要求。

实行语言规范,不仅是必要的,而且也完全是有可能的。实现语言规范的基本条件有两个:一是建立合适的规范标准,二是加强语言规范的研究和教育。

(二)语言规范观与语言动态观

一个社会要进行高效的交际,就必须对语言规范;另一方面,我们又必须认识到,语言在使用过程中,必定会发生变化。语言不可能不变,同时语言的规范又是保证语言正常交际的必要手段,所以,我们应该同时树立语言的规范观和动态观。

语言的规范,要注意三点:第一,要根据不同的对象、领域,采取宽严不等的标准,不能搞"一刀切"。比如政府公文、法律文书、中小学教材,规范的要求就应该尽可能地严格,对新闻语言、文艺语言、网络语言等就需要有程度不同的弹性。第二,语言的规范不应该限制创新,不应该阻碍发展。语言的变化是必然的,新陈代谢也是正常的,在运用语言的过程中,发生超越语言规则的现象,这是可以理解的。第三,规范也要与时俱进,在不同的时代提出不同的要求。因此,现代汉语规范化,既要强调统一性和规定性,也要肯定变通性和宽容性,要用发展的、辩证的眼光来看待这种演变,在规范和动态变化中寻求最佳的平衡点。

(三)现代汉语规范的标准

要建立和完善现代汉语规范化的标准。现代汉民族共同语的规范化标准是:语音方面以北京语音为标准,词汇方面以北方方言为基础,语法方面以典范的现代白话文著作为规范。这一规范原则对于作为现代汉民族共同语的普通话的形成和普及起到了非常重要的作用,但是在今天信息化、网络化、传播手段多样化、经济全球化、文化交流频繁的发展新时期,这一规范原则有必要进一步细化和完善。

练习题

一、普通话的标准是什么?请结合自己的学习体会,说说掌握汉语共同语的作用。

二、请指出现代汉语书面语和口语从古到今的发展路线。

三、你的母语方言是什么?你会说几种方言?能不能跟普通话进行一些有趣的比较?

四、现代汉语的社会变体有好多种,请选择一种,举例说说它们的特色。

五、现代汉语的功能变体多种多样,请选择一段文字,说说它的功能特色。

六、请你寻找出近年来新词新语十个,说说你的认识,预测它们是否能够进入普通话。

思考题

一、我们提倡学习普通话,有人担心方言最终会消亡,认为应该"保卫方言",你认为呢?

二、我们提倡语言规范化,可是现在汉语几乎天天在变化,比如"很中国、很男人",我们应该怎么对待?

三、请举例说明网络普及给汉语带来的变化。

参考文献

陈其光.中国语文概要[M].北京:中央民族学院出版社,1990.

吕冀平,戴昭铭.当前我国语言文字的规范化问题[M].上海:上海教育出版社,1999.

游汝杰.汉语方言学教程[M].上海:上海教育出版社,2004.

第一章 语　　音

第一节　现代汉语语音概述

> **教学提示**：了解语音的三大属性：物理属性、生理属性和社会属性。掌握语音的四要素：音高、音强、音长以及音色。熟悉发音器官的基本构造。了解《汉语拼音方案》的内容和作用，能运用拼写规则正确地拼写普通话的音节和词语。一般了解国际音标。

大千世界里有各种各样的声音，水哗哗地流，喇叭呜啦啦地响，小鸟叽叽喳喳地叫，人会发出呼噜噜的打鼾声。这些声音各不相同，但这些都不是语音，因为它们没有任何约定俗成的意义。

语音是指人类通过发音器官发出来的、具有一定意义的、用来进行社会交际的声音。语音跟自然界其他声音的区别有三：第一，语音是由人的发音器官发出来的；第二，不同的语音代表不同的意义；第三，其作用在于社会交际，具有"社会"的属性。

语言是人类最重要的交际工具，它的显著特点不仅是声音必须与意义密切结合，二者不可缺一，而且形成系统性的对应关系。世界上有各种语言，有的具备相应的文字，有的至今尚没有文字，其存在与使用的凭借正是语音。可见，文字只是语音语义的视觉代码、书面形式。"语音是语言的物质外壳"说的正是这个道理，所谓的"无声语言"实际上是不存在的。

一、语音的属性

语音具有三个重要属性：物理属性、生理属性与社会属性。

（一）物理属性

物理属性是就发音体发音的特点而言。任何声音都是由物体的振动而产生的，语音的发音体是人的声带，它与琴弦、喇叭簧片、鼓等发音体一样也是一种物质振动体，所以语音同样具备音高、音强、音长、音色（音值）四个要素。

1. 音高。**音高就是声音的高低，音高取决于发音体振动的频率，语音的音高取决于声带紧张的程度。**声音的频率单位叫"赫兹"（Hz/秒），频率的高低与声音的高低成正比。音高有"绝对音高"与"相对音高"之分，比如女人的声带一般都比男人要窄、短，所以女人的声音要比男人的高；大人的声带一般要比小孩儿的宽、长，所以大人的声音要比小孩儿的低。即使是同一个人，在不同的语境下声音也有高低的变化，这样的区别属于"相对音高"；但是，不同的言语者、不同的语境下，每个人均有自己成规律的相对音高显示，并不影响彼此间的说话与表达。可见语音注重的是"相对音高"。

2. 音强。**音强就是声音的强弱，主要取决于发音体的振幅大小。**振幅指发音体振动时最大的位移距离，即发音体振动的幅度。振幅与音强成正比。语音的强弱取决于呼出的气流量大小和发音时用力的程度。发音时用力大，气流强，声音就强；反之就弱。

3. 音长。**音长就是声音的长短，它决定于发音体振动持续时间的长短。**音长主要在轻声和语调中起作用，与重音也有一定关系。音长在普通话音节中一般不起区别意义的作用，只是在某些语言或汉语方言里有区别词义的作用。例如：

广州话："三"［saːm］≠"心"［sam］

"蓝"［laːm］≠"林"［lam］

英　语：beat[biːt]（敲打）≠ bit[bit]（少量）
seat[siːt]（座位）≠ sit[sit]（坐）

4. 音色。"音色"有两种理解："音色1"，即人们通常理解的"声音的特色"，比如胡琴与唢呐，或者手风琴与钢琴可以演奏同一首乐曲，尽管内容相同，音色却不同；就人类而言，男高音与女高音或者孩子与大人，说同样的话，尽管音色不同，但并不区别意义。"音色2"（音值），是语音学的专门术语，指由于发音部位与方法以及共鸣特性变化而形成的语音，关键是因此而表示不同的语义，如 de 和 dei 中的 e 为不同音值。语音学界通常把这"音色2"称为"音值"。

（二）生理属性

语音是由人的发音器官发出来的，发音器官活动的部位和方法不同，都会造成不同的声音。人的发音器官包括：呼吸器官、发声器官和共鸣器官三大部分。

1. 呼吸器官。主要由肺、支气管、气管组成。肺是语音发音气流产生的动力器官，支气管、气管是发音气流的传输器官。只有由呼吸器官提供气流推动声带的震动，才能发出声音。

发声器官和共鸣器官图
（1,2）上下唇。（3,4）上下齿。
（5）齿龈。（6）硬腭。（7）软腭。
（8）小舌。（9）鼻腔。（10）口腔。（11）咽腔。（12）舌尖。
（13）舌叶。（14）舌面前和舌面中。（15）舌面后或舌根。（16）会厌软骨。（17）食道。（18）气管。
（19）声带。（20）喉结。

2. 发声器官。包括喉头和声带。喉头由四块软骨组成：甲状软骨、环状软骨和两块构状软骨。这四块软骨构成一个圆筒形的筋肉小室，即喉室，声带位于喉室中央。此外，甲状软骨上面，还有一块会厌软骨，可以上下开合，分别控制气管与食道的开合。当呼吸或说话时，会厌软骨打开，气流顺利通过喉头；吃东西时会厌软骨关闭气流通道，使食物进入食道。

声带是主要的发音震动体,由两片带状的富有弹性的薄膜构成,它的前端固定在甲状软骨上面,后端分别附在两块可以转动的构状软骨上面,以控制声带的开闭松紧。平时呼吸的时候,声门呈倒"V"形大开;发音的时候声带靠拢,声门留有窄缝,供气流冲击声门,震动声带形成嗓音。

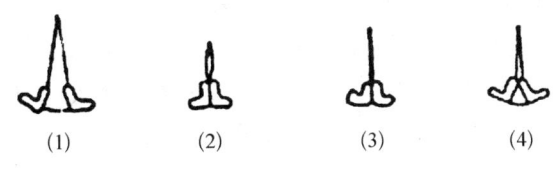

(1)　　　(2)　　　(3)　　　(4)

声带的位置

(1)声门大开,平常呼吸时的位置。(2)发元音、浊音时候的位置。
(3)发喉塞音[?]时的位置。(4)耳语时的位置。

3. 共鸣器官。主要包括喉腔、咽腔、鼻腔和口腔四部分。喉腔位于喉头位置,是声音经过的第一个共鸣腔。咽腔位于喉头上面,是口腔、鼻腔会合处。咽腔往上有鼻腔和口腔两条通道,通过软腭与小舌调节两者的开合。鼻腔共鸣器官主要用于发鼻音和鼻化音。口腔是发音最重要的共鸣腔,由上腭和下腭两部分构成。上腭有上唇、上齿、上齿龈、硬腭、软腭和小舌六部分。软腭是硬腭后较软的部分,可以上下活动,决定发音气流进入口腔还是鼻腔。如果软腭下垂,可以堵住口腔通道,使发音气流进入鼻腔,形成鼻音;软腭上提则堵塞鼻腔通道,形成口音。下腭分下唇、下齿和舌头三部分。舌头是最灵活的发音器官,发音时起重要的调节作用。舌头又可以分为舌尖、舌面和舌根三部分。发音时,因为不同的舌位及其活动方式构成不同的共鸣而形成不同的音色。

(三)社会属性

语音的社会属性是语音最重要的本质特点,是其他任何声音所不具备的属性,其特点主要有三个:

1. 约定俗成。单纯的声音并无语言价值,只有跟一定的社会意义结合起来的声音才能成为语音。语音的形式和意义间没有必然的联系,同一个声音在不同的语言社会中往往表示不同的意义,如[iaŋ]在汉语中表示"羊",在英语中表示"年轻"(young);同样的意义在不同的语言社会里往往可用不同的语音形式来表达,如汉语普通话把装订成册的著作称为"书"[ṣu⁵⁵],英语为 book[bʊk],俄语为 КНИГa[kʼniga]。即使在不同的方言中,同一个东西使用不同的名称也必须是该地区社会的共识,如"马铃薯",方言中就有"土豆""地豆""洋山芋"等不同的名称。用什么样的语音形式来表达什么样的意义不是个人意志决定的,完全是某个语言社会成员约定俗成的结果。

2. 系统性。每一种语言的语音都有自己的一套相对独立的系统,内部规则较为完整,主要表现为:

(1) 系统内所包含的音素数目及其相互关系是有序的,例如英语共有 24 个辅音,21 个元音,没有声调;汉语普通话有 21 个辅音声母,39 个韵母,4 个声调。在英语、德语、俄语中,清辅音与浊辅音的对立具有区别意义的作用,如英语 beak[bi:k](鸟嘴)不同于 peak[pi:k](山顶)、down[daun](向下)区别于 town[taun](城镇),但是否送气却并不区别意义;汉语普通话恰恰相反,不存在清浊对立,可辅音送气与否直接关系到不同的语义,例如"肚子饱了"不同于"兔子跑了"。

(2) 即使是彼此共有的同一个音素,在不同的语音系统中的功能和地位也并不一样,如双唇鼻辅音 m[m]在汉语普通话中只能充当声母而不能充当韵尾,舌根鼻音 ng[ŋ]只能充当韵尾而不能充当声母;而在粤语、闽语、客家话中,m[m]与 ng[ŋ]不但都能充当声母,也都能充当韵尾;又如舌尖中鼻音 n[n]与边音 l[l]在大多数汉语方言中是两个能区别意义的辅音,男(n-) ≠ 兰(l-)、脑(n-) ≠ 老(l-),可在江淮官话、西南官话与多数湘语中,南=兰、脑=老,可见,n[n]与 l[l]在这些方言中并没有区别意义的功能。系统性是语音内部规则的体现。

第一节　现代汉语语音概述

3. 民族特征和地域特征。语音的民族特征往往很鲜明，例如声调是汉语音系不可缺少的成分，而印欧语言却没有声调；颤闪音是斯拉夫语、阿尔泰语常见的语音现象，而汉语并不多见，普通话根本没有颤闪音。不同的方言也表现为不同的地域特征，例如吴方言、粤方言、闽方言都保留了入声，而普通话则消失了；普通话音系分平、翘舌两套齿音声母，南方大部分方言只有一套齿音声母。

可见，语音的三大属性中，只有社会属性才是人类语言独有的，是区别于其他一切声音的本质属性。至于物理属性是所有声音共有的特征，生理属性也并非人类语音独有。

二、《汉语拼音方案》

与印欧等国家的字母文字相比，汉字拥有字母文字无可比拟的鲜明特点，但是作为表意体系的文字，从字形上很难直接读出字音，这确实也给汉字的学习和使用带来一些不便，因此，制定一套可以给汉字标音的符号系统是汉字使用者不倦的追求。古人曾使用过"直音""读若"或"反切"等注音法，但没有从根本上解决问题。此后又产生了一套"注音字母"，但因不是音素标音，也没采用拉丁字母符号，仍不能准确地反映规范语音的面貌，也无法与国际通用的拼音符号接轨，因此《汉语拼音方案》的诞生就成了势在必行。

（一）《汉语拼音方案》简介

《汉语拼音方案》是一个用拉丁字母拼写现代汉语普通话语音的方案，其基本功能是帮助解决汉字、词语等语言单位的规范读音与拼写。从这个意义上说，它是专门为普通话设计的一套语音注读方案。

《汉语拼音方案》是在总结历史注音经验的基础上，针对现代汉语语音系统的特点，采用国际上通用的拉丁字母与音素标音的方法所制定，该方案1955年由国务院批准设计，1958年2月11日经第一届全国人民代表大会第五次会议审议通过。多年实践证明，这是一套较为科学的完善的拼音方案,无论教学上还是信息处理都发挥了重大作用。

《汉语拼音方案》共分字母表、声母表、韵母表及说明、声调符号、隔音符号五部分。

(参见附录一《汉语拼音方案》)

(二)《汉语拼音方案》的使用与影响

《汉语拼音方案》自颁布使用后,普遍施用于中小学语文课本的汉字认读与拼写注音,为少年儿童的学习及提前认读提供了极大的方便。现代出版的字典、词典与各类汉语工具书基本均以汉语拼音作为拼注、检索的首选方法,为少数民族、外籍人士及所有学习使用汉语的人提供了有效的帮助。此外,《汉语拼音方案》还可作为我国少数民族创制或改革本民族文字的基础。半个多世纪以来,《汉语拼音方案》不仅促进了学校教育、社会扫盲工作、民族共同语的推广和普及,也有效地促进了民族团结和国际文化交流,今天在港澳、台湾均普遍施用。汉语拼音作为国家标准代号制定的根据,已经广泛应用于各种技术标准和工业产品代号的编排、索引,已被各级图书馆、资料室、户籍管理部门、银行、医院及其他机关团体用作排序、检索的手段。

1977年9月联合国第三届地名标准化会议通过决议,采用《汉语拼音方案》作为中国地名罗马字拼写法的国际标准,1978年9月,国务院正式批准《汉语拼音方案》作为我国人名地名罗马字拼写法的统一规范,1982年8月国际标准化组织发布 ISO-7098 国际标准文件,规定《汉语拼音方案》作为世界文献工作中拼写有关中国的专门名称和词语的国际标准。新加坡、马来西亚两国先后采用了汉语拼音作为拼写华文的拼音方案,并正式列入当地学校的课程。

近年来,随着电脑、手机的普及与网络的发展,汉语拼音更是信息编码与网络传输不可缺少的信息符号,拼音输入法已逐渐成为大多数汉语应用者汉字输入的首选,汉语拼音的作用得到了前所未有的发挥。《汉语拼音方案》已经同我国国计民生、现代化建设与国际文化交流发生了密切的关系。

三、国际音标

不同的语言、不同的方言各有自己相对独立的语音系统,彼此千差万别。即使是同一个字母"B",汉语读为清塞音[p],英语读为浊塞音[b],俄语读为浊擦音[v],彼此认定不同,因此需要一套世界统一的标音符号就成了各国广泛的要求。

国际音标是目前通用全世界的一套行之有效的记音符号,英文全名是 International Phonetic Alphabet(IPA),由国际语音协会(前身"语音教师协会")于1888年制定并公布,后经历次修改与充实。国际音标是根据人类发音器官的生理机能,并参照世界上已经掌握的各种语音的实际情况设计出来的,可以相当准确地标记世界各种语言或方言的语音。

各国目前都采用国际音标为自己语音系统中的每个音加注实际发音的音值,《汉语拼音方案》也不例外。

国际音标包括辅音表、元音表和附加标记符号。现在使用的国际音标表是1996年修订的(参见附录二《国际音标简表》)。

国际音标是我们从事语言研究和教学行之有效的基本工具,具有公认的科学性与权威性。

1. 国际音标运用一符一音的原则。一个音素只用一个完整的符号代表,一个符号只代表一个音素,彼此不兼用。音素和符号一一对应,不发生混淆。这套符号系统要担负准确地标记世界所有语言与方言的语音,所以音标的数量较多(100多个),附加符号也不少。实际上每一种语言只可能用到它的一部分。

2. 符号大部分采用世界通用的拉丁字母印刷体。字母形体简明清晰,熟悉拉丁字母的人很容易识别。

3. 拉丁字母不够用时,采用倒写、反写、合体、小写尺寸的大写字母字形等,个别的还采用一些希腊字母。为了标音的精确,还允许在字母上添加一些附加符号。

4. 以形体相类似的一组符号代表发音部位相同或发音方法相同的一组音,规律整齐,方便记忆与应用。只要稍微接触过拉丁字母拼音的人,学习和应用这些符号并不难。

练习题

一、填空。

1. 语音的三大属性是_____、_____和_____,其中本质属性是_____。

2. 请填写下列各项内容:

术　语	定　义	取决于什么	在普通话里的作用
音　高			
音　强			
音　长			
音　色			

3. 人的发音器官主要由_____、_____和_____构成。

4. 口腔中的上腭主要由_____六部分组成。

5. 调节发音的重要器官舌头可分_____、_____和_____三部分,舌尖又分_____、_____和_____三部分

二、判断(对的打√,错的打×)。

1. 在区别语义作用上,语音关注的是绝对音高。　　(　　)
2. 语音共鸣腔分口腔、鼻腔与咽腔。　　(　　)
3. "音高"指震动体的震动频率,音长指震动体震动的幅度。
　　(　　)

4. 语音的"音色"就像笛子与胡琴的不同,主要指声音的色彩。
（　　）

三、用汉语拼音给下列汉字注音标调。

庆　威　羊　岳　轰　忘　汹　英　崔　吞　归　煤
嫩　家　跟　话　学　污　圆　云　盐　最　混　瓮
液　郡　外　染　黄　珉　桥　酒　半　刚　灵　速

四、试用汉语拼音给下列词语注音。

洗脸　保证　商人　严肃　激动　麻木　文明
发展　短促　停留
安分守己　　千钧一发　　万水千山　　包罗万象
龙飞凤舞　　好事多磨

五、问答。
1. 为什么说物理属性、生理属性不是语音的本质特点？
2. 语音的社会属性主要表现在哪几方面？

思考题
一、举例说明两种不同的"音色"，说说"音色"与"音值"的关系。
二、人发出的所有声音是否都是语音？为什么？
三、《汉语拼音方案》的应用领域有哪些？
四、为什么汉语拼音的具体音值仍需要用国际音标来标注？

第二节　音节分析：元音和辅音

> 教学提示：了解音节的基本结构,掌握音节的"音素分析法"。熟悉元音和辅音的标准及现代汉语元音和辅音的发音特点。

当朗读下面这首诗的时候,我们可以清楚地感觉到发音器官产生了二十次明显的紧张过程,而聆听的人也会感受到二十个界限清晰的语音单位:

白日依山尽,黄河入海流;欲穷千里目,更上一层楼。

这二十次紧张过程,在语音学上就表现为二十个音节,记录下来就是二十个汉字。可见,**音节是人们听感能够轻易分辨出来的最小语音片断**。从发音角度来说,每个音节发音时,肌肉均经历了一次从紧张到松弛的过程;从听感角度来说,每一个音节都有一个明显的响度中心。普通话除儿化音音节外,一个汉字的读音就是一个音节。

一、音节的分析

汉字成千上万,而普通话的音节总数只有 400 个左右。音节是听觉能感知的自然语音单位,但它不是最小的语音单位,它还可以作进一步的分析。目前较科学的分析方法是音素分析法。

音素分为元音与辅音两类,音素分析法是对构成音节的具体成分进行分析,从而得出一个个最小的具有区别性特征的语音单位。例如"炉"(lú)可分析为 l-u 两个音;"快"可以分析为 k-u-a-i 四个音,所得到的每个音再也不能拆解,这就是音素。**音素是从音值角度划分出来的最小语音单位**。

普通话里,一个音节可以是一个音素,例如"啊"(ā)、"鹅"(é),也可以是两个或两个以上音素组成,例如"古"(gǔ)、"街"(jiē)、"房"(fáng),但最多只能有四个音素,如"鸟"(niǎo)、"窗"(chuāng)。音素分析法可以将音节的结构分析得比较细致、准确。

要切记的是汉语是声调语言,每个音节都有一个具体的声调贯穿于音节的始终。没有声调的音节在汉语中是不存在的。

二、元音与辅音

音素可分为元音与辅音两大类。

元音：发音时气流振动声带,发音部位不受阻碍而形成的音叫元音。例如：a[ɑ]、o[o]、e[ɤ]、ê[ɛ]、i[i]、u[u]、ü[y]等。元音的主要功能是构成音节的韵母。

辅音：发音时气流在发音部位受到明显的阻碍而形成的音叫辅音。例如：b[p]、p[p']、m[m]、f[f]、d[t]、t[t']、n[n]、l[l]等。辅音的主要功能是担当音节的声母,少数还充当韵母的韵尾。

元音与辅音的主要差异有四点：

元音发音时,气流通过发音部位不受阻碍;辅音发音时,气流通过发音部位时受到明显的阻碍。

元音发音时,声带一定振动,声音比较响亮,并且能延长;辅音发音时,声带不一定振动(清辅音不振动,如 b[p]、p[p']、f[f]等;浊辅音振动,如 m[m]、n[n]、l[l]、r[ʐ]),且大多数辅音发音短暂,不能延长。

元音发音时,发音器官肌肉保持均衡的紧张状态;辅音发音时,发音器官肌肉局部(成阻部位)紧张。

元音发音时,因声带振动能量消耗,气流较弱;辅音发音时,气流较强。

三、元音的发音原理

元音的发音主要取决于口腔的开合(也就是舌位的高低)、舌头的伸缩,以及唇形的圆展这三个因素,从而改变口腔形状与共鸣形式,发出不同的元音。

元音发音时,舌头的某个部位会收紧隆起,舌头收紧隆起的发音部位称作"舌位"。根据舌位的不同,元音可分为舌面元音和舌尖元音两大类。此外还有一个较特别的元音,我们称作"卷舌元音"：er[ɚ]。

(一) 舌面元音

发音舌位位于舌面部分的元音叫"舌面元音"。现代汉语普通话舌面元音共有7个：a[A]、o[o]、e[ɤ]、ê[ɛ]、i[i]、u[u]、ü[y]。舌面元音又可根据舌位的前后、舌位的高低、唇形的圆展这三个特点加以进一步区分：

1. 根据舌位的前后不同，舌面元音可以分为三类：前元音、后元音、央元音。舌面前元音有i[i]、ü[y]、ê[ɛ]；舌面后元音有u[u]、o[o]、e[ɤ]；舌面央元音有a[A]。

2. 根据舌位的高低不同，舌面元音可以分为四类：高元音、半高元音、中高元音、低元音。高元音有i[i]、u[u]、ü[y]；半高元音有e[ɤ]、o[o]；半低元音有ê[ɛ]；低元音有a[A]。舌位的高低和口腔的开口度大小有关，口腔开口度越大，舌位就越低；口腔开口度越小，舌位就越高。

3. 根据唇形的圆展，舌面元音可以分为两类：圆唇元音和不圆唇元音。圆唇元音有ü[y]、u[u]、o[o]；不圆唇元音有i[i]、ê[ɛ]、e[ɤ]、a[A]。

现代汉语普通话七个舌面元音可以描写为：

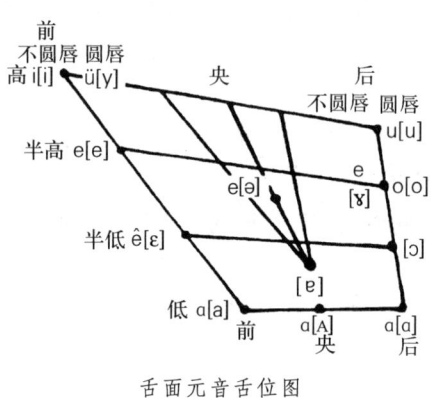

舌面元音舌位图

a[A]：舌面央、低、不圆唇元音；
o[o]：舌面后、半高、圆唇元音；
e[ɤ]：舌面后、半高、不圆唇元音；
ê[ɛ]：舌面前、半低、不圆唇元音；
i[i]：舌面前、高、不圆唇元音；
u[u]：舌面后、高、圆唇元音；
ü[y]：舌面前、高、圆唇元音。

（二）舌尖元音

发音舌位位于舌尖部分的元音叫"舌尖元音"。舌尖元音的区别由舌尖活动的前后和唇形的圆展两个条件来决定。普通话中只有舌尖前元音-i[ɿ]和舌尖后元音-i[ʅ]两个不圆唇舌尖元音。

现代汉语普通话的两个舌尖元音的发音分别描写为：

-i[ɿ]：前、高、不圆唇舌尖元音；

-i[ʅ]：后、高、不圆唇舌尖元音。

要特别注意的是：舌尖元音不能单独成音节，舌尖前元音-i[ɿ]只能出现在 z、c、s 声母后面；舌尖后元音-i[ʅ]只能出现在 zh、ch、sh、r 声母后面。舌尖元音在书面标写时，为了区别于舌面元音 i[i]，一律在前面加上一小横线：-i[ɿ]、-i[ʅ]。

（三）卷舌元音

卷舌元音 er[ɚ]在汉语拼音方案中用 e、r 两个符号来标示，其中"e"代表央元音[ə]（位于舌面中央位置的不圆唇元音），是 er 的主体部分，"r"并不是独立的音素，它只表示在发 e[ə]同时的一个伴随动作——翘舌，故被命名为"卷舌元音"。严格地说，普通话的卷舌元音 er[ɚ]应属于舌面元音，但它的具体发音并不同于一般的舌面元音，所以将 er[ɚ]单列为一类，以示区别。

四、辅音的发音原理

普通话里的辅音共有 22 个，辅音的分类由两个特点来决定：形成阻碍的部位（发音部位）和克服阻碍的方式（发音方法）。

（一）发音部位

发音部位是指发音时气流受到阻碍的部位。普通话 22 个辅音共分七种不同的发音部位：

1. 双唇音,由上下唇构成气流阻碍而发出的音:b[p]、p[p']、m[m]。

2. 唇齿音,由上齿与下唇构成气流阻碍而发出的音:f[f]。

3. 舌尖前音,由舌尖与门齿齿背构成气流阻碍而发出的音:z[ts]、c[ts']、s[s]。

4. 舌尖中音,由舌尖与上齿龈构成气流阻碍而发出的音:d[t]、t[t']、n[n]、l[l]。

5. 舌尖后音,由舌尖与硬腭部位构成气流阻碍而发出的音:zh[tʂ]、ch[tʂ']、sh[ʂ]、r[ʐ]。

6. 舌面音,由前舌面与硬腭构成气流阻碍而发出的音:j[tɕ]、q[tɕ']、x[ɕ]。

7. 舌根音,由舌根与软腭构成气流阻碍而发出的音:g[k]、k[k']、h[x]、ng[ŋ]。

(二) 发音方法

发音方法主要指发音时形成阻碍和克服阻碍的方式,分为三个阶段:发音部位接触形成阻碍叫"成阻";成阻后蓄积气流,保持成阻点内外气流的压力差以待爆发叫"持阻";克服阻碍冲出发音气流叫"除阻"。所以,发音方法应包括三个方面的内容:(1)成阻和除阻的方式;(2)声带振动与否;(3)呼出气流的强弱。

1. 按照成阻和除阻的方式,普通话的辅音可分为5类:

(1)塞音:成阻部位完全封闭气流通道,然后突然除阻,让气流冲出爆发成声。普通话塞音共有6个:b[p]、p[p']、d[t]、t[t']、g[k]、k[k']。

(2)擦音:成阻部位不完全封闭气流通道,其间留有一条窄缝,让发音气流挤出窄缝摩擦成声。普通话擦音共有6个:f[f]、s[s]、sh[ʂ]、r[ʐ]、x[ɕ]、h[x]。

(3)塞擦音:发音部位先完全封闭,然后打开一条窄缝,让发音气流从中挤出。成阻时为塞音状态,除阻时为擦音状态,两个过程

第二节 音节分析：元音和辅音

紧密连接,一次完成。普通话塞擦音共有6个:z[ts]、c[ts']、zh[tʂ]、ch[tʂ']、j[tɕ]、q[tɕ']。

（4）鼻音:成阻部位完全堵塞口腔气流通道,声带震动,让发音气流从鼻腔冲出形成鼻腔共鸣。鼻音可以适当延长。普通话鼻音共有3个:m[m]、n[n]、ng[ŋ]。

（5）边音:舌尖抵住上齿龈始终接触成阻,声带震动,让气流从舌的两边通过。普通话里只有一个边音l[l]。

2. 按照声带振动与否,普通话的辅音可以分为清辅音、浊辅音两类：

（1）清辅音：发音时声带不振动的辅音叫清辅音。共有17个：b[p]、p[p']、f[f]、d[t]、t[t']、g[k]、k[k']、h[x]、j[tɕ]、q[tɕ']、x[ɕ]、zh[tʂ]、ch[tʂ']、sh[ʂ]、z[ts]、c[ts']、s[s]。

（2）浊辅音：发音时声带振动的辅音叫浊辅音。普通话共有5个：m[m]、n[n]、ng[ŋ]、l[l]、r[ʐ]。

3. 按照发音时呼出气流的强弱,普通话辅音可以分为不送气辅音与送气辅音两类：

（1）不送气辅音：发音时吐出气流较弱的音称为不送气辅音。普通话不送气辅音共有6个：b[p]、d[t]、g[k]、j[tɕ]、zh[tʂ]、z[ts]。

（2）送气辅音：发音时呼出气流较强的音称为送气辅音。普通话送气辅音共有6个：p[p']、t[t']、k[k']、q[tɕ']、ch[tʂ']、c[ts']。

根据上述发音部位和发音方法的不同,可以归纳出一个普通话辅音发音特征表：

普通话辅音发音特征表

辅音 \ 发音方法 发音部位	塞音		擦音		塞擦音		鼻音	边音
	清音		清音	浊音	清音		浊音	浊音
	不送气	送气			不送气	送气		
双唇音 (上唇 下唇)	b [p]	p [p']					m [m]	

(续表)

发音方法 辅音 发音部位	塞音		擦音		塞擦音		鼻音	边音
	清音		清音	浊音	清音		浊音	浊音
	不送气	送气			不送气	送气		
唇齿音(上齿/下唇)			f [f]					
舌尖前音(舌尖/上齿背)			s [s]		z [ts]	c [ts']		
舌尖中音(舌尖/上齿龈)	d [t]	t [t']					n [n]	l [l]
舌尖后音(舌尖/齿龈后)			sh [ʂ]	r [ʐ]	zh [tʂ]	ch [tʂ']		
舌面音(舌面/前硬腭)			x [ɕ]		j [tɕ]	q [tɕ']		
舌根音(舌面后/软腭)	g [k]	k [k']	h [x]				ng [ŋ]	

根据上表,我们可以对普通话的22个辅音进行精确描写,顺序依次为:发音部位、发音方法;发音方法依次为:送气不送气、清浊和成阻形式。

b[p]:双唇、不送气、清、塞音

p[p']:双唇、送气、清、塞音

m[m]:双唇、浊、鼻音

f[f]:唇齿、清、擦音

d[t]:舌尖中、不送气、清、塞音

t[t']:舌尖中、送气、清、塞音

n[n]:舌尖中、浊、鼻音

第二节 音节分析：元音和辅音

l[l]：舌尖中、浊、边音
g[k]：舌根、不送气、清、塞音
k[kʻ]：舌根、送气、清、塞音
h[x]：舌根、清、擦音
ng[ŋ]：舌根、浊、鼻音
j[tɕ]：舌面、不送气、清、塞擦音
q[tɕʻ]：舌面、送气、清、塞擦音
x[ɕ]：舌面、清、擦音
zh[tʂ]：舌尖后、不送气、清、塞擦音
ch[tʂʻ]：舌尖后、送气、清、塞擦音
sh[ʂ]：舌尖后、清、擦音
r[ʐ]：舌尖后、浊、擦音
z[ts]：舌尖前、不送气、清、塞擦音
c[tsʻ]：舌尖前、送气、清、塞擦音
s[s]：舌尖前、清、擦音

练习题

一、发音练习。

1. 单元音发音比较，体会舌位和唇形的不同。

ü——u　　　i——ü　　　o——e　　　-i[ɿ]——-i[ʅ]——i
ê——er　　　ɑ[a]——ɑ[A]——ɑ[ɑ]
i——e——ê——ɑ[a]　　　u——o——ɑ[ɑ]

2. 辅音发音比较，体会各类辅音发音部位的区别。

j——z　　　q——c　　　x——s
zh——z　　　ch——c　　　sh——s
F——h　　　l——r　　　f——s——sh——x——h
L——n　　　m——n　　　n——ng

3. 辅音发音比较，体会各类辅音发音方法的区别。

p——f　　　k——h　　　q——x　　　ch——sh

```
c——s      n——l      sh——r      b——p
d——t      g——k      j——q       zh——ch
z——c      b、d、g——j、zh、z      p、t、k——q、ch、c
```

二、填空。

1. 汉语一个音节最少有____个音素,最多有____个音素。

2. 元音和辅音最重要的区别是_____。

3. 辅音中可以充当声母和韵尾的是____,只能当韵尾而不能作声母的是____。

4. 音节是指_____。

三、下列说法正确的请打√,如有错误,请改正。

1. 元音发音声带一定振动;辅音发音声带一定不振动。

2. 所有的单元音都可以直接作韵母。

3. 辅音的发音方法分塞音、塞擦音、擦音、鼻音、边音五种。

4. 声调一般加在音节的主要元音上,因此它只管主要元音的高低升降。

四、根据所提供的发音条件,写出普通话相应单元音。

1. 前、高、不圆唇舌尖元音(   )

2. 前、半低、不圆唇舌面元音(   )

3. 后、半高、不圆唇舌面元音(   )

4. 后、半高、圆唇舌面元音(   )

5. 央、低、不圆唇舌面元音(   )

五、根据所提供的发音部位和发音方法,写出相应的辅音。

1. 双唇、浊、鼻音(   )

2. 舌尖后、清、擦音(   )

3. 舌根、送气、清、塞音(   )

4. 唇齿、清、擦音(   )

5. 舌面、送气、清、塞擦音(   )

6. 舌面、不送气、清、塞擦音(   )

7. 舌尖中、不送气、清、塞音(   )

六、简答。

1. 试发辅音 l 与 n，说出它们的区别在哪里。
2. 试发辅音 z 与 r，说出它们的区别在哪里。

七、绘制舌面元音图，在正确位置上标出普通话的七个舌面元音的位置，并注国际音标。

八、写出普通话的 22 个辅音，并用国际音标标写出来。

思考题

一、"甭""俩""花儿"是一个音节还是两个音节？为什么？

二、有人建议"ü"书写不太方便，可以用"v"来替代，你以为如何？

第三节 音节分析：声母和韵母

> **教学提示**：掌握普通话 21 个辅音声母的正确发音。了解零声母音节特点。熟悉 39 个韵母的分类与结构特点，并掌握其正确发音。

一、普通话的声母

（一）声母的本音与呼读音

声母是指音节开头的辅音。普通话里的 22 个辅音有 21 个可以用来做声母，它们是：b、p、m、f、d、t、n、l、g、k、h、j、q、x、zh、ch、sh、r、z、c、s。其中 n 还可以充当韵尾，第 22 个辅音是后鼻辅音 ng，ng 只能作韵尾，不能作声母。

声母的发音有"本音"和"呼读音"的区别。完全按照辅音的发音原理，发出的声母读音叫本音。由于普通话声母中多数是清辅音声母，其本音发音不响亮，在无元音拼合的情况下难以显示其音值特点，不便于称说，所以在教学中常常在声母的后边加上一个元音，

实际上已组成了一个音节,以方便不同声母的称读,这就是呼读音。声母呼读音的发音规律是:

1. 在 b、p、m、f 后面加上元音 o,读成"bo(玻)、po(坡)、mo(摸)、fo(佛)"。

2. 在 d、t、n、l、g、k、h 后面加上元音 e,读成"de(得)、te(特)、ne(讷)、le(勒)、ge(哥)、ke(科)、he(喝)"。

3. 在 j、q、x 的后边加上元音 i,读成"ji(基)、qi(欺)、xi(希)"。

4. 在 zh、ch、sh、r 的后面加上舌尖后元音-i[ʅ],读成"zhi(知)、chi(吃)、shi(诗)、ri(日)"。

5. 在 z、c、s 的后边加上舌尖前元音-i[ɿ],读成"zi(资)、ci(雌)、si(思)"。

学习语音,除了呼读音之外,重点要掌握声母的本音,因为只有用本音跟韵母相拼才是正确的拼读。

(二) 声母的分类

普通话 21 个声母的分类与其所归属的辅音的分类是一致的,可以参看《普通话辅音发音特征表》。下面按发音部位结合发音方法分别对声母进行训练。

1. 双唇音

b[p]:双唇、不送气、清、塞音

bāobiǎn(褒贬) biànbié(辨别)

bānbù(颁布) bīngbáo(冰雹)

p[p‘]:双唇、送气、清、塞音

pēngpài(澎湃) pīpàn(批判)

piānpáng(偏旁) pūpái(铺排)

m[m]:双唇、浊、鼻音

mǎimài(买卖) miànmiào(面貌)

měimiào(美妙) míngmèi(明媚)

2. 唇齿音

f[f]：唇齿、清、擦音

fǎnfù（反复）　　　　　　fēifán（非凡）
fēngfù（丰富）　　　　　　fēnfāng（芬芳）

3. 舌尖中音

d[t]：舌尖中、不送气、清、塞音

dàodé（道德）　　　　　　diàndēng（电灯）
dàdī（大堤）　　　　　　　dāndiào（单调）

t[t']：舌尖中、送气、清、塞音

táitóu（抬头）　　　　　　tàntǎo（探讨）
tuántǐ（团体）　　　　　　táotài（淘汰）

n[n]：舌尖中、浊、鼻音

nán nǚ（男女）　　　　　　nínìng（泥泞）
nǎonù（恼怒）　　　　　　néngnài（能耐）

l[l]：舌尖中、浊、边音

lǎoliàn（老练）　　　　　　liáoliàng（嘹亮）
lěiluò（磊落）　　　　　　　línglì（伶俐）

4. 舌根音

g[k]：舌根、不送气、清、塞音

gǎigé（改革）　　　　　　gǒnggù（巩固）
gāngē（干戈）　　　　　　guàngài（灌溉）

k[k']：舌根、送气、清、塞音

kèkǔ（刻苦）　　　　　　kuānkuò（宽阔）
kǎnkě（坎坷）　　　　　　kōngkuàng（空旷）

h[x]：舌根、清、擦音

huīhuáng（辉煌）　　　　　hānhòu（憨厚）
hánghǎi（航海）　　　　　hàohàn（浩瀚）

5. 舌面音

j[tɕ]：舌面前、不送气、清、塞擦音

jīngjì(经济)　　　　　　　jiānjué(坚决)
jiāojí(焦急)　　　　　　　jiānjù(艰巨)
q[tɕʻ]：舌面前、送气、清、塞擦音
qǐngqiú(请求)　　　　　　qīnqiè(亲切)
qíqū(崎岖)　　　　　　　qiàqiǎo(恰巧)
x[ɕ]：舌面、清、擦音
xíngxiàng(形象)　　　　　xuéxí(学习)
xūxīn(虚心)　　　　　　　xiángxì(详细)

6. 舌尖后音

zh[tʂ]：舌尖后、不送气、清、塞擦音
zhēnzhuó(斟酌)　　　　　zhǔzhāng(主张)
zhèngzhì(政治)　　　　　zhànzhēng(战争)
ch[tʂʻ]舌面后、送气、清、塞擦音
chángchéng(长城)　　　　chūchǎn(出产)
chēchuáng(车床)　　　　　chíchěng(驰骋)
sh[ʂ]：舌尖后、清、擦音
shìshí(事实)　　　　　　 shénshèng(神圣)
shānshuǐ(山水)　　　　　 shǎoshù(少数)
r[ʐ]：舌尖后、浊、擦音
réngrán(仍然)　　　　　　róngrěn(容忍)
ruǎnruò(软弱)　　　　　　róngrǔ(荣辱)

7. 舌尖前音

z[ts]：舌尖前、不送气、清、塞擦音
zìzūn(自尊)　　　　　　　zuìzé(罪责)
zǔzōng(祖宗)　　　　　　 zàozuò(造作)
c[tsʻ]舌尖前、送气、清、塞擦音
céngcì(层次)　　　　　　 cāngcuì(苍翠)
cāicè(猜测)　　　　　　　cūcāo(粗糙)
s[s]：舌尖前、清、擦音

sīsuǒ（思索）　　　　sōngsǎn（松散）
sùsòng（诉讼）　　　　suǒsuì（琐碎）

（三）零声母

零声母音节是指没有辅音开头的音节，例如：

开口呼：额 é　　二 èr　　矮 ǎi　　欧 ōu　　澳 ào　　肮 āng
齐齿呼：衣 yī　　夜 yè　　眼 yǎn　　银 yín　　央 yāng　　硬 yìng
合口呼：吴 wú　　外 wài　　文 wén　　弯 wān　　网 wǎng　　瓮 wèng
撮口呼：鱼 yú　　玉 yù　　月 yuè　　云 yún　　远 yuǎn

这说明某些音节并不需要辅音充当声母，而是韵母独自形成音节。汉语拼音中 y、w 两个字母只出现在零声母音节的开头，但它们不是真正的声母，而是起隔开音节作用的字母，如"羊"yáng、"温"wēn、"圆"yuán 这三个音节实际上是 iang、uen、üan 三个韵母独自充当音节，属于零声母音节。严格地说，这些元音起头的音节在发音时韵头仍然带有轻微的摩擦成分，在语音学上称为半元音。汉语拼音方案规定用 y、w 加在 i、u、ü 开头的音节前或替代 i、u、ü，这既是一种书写方法，起到了隔音符号的作用，在发音上也标志了零声母音节开头半元音成分的存在。

二、普通话的韵母

（一）韵母的结构

普通话韵母可分为韵头、韵腹、韵尾三部分，其中"韵腹"是核心，是韵母必不可少的部分。

1. 韵腹：韵母中的主要元音，也是韵母的主干。如果韵母还有韵头、韵尾，则韵腹位于这两者之间。韵腹常由 a、o、e、ê 充当；当没有 a、o、e、ê 时，可由 i、u、ü、-i、-i、er 单独充当。

2. 韵头：指韵腹前的元音，因它们介于声母与韵腹之间，又叫介音。普通话中的韵头只有 i、u、ü 三个元音可以充当。

3. 韵尾：指韵腹后的元音或辅音，它位于韵母的最后，所以叫韵尾。韵尾在韵母中表示主要元音发音时的滑动方向或归结所在。普通话的韵尾只能由元音 i、u(o) 和鼻辅音 n、ng 四个音素充当。

普通话韵母的结构大致有以下几种类型：

1. 韵腹（元音）。如：啊 ā　衣 yī　乌 wū　鱼 yú
2. 韵头+韵腹（元音+元音）。如：蛙 wā　窝 wō　牙 yá　越 yuè
3. 韵腹+韵尾（元音+元音）。如：爱 ài　澳 ào　欧 ōu
4. 韵腹+韵尾（元音+辅音）。如：恩 ēn　因 yīn　昂 áng　影 yǐng
5. 韵头+韵腹+韵尾（元音+元音+元音）。如：药 yào　由 yóu　外 wài　位 wèi
6. 韵头+韵腹+韵尾（元音+元音+辅音）。如：文 wén　万 wàn　养 yǎng　翁 wēng

（二）韵母的分类

韵母是指一个音节声母后面的部分。韵母由元音或元音加鼻辅音构成。普通话共有 39 个韵母。按结构特点，韵母可划分为三类：

1. 单元音韵母：**由一个元音构成的韵母叫单元音韵母。**普通话单元音韵母有 10 个：

a[A]：舌面央、低、不圆唇元音韵母

　　dàshà(大厦)　　　　　nǎpà(哪怕)

　　fādá(发达)　　　　　lǎba(喇叭)

o[o]：舌面后、半高、圆唇元音韵母

　　bómó(薄膜)　　　　　pópo(婆婆)

　　pōmò(泼墨)　　　　　mómo(馍馍)

e[ɤ]：舌面后、半高、不圆唇元音韵母

hégé(合格)   tèsè(特色)
gēge(哥哥)   kèchē(客车)

i[i]：舌面前、高、不圆唇元音韵母

bǐjì(笔记)   líqí(离奇)
jítǐ(集体)   xǐyī(洗衣)

u[u]：舌面后、高、圆唇元音韵母

zhùfú(祝福)   gǔwǔ(鼓舞)
fúwù(服务)   shūchú(书橱)

ü[y]：舌面前、高、圆唇元音韵母

xūyú(须臾)   qūyù(区域)
nǚxu(女婿)   xùqǔ(序曲)

ê[ɛ]：舌面前、半低、不圆唇元音韵母

-i[ɿ]：舌尖前、高、不圆唇元音韵母

zìsī(自私)   zìsì(恣肆)
cǐcì(此次)   cìzì(刺字)

-i[ʅ]：舌尖后、高、不圆唇元音韵母

zhīchí(支持)   rìshí(日食)
shíshì(时事)   zhīshi(知识)

er[ɚ]：央、中、不圆唇卷舌元音韵母

érzi(儿子)   ěrduo(耳朵)
èrshíèr(二十二)

2. 复元音韵母：由两个或三个元音组合而成的韵母叫复合元音韵母。共 13 个：

(1) 前响(主元音在前)复元音韵母 ai、ei、ao、ou 4 个：

ai[ai]   kāicǎi(开采)   àidài(爱戴)
           báicài(白菜)   mǎimài(买卖)

ei[ei]   bèilěi(蓓蕾)   féiměi(肥美)
           pèibèi(配备)   hēiméi(黑煤)

ao[ɑu]   hàozhào(号召)   gāocháo(高潮)

	cǎogǎo(草稿)	pǎodào(跑道)
ou[ou]	shōugòu(收购)	chǒulòu(丑陋)
	dǒusǒu(抖擞)	ōuzhōu(欧洲)

（2）后响（主元音在后）复元音韵母 ia、ie、ua、uo、üe 5个：

ia[iA]	jiǎyá(假牙)	xiàjià(下架)
	jiāyā(加压)	qiàqià(恰恰)
ie[iE]	tiēqiè(贴切)	jiéyè(结业)
	jiějie(姐姐)	xièxie(谢谢)
ua[uA]	shuǎhuá(耍滑)	guàhuā(挂花)
	wáwa(娃娃)	huàhuà(画画)
uo[uo]	shuòguǒ(硕果)	luòtuo(骆驼)
	guòcuò(过错)	cuōtuó(蹉跎)
üe[yE]	juéjué(决绝)	quèyuè(雀跃)
	yuēlüè(约略)	juéxué(绝学)

（3）中响（主元音在中间）复元音韵母 iao、iou、uai、uei 4个：

iao[iau]	qiǎomiào(巧妙)	jiàotiáo(教条)
	xiāoyáo(逍遥)	
iou[iou]	yōuxiù(优秀)	jiǔliú(久留)
	qiújiù(求救)	
uai[uai]	shuāihuài(摔坏)	huáichuāi(怀揣)
	guāiguāi(乖乖)	
uei[uei]	cuīhuǐ(摧毁)	huìduì(汇兑)
	wěisuí(尾随)	

3. **鼻音韵母**：由元音与鼻辅音 n 或者 ng 组合而成的韵母叫鼻韵母。共16个：

（1）**前鼻音韵母** an、en、in、ün、ian、uan、üan、uen 8个：

an[an]	gāndǎn(肝胆)	tánpàn(谈判)

第三节 音节分析：声母和韵母

	zhǎnlǎn(展览)	
en[ən]	zhènfèn(振奋)	gēnběn(根本)
	rènzhēn(认真)	
in[in]	xīnqín(辛勤)	qīnjìn(亲近)
	xìnxīn(信心)	
ün[yn]	jūnyún(均匀)	jūnxùn(军训)
	qūnxún(逡巡)	
ian[iɛn]	tiānbiān(天边)	miányán(绵延)
	qiánxiàn(前线)	
uan[uan]	zhuǎnhuàn(转换)	guànchuān(贯穿)
	wǎnzhuǎn(婉转)	
üan[yɛn]	yuánquán(源泉)	xuānyuán(轩辕)
	juānjuān(涓涓)	
uen[uən]	chūnsǔn(春笋)	kūnlún(昆仑)
	wēnshùn(温顺)	

(2) **后鼻音韵母** ang、eng、ing、ong、iang、uang、iong、ueng 8个：

ang[ɑŋ]	bāngmáng(帮忙)	cāngsāng(沧桑)
	āngzāng(肮脏)	
eng[ɤŋ]	gēngzhèng(更正)	zhēngchéng(征程)
	fēngzheng(风筝)	
ing[iŋ]	mìnglìng(命令)	yīngmíng(英明)
	qìngxìng(庆幸)	
ong[uŋ]	cóngróng(从容)	lóngtǒng(笼统)
	gōnggòng(公共)	
iang[iɑŋ]	xiǎngliàng(响亮)	yángxiàng(洋相)
	xiāngjiāng(湘江)	
uang[uɑŋ]	chuāngkuàng(窗框)	shuānghuáng(双簧)
	zhuàngkuàng(状况)	

iong[yŋ]　　xiōngyǒng(汹涌)　　　　jiǒngjiǒng(炯炯)
　　　　　　　xióngxióng(熊熊)
ueng[uɤŋ]　　wēngwēng(嗡嗡)　　　　shuǐwèng(水瓮)
　　　　　　　yúwēng(渔翁)

（三）四呼

中国传统语音学把汉语的韵母分为四类："开口呼""齐齿呼""合口呼""撮口呼",简称"**四呼**"。普通话声母与韵母的拼合有一定的选择性,不同的声母只与"四呼"中的某类韵母拼合,而不能与其他韵母拼合。"四呼"分类有利于揭示普通话声母和韵母的配合规律。*

（1）开口呼：**凡韵母开头的元音不是 i、u、ü 的均属于开口呼韵母**。共 16 个。

a、o、e、ê、ai、ei、ao、ou、an、ang、en、eng、ong、-i[ʅ]、-i[ɿ]、er

（2）齐齿呼：**凡韵母以元音 i 开头的均属于齐齿呼韵母**。共 10 个。

i、ia、ie、iao、iou、ian、iang、in、ing、iong

（3）合口呼：**凡韵母以元音 u 开头的均属于合口呼韵母**。共 9 个。

u、ua、uo、uai、uei、uan、uang、uen、ueng

（4）撮合呼：**凡韵母以元音 ü 开头的均属于撮口呼韵母**。共 4 个。

ü、üe、üan、ün

普通话韵母的分类可以参见《普通话韵母总表》：

---

* 注：韵母 ong、iong 有人认为应归合口呼与撮口呼,根据《汉语拼音方案》,当归开口呼与齐齿呼。

第三节 音节分析:声母和韵母

普通话韵母总表

韵母 按结构分 \ 按口形分	开口呼	齐齿呼	合口呼	撮口呼	按韵头分 \ 韵母 \ 按韵尾分
单元音韵母	-i[ɿ][ʅ]	i[i]	u[u]	ü[y]	无韵尾韵母
	a[A]	ia[iA]	ua[uA]		
	o[o̞]		uo[uo]		
	e[ɤ]				
	ê[E]	ie[iE]		üe[yE]	
	er[ɚ]				
复元音韵母	ai[ai]		uai[uai]		元音韵尾韵母
	ei[ei]		uei[uei]		
	ao[ɑu]	iao[iɑu]			
	ou[ou]	iou[iou]			
带鼻音韵母	an[an]	ian[iɛn]	uan[uan]	üan[yɛn]	鼻音韵尾韵母
	en[ən]	in[in]	uen[uən]	ün[yn]	
	ang[aŋ]	iang[iaŋ]	uang[uaŋ]		
	eng[ɤŋ]	ing[iŋ]	ueng[uɤŋ]		
	ong[uŋ]	iong[yŋ]			

练习题

一、声母辨读练习。

备料——配料　　补写——谱写　　饱了——跑了

肚子——兔子　　读书——图书　　蹲下——吞下

米缸——米糠　　大狗——大口　　干完——看完

精华——清华　　长江——长枪　　揭开——切开

摘下——拆下　　斩掉——铲掉　　侄子——池子

清早——青草　　做了——错了　　沉醉——纯粹

开发——开花　　放荡——晃荡　　公费——公会

恼怒——老路　　河南——荷兰　　留念——留恋

出路——出入　　　卤汁——乳汁　　　陆地——入地
主力——阻力——举例　　短站——短暂——短见
招了——糟了——焦了　　手掌——手脏——手僵
姓陈——姓岑——姓秦　　招了——糟了——焦了
商业——桑叶——香液　　不少——不扫——不小
诗人——私人——西人　　树木——肃穆——畜牧

二、韵母辨读练习。

急促——局促　　　名义——名誉　　　知识——姿势
私事——失事　　　分派——分配　　　考试——口试
确实——切实　　　眼瞎——眼花　　　卫国——外国
灰色——黑色　　　反问——访问　　　金银——均匀
邯郸——行当　　　放盐——放羊　　　勋章——胸章
脸面——两面　　　申明——声明　　　水滨——水兵
辛勤——心情　　　增进——尊敬

三、填空。

1. "零声母"音节是指_____,例如_____。
2. 前响复元音韵母有_____4个。
3. 后响复元音韵母有_____5个。
4. 中响复元音韵母有_____4个。

四、请判别下列音节的韵母分别属于四呼中的哪一呼。
zhi　er　jiang　wan　yun　ying　en　yuan

五、读准并写出下列音节的韵母,然后按"四呼"给每个音节归类。
刺激　问答　苏区　四十　安乐　木耳　应该　浓烈　演义
璀璨　叶片　捐款　相当　进行　成功　功能　生长　交通

六、请从音色(音值)特点与音节的结构关系上说明普通话 i[i]、-i[ɿ]、-i[ʅ]三个韵母的区别。

思考题

一、你的家乡话声母跟普通话有哪些差异?请找出它们的对应关系,并举出例字。

二、你的家乡话韵母跟普通话有哪些差异？请找出它们的对应关系,并举出例字。

第四节 普通话声调与音节结构

> 教学提示：了解普通话声调的性质以及调值、调类、调型、调号的特点。了解现代汉语的音节结构特点以及声韵配合规律,并能进行分析。

一、调值和调类

声调是指音节读音的高低升降。汉语是有声调的语言,声调是区别意义的重要手段,这是汉语区别于其他语言的重要特征之一,例如：

事(shì)——实(shí)　　买(mǎi)——卖(mài)
主力(zhǔlì)——助理(zhùlǐ)　登记(dēngjì)——等级(děngjí)

声调的高低起伏还是一种音乐成分,平仄与节奏的配合还可以使汉语获得抑扬顿挫的美感,如：

水落石出(shuǐluò-shíchū)　　千锤百炼(qiānchuí-bǎiliàn)
雨过天晴(yǔguò-tiānqíng)　　兵强马壮(bīngqiáng-mǎzhuàng)

（一）调值、调型、调号

调值是指音节读音高低、升降、曲折、长短的具体变化值。

声调主要是凭着人们的听觉比较来判断不同音节高低升降的区别。通过对不同声调的起点、终点和高低变化的比较,可寻找它们在模式上的相对差别。对具体调值的确定,我们通常采用赵元任设计的"五度标调法",方法是建立一个坐标,用从 1 到 5 的 5 度竖轴表示相对音高,用横轴表示音长。其中 1 表示音高最低点,2 表示

次低,3表示中高,4表示次高,5表示最高。例如普通话里 qing 这个音节有四种声调:

清:高而平,标为55;
晴:由中升到高,标为35;
请:由次低降到低再升至次高,标为214;
庆:由高降到低,标为51。

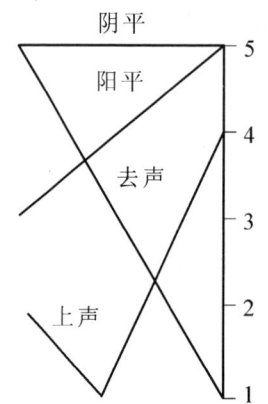

调型指声调高低、升降的变化模式。55为高平调型;35为高升调型;214为先降后升曲折调型;51为全降调型。

调号即声调的标志符号,指标写声调所用的简单明了的符号。即把五度标调法的图形简化为一种不标刻度的声调符号。汉语拼音方案使用"ˉ、ˊ、ˇ、ˋ"分别表示"阴平、阳平、上声、去声"四个声调。语音记录为了直观起见,往往将具体调值标注在音节的右上方。

调 类	阴 平	阳 平	上 声	去 声
调 型	高 平	中 升	降 升	全 降
调 值	55	35	214	51
调 号	ˉ	ˊ	ˇ	ˋ
例 字	春天花开 江山多娇	人民勤劳 群情昂扬	理想美好 改写底稿	胜利在望 万籁俱静

(二) 调类

调类是声调的类别,即把调值相同的音节归并到一起所建立起来的类别。也就是说,调类是一种语言或方言中,根据能够区别意义的不同声调调值建立起来的类。一种语言或方言里有多少个不同声调调值,就有多少个调类。

普通话四声与古四声调类比较表

古调类	古声母	普通话调类	阴平	阳平	上声	去声
平声	清声母		边低初婚			
平声	浊声母	次浊		麻龙娘油		
平声	浊声母	全浊		房田雄锄		
上声	清声母				普短古展	
上声	浊声母	次浊			买暖老有	
上声	浊声母	全浊				妇稻市旱
去声	清声母					变对社盖
去声	浊声母	次浊				帽漏让望
去声	浊声母	全浊				病大助共
入声	清声母		七织积哭	节责急革	百铁塔谷	必室客制
入声	浊声母	次浊				木纳日叶
入声	浊声母	全浊		白毒浊局		

二、普通话四声的纵横比较

（一）普通话与方言的声调

普通话声调和现代汉语方言的声调都是从古汉语声调发展演变而来的，其演变的过程并不完全相同，反映了语言发展的不平衡性。调类是汉语声调最重要的类别概念，调类的名称沿用的是历史上"平、上、去、入"四声之名，这样就便于了解古今声调的演变规律及其在汉语方言中的分合情况。

在古汉语中，每一个汉字的读音属于"四声"中的哪一个调类是基本确定的。在现代汉语方言中，"四声"有各自不同的分合发展模式，所以古"四声"中的同一个声调（根据声母的清浊）往往又分为阴、阳两类，故出现"阴平""阳平"的调名；也有的方言原属入声调类的字并入了其他调类，发生了调类合并现象，所以缺少入声，故不同的现代汉语方言今天所具备的调类数目不尽一样。

普通话和方言声调上的差异,主要表现在调类和调值两个方面:

1. 调类的数目不同。现代汉语方言的声调主要分为北方方言和南方方言两大声调类型。其调类存在着明显的对应和差别,各方言内部在调类上大体一致,但调值并不相同。北方方言声调的数目比较少,最少可以只有三个(河北滦县),最多为五个,一般是四个,大多数方言点没有入声,且同调类的调值相差很大。南方方言的声调数目比较多,最少是五个,最多有十个(广西玉林),一般是六到八个声调,大多数南方方言都有入声。

2. 调类相同,但是调值不同。例如:

例 字	阴平 天	阳平 田	上声 点 老	去声 线 电
普通话	55	35	214	51
上海话	53	13	55	35(13)
扬州话	11	35	42	55
广州话	55(53)	21	35　13	33　22

(二) 平仄和古入声

"平仄"是声调在语言运用中的另一个分类概念。"平"指古四声中的平声(包括今阴平、阳平)调,"仄"即"不平",指非平声调,包括古四声中的上声、去声和入声调。古体诗词的"粘"和"对"就是利用平仄两类声调有规律的交替使用,形成抑扬起伏的音乐美感。如唐李商隐的《锦瑟》诗,今天读来仍然觉得每个诗句的音节均错落有致:

锦 瑟 无 端 五 十 弦,一 弦 一 柱 思 华 年。
丨 丨 — — 丨 丨 —　丨 — 丨 丨 — — —

庄 生 晓 梦 迷 蝴 蝶,望 帝 春 心 托 杜 鹃。
— — 丨 丨 — — 丨　丨 丨 — — 丨 丨 —

沧 海 月 明 珠 有 泪，蓝 田 日 暖 玉 生 烟。
— ｜ ｜ — ｜ ｜ 　 — ｜ ｜ ｜ —
此 情 可 待 成 追 忆？只 是 当 时 已 惘 然。
｜ — ｜ ｜ — ｜ 　 ｜ ｜ — ｜ ｜ —

古四声发展到今普通话的四声，平声分为阴平和阳平，但仍然是平声；上声一部分字并归去声，上声和去声都是仄声。唯有古入声字原属仄声，现在分别归入普通话的阴平、阳平、上声、去声，分辨起来有些困难。今天我们读古诗词觉得有些地方不协调，那是古今声调发生变化的缘故。

三、普通话音节结构

（一）声母和韵母的配合规律

音节是人们的听感容易分辨的最小语音片断，它由最少一个，最多四个音素组成。在书面形式上，一个音节一般就是一个汉字。

普通话音节由声母、韵母与声调三部分构成。声母、韵母两者处于同一层面，是相互拼合的关系，韵母结构又分韵头（介音）、韵腹（主要元音）、韵尾三部分。声调是汉语音节必不可少的成分，并贯穿于音节发音的全过程。普通话中没有声调的音节是不存在的。

普通话声母和韵母的配合有一定规律，这主要取决于声母的发音部位和韵母的四呼。普通话有 21 个辅音声母（不包括零声母），根据发音部位分为双唇、唇齿、舌尖前、舌尖中、舌尖后、舌面、舌根七类。普通话有 39 个韵母，根据韵母开头元音的性质，这些韵母分为开口呼、齐齿呼、合口呼、撮口呼四类。一般地说，如果声母的发音部位相同，与之拼合的韵母四呼类别也基本相同。普通话声母和韵母的配合关系可以列成下表：表内空格表示声母与韵母不能配合。有汉字的表示可以配合，"限 u"表示这类声母只能和合口呼中的单韵母 u 配合，其声韵母拼合的基本规律如下：

声母＼配合情况＼韵母		开口呼	齐齿呼	合口呼	撮口呼
双唇音	b p m	巴 爬 麻	比 皮 米	布(限 u)	
唇齿音	f	发		夫(限 u)	
舌尖中音	d t	搭 他	低 梯	度 图	
舌尖中音	n l	拿 拉	泥 梨	奴 卢	女 吕
舌面音	j q x		鸡 齐 希		居 去 虚
舌根音	g k h	嘎 喀 哈		姑 苦 胡	
舌尖后音	zh ch sh r	渣 茶 沙 让		朱 初 书 如	
舌尖前音	z c s	杂 擦 萨		租 粗 苏	
零声母	ø	阿	衣	乌	迂

1. n、l 的组合能力最强,跟所有四呼的韵母都能相拼;零声母音节的四呼也都齐全。

2. 双唇音 b、p、m 和舌尖中音 d、t 能与开口呼、齐齿呼、合口呼三类韵母拼合(合口呼只限于 u 韵母),不能与撮口呼韵母拼合。

3. 舌尖前、舌尖后和舌根三组声母都能与开口呼、合口呼韵母拼合,不能与齐齿呼、撮口呼韵母拼合;而舌面 j、q、x 声母恰恰相反,只能与齐齿呼、撮口呼韵母拼合,不能与开口呼、合口呼韵母拼合,从而形成多重互补格局。

4. 唇齿音 f 的组合能力最弱,只能与开口呼的韵母和合口呼的 u 韵母拼合。

从总体上看,普通话开口呼韵母的配合能力最强,除三个舌面音声母外,和其他声母都能配合,开口呼韵母的数目本来就多,几乎达到韵母出现总频率的一半。撮口呼韵母本来只有五个,又只能与六个声母相拼,因此出现频率很低,不到总频率的百分之五。

上面的表只能说明普通话声韵配合关系的概貌,并没有反映出每个声母和每个韵母的配合细节。例如 er 虽然是开口呼韵母,但不能和任何声母配合;-i[ɿ]和-i[ʅ]也属于开口呼韵母,却只能与同部位的塞擦音、擦音声母配合。

普通话 21 个声母(再加上零声母)跟 39 个韵母可以组合成 405 个基本音节,如果再配以四声,理论上讲,应该有 1 620 个音节,但有些组合不是阴、阳、上、去四声都具备,实际上有意义的音节只有 1 200 多个。换言之,有 400 个左右的音节只是理论上存在,实际上并非都有这样的读音。

(二)普通话音节的拼写规则

汉语音节的拼写要符合《汉语拼音方案》的规则。主要应该注意如下几点:

1. 隔音规则

作为拼写规则,必须要考虑到音节界限的明确。如果不加音节隔音标记,某些音节在连写时可能发生音节界限的混淆,影响正确拼读。例如:jie 可能是"饥饿",也可能是"界";fanan 可能是"发难",也可能是"翻案"。为了使音节界限明确,《汉语拼音方案》采用隔音字母 y、w 及隔音符号的办法。

(1)使用隔音字母 y、w

《汉语拼音方案》规定零声母音节 i 行 ü 行用 y 做开头,字母 y 通常表示半元音,高元音 i、u 开头的音节都带有轻微的摩擦,用 y、w 表示比较符合语音实际,有利于读准这些零声母音节的字。使用 y、w 的原则是:

i 行零声母音节,i 如是韵头,一律把 i 改写成 y,如 ya、ye、yao、yun、yan、yang、yong;i 如果是韵腹,在 i 的前面加 y,这只有三个音节:yi、yin、ying。

u 行零声母音节,u 如果是韵头,一律把 u 改写成 w,如 wa、wo、wai、wei、wan、wen、wang、weng;u 如是韵腹,在 u 前面加 w,这只有一个音节 wu。

ü行零声母音节一律在ü前加y,并且去掉ü上的两点。实际上这只有四个音节:yu、yue、yuan、yun。

(2)使用隔音符号

a、o、e开头的零声母音节连接在其他音节后面的时候,如果音节的界限发生混淆,就用隔音符号隔开,但是在实际使用上,无论音节界限是否发生混淆,都一律使用隔音符号。例如:ji'e(饥饿)、pi'ao(皮袄)、xi'an(西安)、fan'an(翻案)。

2.省写规则

(1)ü行韵母与声母j、q、x相拼,ü上两点省略,ü行韵母与声母n、l相拼,ü上两点不能省略。例如:

j+ü→jū(居)　　　　　j+üan→juān(捐)

q+üe→quē(缺)　　　　q+ün→qún(群)

x+ü→xū(虚)　　　　　x+üe→xuě(雪)

l+ü→lǚ(吕)　　　　　l+üe→lüè(略)

n+üe→nüè(虐)　　　　n+ü→nǚ(女)

声母j、q、x不与合口呼韵母拼合,所以其后的ü省略两点后不会被误认为u,省略主要是便于书写;声母n、l既可以与ü行韵母拼合,也可以与u行韵母拼合,如果省略了ü上两点,就可能发生混淆,如lü(滤)不等于lu(路),所以不能省略。ü行零声母音节拼写时加y,去掉ü上两点,也是因为y后不可能误会为u。

(2)iou、uei、uen的省写

当iou、uei、uen这三个韵母跟辅音声母相拼时,要省写中间的元音o或e。例如:

l+iou→liú(留)　　　　n+iou→niú(牛)

q+iou→qiú(球)　　　　s+uei→suì(岁)

g+uen→gǔn(滚)　　　　ch+uen→chūn(春)

iou、uei、uen的省写只是书写规定,并不等于这三个韵母的主要元音在实际读音中的省略。

3. 标调规则

声调符号ˉ(阴平)ˊ(阳平)ˇ(上声)ˋ(去声)原则上应该标在音节的主要元音(韵腹)上面。如果一个音节只有一个元音,声调符号就标在这个元音上;如果一个音节有两个以上元音,声调符号标在开口度最大、舌位最低、声音响亮的那个元音(韵腹)上。

省写拼式的音节,例如 guǐ(鬼)、jiǔ(酒),就标在最后面的一个元音上,如 qún(群)则应该标在元音 u 上。轻声不标调号,在 i 上标调号时要去掉 i 上的小圆点儿,但是在 ü 上标调号时,ü 上的两点不能去掉。

4. 词语拼写规则

汉语词语的拼写要符合《汉语拼音正词法基本规则》的要求,它是建立在音节拼写规范的基础上的。多音词要连写,句子、专有名词的开头要有标记。总的原则是简单、明晰、便于书写。

(1)以词为拼写单位。例如:rén(人)、chī(吃)、gāo(高)、fàngsōng(放松)、péngyou(朋友)、bówùguǎn(博物馆)。

(2)大写的作用有两个:一是表示句首,如句子开头的字母大写;诗歌每一行开头的字母大写。例如:Qīngmíng shíjié yǔ fēnfēn (清明时节雨纷纷)。二是表示特殊名称,如人名、地名等专有名词开头的字母大写。例如:Zhūgě Kǒngmíng 诸葛孔明、Běijīng Shì 北京市。

详细规则可参见《汉语拼音正词法基本规则》《中国人名汉语拼音字母拼写法》《中国地名汉语拼音字母拼写法》以及《中文书刊名称汉语拼音拼写法》等一系列文件。

练习题

一、声调发音练习——准确地读出下列词组的声调。

清凉爽快　　坑蒙拐骗　　光明磊落
万感丛生　　笑里藏奸　　剑胆琴心
两地姻缘　　舞袖轻盈　　柳暗花明

云山雾绕　严肃紧张　姹紫嫣红

二、阅读下列词语，并注上汉字。

bǎituō——bàituō　　　　cáihuá——càihuā
cáijué——cǎijué　　　　jìngyì——jīngyì
jìnqǔ——jìnqū　　　　　chǎngfáng——chángfāng
gàosù——gāoshù　　　　rényì——rènyì
fūyǎn——fùyàn　　　　　zhuāngzhì——zhuàngzhǐ

三、用汉语拼音给下列词语注上普通话规范读音。

检举（　　）——艰巨（　　）　　联系（　　）——练习（　　）
举行（　　）——句型（　　）　　才华（　　）——菜花（　　）
万众一心（　　　　　）　　　　畅通无阻（　　　　　）
集思广益（　　　　　）　　　　百炼成钢（　　　　　）

四、把下列各字按普通话声调分成四组，指出每组字的调值和调类。

1. 威　勇　形　档　节　瓮　体　玉　结　绰
   丹　全　琐　影　倡　年　画　宣　钱　笺
2. 束　克　毕　席　复　悉　烈　约　适　极
   直　绝　骨　目　缩　律　物　习　尺　月

五、什么是"平""仄"？请给下面这首古诗标上平仄。

留春不住登城望，惜夜相将秉烛游。
风月万家河两岸，笙歌一曲郡西楼。
诗听越客吟何苦，酒被吴娃劝不休。
从道人生都是梦，梦中欢笑亦胜愁。（白居易《城上夜宴》）

六、分析下列音节的结构。

汉字	拼音	声母	韵头	韵腹	韵尾	调类	调值	调型	调号	四呼
远	yuǎn									
窄	zhǎi									
伟	wěi									

（续表）

汉字	拼音	声母	韵头	韵腹	韵尾	调类	调值	调型	调号	四呼
英	yīng									
凉	liáng									
日	rì									
军	jūn									
困	kùn									
屋	wū									
谢	xiè									

七、按正确的拼写规则纠正下列错误的拼写。

Lióuyián（流言）　　uánměi（完美）　　zàniáng（赞扬）

juédòu（决斗）　　jiǒuguěi（酒鬼）　　hǎiiáng（海洋）

lǚyióu（旅游）　　dàngàn（档案）　　wuèiái（胃癌）

mónghuèn（蒙混）

八、从普通话声母和韵母配合的规律看看下面这些音节拼写为什么是错误的。

亭 tín　　黑 hī　　风 fōng　　佛 fuó　　帅 sài

文 wún　　信 sìn　　内 nuì　　农 nióng　　楞 lèn

思考题

一、说说古汉语的入声跟现代汉语普通话声调的对应关系。

二、两个方言调值相同，调类是否一定相同？调类相同，调值是否一定相同？为什么？

三、仔细研究一下你的家乡话有几个声调，它们跟普通话四个声调间存在什么对应关系？请举出例字加以说明。

四、iou、uei、uen 三个韵母为什么自成音节时不能省写主元音，而与辅音声母拼合时可以省写主元音？

五、汉语音节可以归纳出哪些结构模式？

第五节　音位和音位归纳法

> **教学提示**：掌握音位理论的基本知识。了解音素和音位的区别，掌握归纳音位的原则和方法，熟悉普通话常见的音位变体。

音位是指某一特定语音系统中能够区别意义的最小语音单位。音位分析的前提条件之一，必须在一个具体的音系之中进行，因为不同的音系有它不同的语音结构与音节结构特点；第二，音位分析的单位必须落实到语音的最小单位——音素。也就是说，音位必须在一个具体的音系中考察不同的音素间有无区别意义的功能，凡是不能作为最小对立体的音不能成为一个独立的音位。归纳某一音系里的全部音位，实际上就是全面寻找最小对立体的过程。

音位与音素是一般和个别的关系，同一个音位的不同音位变体（不同音素）通常使用国际音标加方括号[　]来表示，而音位则用双斜线//来表示。

一、音位归纳的基本原则

归纳音位的目的是要把语言里数目繁多的音素归并为一套数目有限的音位系统，其基本方法是通过比较与替换，看不同的音之间有无区别意义的功能，以确定最小的对立体。音位划分的基本原则有四条：

（一）对立原则

如果在相同的语音环境中，两个音素互相替换后产生了意义的差别，那么这两个音素就是对立的，对立的音素必定属于两个不同的音位。比如l[l]与n[n]是两个不同的辅音音素，普通话音系中的

"连"lián≠"年"nián,在两个音节的比较中我们发现两者的韵母相同、声调相同,唯一不同的是 l 与 n,所以我们判定辅音音素 l、n 在普通话中有区别意义的作用,所以分/l/、/n/为两个不同的音位。再如"来"lái 由 l[l]、a[a]、i[i]三个音素构成,保留声母[l]、韵尾[i]与阳平声调不变,只将主元音 a[a]替换为 e[e],则"雷"léi≠"来"lái,可见普通话中的 a[a]、e[e]是对立的,应划分为/a/、/e/两个不同音位。

（二）互补原则

在一个具体的音系中,各不相同的几个音素如果不形成对立关系,彼此呈相互补充的分布状态,这几个音素就形成互补关系,当归纳为同一个音位。属于同一音位中的不同音素称"音位变体",音位变体又分"条件变体"与"自由变体"两类。

条件变体：**受语音环境制约的音位变体叫作条件变体**。属于同一音位的各个不同的因素只出现于各自不同的条件与语音环境中,彼此形成互补关系的,称之为"条件变体"。例如[a]、[ᴀ]、[ɑ]是前、央、后不同发音位置上的三个音素,在普通话中,a[a]只出现在[i]或[n]之前,[ɑ]只出现在[ŋ]和[u]之前,[ᴀ]只出现于没有韵头韵尾,或只有[i]、[u]介音的韵母中,[a]、[ᴀ]、[ɑ]三者从不可能出现于相同的语音环境里且并未起到区别意义的作用,所以[a]、[ᴀ]、[ɑ]三个音素是互补关系,只是同一音位/a/三个不同条件下的变体。

自由变体：**不同的音素在同一语音环境里可以无条件地自由变读,叫作自由变体**。如果不同的音素在相同的语音环境中自由出现,不受语音条件的限制,也不构成互补关系,且变读不产生意义区别,就属于同一音位中的自由变体。如[l]与[n]是两个不同的音素,在普通话中"连"lián 与"年"nián 绝对不能混读,因为/l/、/n/是两个对立的音位;在江淮官话或某些湘语音系中,"连"与"年"读音一样,无论将声母读成边音 l 还是鼻音 n,当地人在听感上觉得没有任何意义上的区别,可见 l、n 两个音素在这些方言中是同一个音位,可任意变读的[l]、[n]就是该方言同一音位中的两个自由变体。

(三)音感差异原则

互补分布是把若干音素归并为一个音位的必要条件,不是充足条件。属于同一音位的各个变体在语音上还应该是近似的,至少本地人听起来比较近似;如果两个音的音感差异明显,即使是互补关系也不能归并为一个音位。如普通话的 m 只能出现于音节开头作声母;ng 只能出现于音节末端作韵尾。从整个鼻辅音系统上看,m 和 ng 存在互补关系,但是 m 和 ng 的音感差异较为明显,来源也不同,当然不能简单归并为一个音位。语音的相似与音感差异是相对的,必须在具体的音系中作具体判断,能否归纳为一个音位,应从整个音位系统的格局考虑。

(四)系统性原则

归纳音位还须考虑归纳出来的全部音位是否系统整齐,简明经济。有时候归为一套音位还是两套音位,似乎都有道理,都符合对立互补原则,语音上也有一定的相似性,这时就主要考虑语音的系统格局了。例如:

辅音	开口呼	齐齿呼	合口呼	撮口呼
j q x	−	+	−	+
g k h	+	−	+	−
z c s	+	−	+	−
zh ch sh r	+	−	+	−

上表说明 j、q、x 这一组辅音跟 g、k、h 和 z、c、s 以及 zh、ch、sh 这三套辅音都形成互补,从理论上讲,j、q、x 跟 g、k、h 或 z、c、s 或 zh、ch、sh 都可以归并为一套音位。但是,从语音的系统上考虑,j、 q、x 不论跟哪一组辅音归并,都会造成另外两组辅音音位新的不平衡。而且如果跟 zh、ch、sh 归并的话,辅音 r 也很难处理,因此适宜独立为一组音位。

音位划分的系统性不仅包含共时的原则,也有历时的原则。例如我们根据"音感差异"原则将普通话的 m 和 ng 分为两个音位,可"音感差异"对于不同个体的感知不尽相同。其实,无论在历史汉语中还是今天的南方方言中,m 和 ng 均可分别担当声母和韵尾,而且可在同一语音条件下形成对立。结合历时语音发展的规律与系统原则,我们更有理由将普通话的 m 和 ng 分为两个不同的音位。

二、普通话音位及常见音位变体

(一)普通话辅音音位

根据音位归纳的四个基本原则,通过全面的比较与替换,得出普通话 22 个辅音音位,而且没有明显的辅音音位变体。

/p/、/p'/、/m/、/f/、/t/、/t'/、/n/、/l/、/tɕ/、/tɕ'/、/ɕ/、/ts/、/ts'/、/s/、/tʂ/、/tʂ'/、/ʂ/、/ʐ/、/k/、/k'/、/x/、/ŋ/。

(二)普通话元音音位

普通话有 10 个元音音位:

/a/、/o/、/e/、/ɤ/、/i/、/u/、/y/、/ɿ/、/ʅ/、/ɚ/

普通话常见的元音音位变体如下:

1. /a/ 主要音位变体有[a]、[A]、[ɑ]、[ɛ]

[a] 前低不圆唇舌面元音。出现在韵尾-i -n 之前,在韵母 an、ai、uan、uai 中做主要元音,如"班、竿、呆、开、关、攀、摔、乖"等字的韵母的主要元音。

[A] 央低不圆唇舌面元音。出现在"八""家""华""瓦"等字韵母 a、ia、ua 中做主要元音。

[ɑ] 后低不圆唇舌面元音。出现在韵尾-ng、u 前,如"刚、方、江、王、黄、熬、姚"等字韵母 ang、iang、uang、ao、iao 中做主要元音。

[ɛ] 前半低不圆唇舌面元音。出现在 i 和 n 之间,如"烟、鞭、尖、冤、捐、宣"等字的韵母 ian、üan 里做主要元音。

2. /ɤ/的主要音位变体有[ɤ]、[ə]

[ɤ] 后半高不圆唇舌面元音。出现在 e 韵母中,如"哥、遮"等字的韵母的元音。也出现在韵尾-ng 前,充当 eng、ueng 韵母的主要元音,如"灯""翁"等字。

[ə] 央中不圆唇舌面元音。出现在"分、恩、温、滚"等字的韵母 en、uen 中作主要元音。也出现于助词"的""地""得"轻声音节韵母中充当主要元音。

3. /ɚ/音位的音位变体有[ɚ]、[ɐr]

[ɚ] 央中卷舌元音,出现在 er 音节阳平、上声音节中。如"儿、耳"等字的元音。

[ɐr] 次低卷舌元音,出现在 er 音节去声中。如"二"字的元音。

(三) 普通话声调音位

辅音音位和元音音位都是由音素成分构成的对立,音素之间的差异是音值,所以一般把辅音音位和元音音位称为**音值音位**,由于它们出现在语流中固定的音段上,所以又叫**音段音位**。声调的差异是音高起落的不同,例如普通话中的"妈"mā、"麻"má、"马"mǎ、"骂"mà 四者不同的只在声调,可见汉语声调有区别意义的功能,也是一种音位体现。

普通话音系中有阴平、阳平、上声、去声四个声调,调值分别是 55、35、214、51,且都能承担区别意义的功能,所以同样能归纳出四个不同的音位,简称"调位":

/55/、/35/、/214/、/51/

调位不是音素的音值差异所形成的对立,所以"调位"属于**非音值音位**或超音段音位。

练习题

一、什么是音位？音位和音素的主要区别是什么？

二、什么是音位变体？音位变体有哪几种类型？请举例说明。

三、音位归纳的原则是什么？请举例说明。

四、什么是"非音值音位"？为什么普通话声调也可归纳为四个不同的调位？

五、你认为普通话辅音 m 和 ng 应该归纳为几个音位比较适当，为什么？

六、举例说明 /a/、/ɣ/、/214/ 的主要音位变体及它们出现的条件。

思考题

一、[i]、[ɿ]、[ʅ]有人归纳为一个音位，有人归纳为三个音位，有人归纳为两个音位，这样处理各有什么理由？谈谈你自己的看法。

二、零声母能不能归作一个辅音音位？为什么？

三、轻声能不能归纳成一个单独的调位？为什么？

第六节 音　　变

> **教学提示**：了解普通话常见的几种音变现象，包括轻声、儿化、连读变调、语气词"啊"的变读等，重点了解轻声、儿化的规律和作用，并能正确运用。掌握普通话词语的规范读音。

我们平时交际的自然口语往往比书面文字符号丰富得多，比如"音变"现象。普通话的音变可分两类：一类是词语规范所要求的音变，主要表现为轻声词和儿化词读音音变，如"钥匙"（yàoshi）中的"匙"（chí）必须读作轻声音节 [ʂʅ⁰]；儿化词"门儿"（ménr）必须读作 [mər³⁵]。另一类是语流连读中所发生的自然音变,如连读变调与连读变音,我们称之为语流音变。例如两个上声调相连,前一上声音节读似阳平;"干吗"(gàn má)一词连读,"干"因受后一音节声母的逆同化,实际发音往往读作"gàm má"。轻声与儿化音变部分是规范的读音要求,在书面拼音形式上有相应的标示与规定;语流音变受自然发音机理的影响,在书面拼音形式上不作标示。

一、轻声

(一) 轻声的性质与作用

在词或句子里,某些音节往往会说(读)得相对轻而短,以体现某些语义或语法功能,这一现象叫"轻声"。轻声在形式上主要取决于音长和音高,它与非轻声音节是对比而言的,词语中的轻声音节总处在非轻声音节的后头,音长明显短于非轻声音节,音长一缩短,原来的调值也就发生相应的变化,变为轻声特有的音高形式。

轻声在普通话里有其独特的作用。以下例词前者是非轻声词语,后者是轻声词语。

1. 非轻声与轻声对立以区别词义。例如:

大爷(傲慢、不劳动的男子)——大爷(对年长男子的尊称)

是非(正确和错误)——是非(纠纷)

莲子(莲的种子)——帘子(用布、竹子等做成的遮蔽门窗的器物)

2. 区分词性。例如:

地道(名词)——地道(形容词)

花费(动词)——花费(名词)

实在(副词)——实在(形容词)

3. 区分短语与词。例如:

火烧(主谓短语)——火烧(名词:一种表面没有芝麻的烧饼)

年月(联合短语)——年月(名词:时代、日子)

煎饼(动宾结构)——煎饼(名词:一种饼食)

（二）轻声词

轻声词分"语法轻声词"与"口语轻声词"两种：

1. 语法轻声词。这类词有较强的规律性，这些词或语素在词句里必须读成轻声。

（1）语气词。例如：

来吧　　对吗　　他呢　　好啊

（2）助词"的、地、得、着、了、过"等。例如：

小的　　轻轻地　　说得好　　看着　　走了　　来过

（3）名词与某些代词的后缀"子、头、们"等。例如：

桌子　　椅子　　木头　　石头　　我们

（4）用在名词、代词后的方位词"里、上、下、面、边"等。例如：

墙上　　屋里　　山下　　水池边　　里面　　上边
那里

（5）用在动词后面表示趋向，或用在形容词后面表示变化的趋向动词"来、去、起来、下去"等。例如：

放下　　起来　　出去　　坐下去　　想起来

（6）动词重叠或一些叠音名词的后一个音节：

听听　　看看　　走走　　妈妈　　宝宝　　蝈蝈　　猩猩

（7）量词"个"。例如：

这个　　那个　　三个

（8）数词"一"夹在重叠动词之间；否定词"不"夹在动词或形容词之间，或在可能补语结构中，常常轻读。例如：

试一试　　走一走　　去不去　　好不好　　说不清
走不开

2. 口语轻声词，由于长期的口语省力习惯而必须读轻声，使用频率很高。例如：

脑袋　　胳膊　　头发　　钥匙　　消息　　月亮
麻烦　　快活　　机灵　　扎实　　认识　　凑合

（三）轻声的音变

轻声作为一种音变现象，只能在词语或者句子中体现出来。轻声的调值短促，书面上轻声不标调号。轻声音节的实际调值取决于它前面那个音节的调值：

1. 当前面音节的声调是阴平、阳平或去声时，轻声音节的调值是一个短促的低调。阴平、阳平之后的轻声落点稍高，大约 2 度，去声之后的轻声落点最低，大约 1 度。

阴平+轻声[2]：先生　　哥哥　　他的　　桌子
阳平+轻声[2]：学生　　婆婆　　馒头　　房子
去声+轻声[1]：相声　　弟弟　　运气　　柱子

2. 当前面音节的声调是上声时，轻声音节的调值是一个短促的高调，大约 4。如：

上声+轻声[4]：伙计　　奶奶　　老实　　椅子

轻声音节的音长较短，音值往往也受到一定的影响，音节里的声母或韵母有时会发生变化。如果声母是不送气的清塞音 b、d、g 或是清塞擦音 j、zh、z，往往会发生浊化。例如："嘴巴"的"巴"，声母有时会变成浊塞音[b]；"舍得"的"得"，声母有时会变成浊塞音[d]；"风筝"的"筝"，声母有时会变成浊塞擦音[dz]。轻声对韵母元音的音色影响更为明显，往往向央元音靠近。例如：

棉花[xua]→[xuə]　　　银子[tsɿ]→[tsə]
出去[tɕʻy]→[tɕʻiə]　　　师傅[fu]→[fə]

某些以擦音为声母的轻声音节在极度轻读的情况下，往往会脱落韵母，只剩声母。例如：

意思[sɿ]→[s]　　豆腐[fu]→[f]　　东西　[ɕi]→[ɕ]

二、儿化

（一）儿化的性质和作用

在普通话中，某些词在口语中往往要带上一个词尾"儿"，以表示某种语义色彩或相关功能。作为词尾的"儿"不自成音节，也并不是一个音素，只是词尾所在音节发音时的一个伴随性的翘舌动作，这一语言现象叫"儿化"。例如："座儿""门儿"。被"儿化"的音节叫"儿化音节"，又称为"儿化韵"。

注意要区别"儿化音节"与"er"(而、二、儿、尔)音节，它们不是同一个概念。

儿化音节如"花儿"(huar)虽然在"花"huā 音节后加带一个 r，"花儿"仍是一个音节，但在书写上却要用两个汉字标写，因为"花儿"是两个语素。例如：

花儿 huar　　鸟儿 niaor　　猴儿 hóur　　虫儿 chóngr
心眼儿 xīnyanr

普通话里的"儿化"现象往往具有区别词性、词义或表示感情色彩的作用：

1. 区分词性。例如：

盖(动词)——盖儿(名词)　　画(动词)——画儿(名词)
错(形容词)——错儿(名词)　　亮(形容词)——亮儿(名词)

2. 区别词义。例如：

信(书信)——信儿(信息)　　眼(眼睛)——眼儿(小窟窿)
头(脑袋)——头儿(领头的人)　　面(面条)——面儿(粉末)

3. 一些儿化词往往表示微小的形状或者带有喜爱、亲切等感情色彩。例如：

圈儿　　勺儿　　伴儿　　妞儿　　小孩儿　　小刀儿
小曲儿　　脸蛋儿　　金鱼儿　　头发丝儿　　一会儿　　一点儿

(二) 儿化韵的读音规律

普通话里除了 ê 和 er 外，其余的韵母都可以儿化。儿化韵的发音特点在于韵母的翘舌色彩。在发音上，主要决定于"儿"前一音节韵母主要元音的发音与翘舌动作是否有冲突。如果没有冲突，儿化时就直接在主要元音发音的同时附加一个翘舌动作；如果有冲突，就要在发翘舌的同时变更原来韵母里韵腹、韵尾的音值，使之方便于儿化发音。儿化韵的发音规律大致归纳如下：

1. 韵腹或韵尾是 a、o、e、u 的韵母（包括 ao、iao 中的 o[u]），儿化时原韵母直接加带卷舌动作。例如：

a[A→Ar]　　　　哪儿　　　打杂儿

o[o→or]　　　　坡儿　　　碎末儿

ao[ɑu→ɑur]　　　口哨儿　　掌勺儿

u[u→ur]　　　　爆肚儿　　水珠儿

e[ɤ→ɤr]　　　　打嗝儿　　挨个儿

ie[iɛ→iɛr]　　　锅贴儿　　台阶儿

2. 韵尾收 i 和 n 的韵母（in、un 除外），儿化时丢弃韵尾，原主要元音翘舌。例如：

ai[ai→ar]　　　　小孩儿　　盘菜儿

ei[ei→ər]　　　　宝贝儿　　刀背儿

an[an→ar]　　　　包干儿　　快板儿

en[ən→ər]　　　　树根儿　　嗓门儿

3. 主要元音是-i[ɿ]、-i[ʅ]的韵母，儿化时主要元音变为[ə]并翘舌。例如：

-i[ɿ→ər]　　　　台词儿　　枪子儿

-i[ʅ→ər]　　　　树枝儿　　果汁儿

4. 收 ng 韵尾的韵母儿化时丢失韵尾后，韵腹变成鼻化元音，同时加翘舌动作。例如：

ang[ɑŋ→ɑ̃r]　　　药方儿　　鞋帮儿

eng[ɤŋ→ɤ̃r]　　　板凳儿　　灯儿

ing[iŋ→ĩr]　　　瓶儿　　　钉儿

ong[uŋ→ũr]　　　胡同儿　　空儿

5. 单元音 i、u 韵母后增加元音[ə]并翘舌。in、un 韵母丢弃韵尾 n 后增加[ə]并翘舌。例如：

i[i→iər]　　　　小鸡儿　　玩意儿

ü[y→yər]　　毛驴儿　　小曲儿
in[in→iər]　　够劲儿　　送信儿
ün[yn→yər]　　裙儿　　　合群儿

三、连读变调

　　普通话音节四个声调的基本调值是指这个音节单念时的调值，这是固定的。但在连读语流中因音节与音节相连，就有可能使某些音节声调的调值发生变化，这就叫"连读变调"。普通话连读一般是前一音节发生变调，其变调的高低由后一音节的声调调型决定。

（一）上声的变调

1. 上声+上声：214+214→35+214

（1）两个上声连读时，前一个上声由214变读为35，近于阳平。例如：

　　理想　　美满　　友好　　水井　　处理

（2）"上声+上声+上声"的连读变调，主要有两种形式：

①"AB+C"结构，变为：35+35+214，即前两个音节都变为35，后一音节保留214。例如：

　　展览/馆　　手写/体　　洗脸/水　　管理/法

②"A+BC"结构，变为：21+35+214，即第一个音节重读后变为21，第二个音节变为35，末一音节保留214。例如：

　　很/美满　　小/老虎　　老/领导　　马/总管

2. 上声与非上声的连读变调：

（1）上声+非上声，前一音节由214变读为半上21。例如：

　　上声+阴平：导师　　主张　　演出　　曙光
　　上声+阳平：演员　　语言　　起航　　理由
　　上声+去声：讲课　　稳重　　老练　　鼓动

（2）上声+轻声，有两种读法：

①前一音节的上声读阳平35。一般是单音节动词重叠或轻声

双音节词。例如：

走走　　想想　　洗洗　　打手　　找补　　哪里

② 前一音节的上声读为半上 21。亲属称谓中的上声重叠词或一些轻声名词。例如：

奶奶　　姐姐　　椅子　　枕头　　耳朵　　宝宝

老实　　尾巴

（二）"一""不"的变调

"一"的本调是阴平，"不"的本调是去声。读为本调主要有三种情况：(1) 单念；(2) 出现在词句末尾；(3) 表示序数。例如：

一：第一　　八一　　统一　　一组　　十一号楼

　　始终如一　　三七二十一

不：我绝不！　要不……

"一"和"不"的变调规律大体上相同：

1. 在去声前面变读为 35，接近阳平，例如：

一对　　一致　　一样　　不对　　不变　　不算

不上不下　　一唱一和

2. 在非去声（阴平、阳平、上声）前，"一"变读为去声，"不"仍读去声，例如：

阴平前：一天　　一般　　一朝一夕　　不多　　不甘

　　　　不高不低

阳平前：一同　　一直　　一言一行　　不来　　不和

　　　　不明不白

上声前：一起　　一早　　一板一眼　　不冷　　不久

　　　　不早不晚

3. 夹在三音节词语中间时，口语中常常读为轻声，例如：

想一想　　看一看　　好不好　　行不行　　走不动

差不多　　巴不得　　来不及

四、"啊"的变读

语气词"啊"一般用在句末或句中稍作停顿之处,由于受到前面一个音节末尾音素的影响,需要变读。"啊"的变读规律有以下几种:

1. 前一音节末尾的音素是 a,o,e,ê,i,ü 时,"啊"读作"ya",汉字也可以写为"呀"。例如:

（1）多美的画呀!（huà　ya）

（2）快说呀!（shuō　ya）

（3）坐哪趟车呀?（chē　ya）

（4）怎么还不去呀?（qù　ya）

（5）我真该向他道谢呀!（xiè　ya）

2. 前一音节末尾的音素是 u(包括韵母 ao,iao 末尾的 o[u])时,因为连读音变的影响,"啊"要读作"wa",汉字可写作"哇"。例如:

（1）好大一棵树哇!（shù　wa）

（2）是老赵哇!（zhào　wa）

（3）快走哇!（zǒu　wa）

（4）怎么这么小哇!（xiǎo　wa）

3. 前一音节末尾的音素是 n 时,因连读的影响,读"na",汉字写作"哪"。例如:

（1）空气多新鲜哪!（xiān　na）

（2）看他多精神哪!（shēn　na）

（3）什么原因哪?（yīn　na）

4. 前一音节末尾的音素是 ng 时,读"nga",书面上都写成"啊"。例如:

（1）你总这么忙啊!（máng　nga）

（2）行不行啊?（xíng　nga）

（3）好多学生啊!（shēng nga）

练习题

一、读准下面的轻声词语,记住轻声发音的规律。

师傅　嘟囔　簸箕　比量　官司　伙计　忙乎　蘑菇　扫帚　软和　打听　提防　窗户　头发　舍不得　套近乎　了不得　势利眼　豁出去

二、朗读下面的词语,请指出各词上声音节的声调变化。

老师　点头　舞蹈　管理　好久　给予　奖品　朗读　警戒　懒洋洋　水汪汪　蒙古语　水手长　导火索　海产品　很简短

三、朗读下列词语,并指出"一"的变调情况。

一致　一般　一溜烟　一言堂　一辈子　一尘不染　一无所有　一路领先　一帆风顺　一干二净　一模一样　一朝一夕　一心一德　一五一十　一唱一和　一举一动　一搭一档　一生一世　一字一板

四、读读下面三段话,请指出"不"的变调规律。

1. 不！不！对不起！你只是写得不好,不能说写得不对,只是不会得优秀罢了。

2. 他该不会说些不利于团结的话来吧。时间不多了,顾不得这许多了,你说是不是啊？

3. 你去不去我想他不会介意,只是不应该不跟他打招呼。活动不要再改了。好,到时不见不散！

五、运用儿化韵的变读规律,读读下面的一段话。

进了门儿,倒杯水儿,喝了两口儿运运气儿,顺手拿起小唱本儿,唱一曲儿,又一曲儿,练完了嗓子我练嘴皮儿。绕口令儿,练字音儿,还有单弦儿牌子曲儿,小快板儿,大鼓词儿,越说越唱我越带劲儿。

六、指出下面轻声词与非轻声词在词义、词性上的区别。

兄弟——兄弟　　　　　地道——地道

自然——自然　　　　　老子——老子

摆设——摆设　　　　　　活动——活动
人家——人家　　　　　　练习——练习

七、按照"啊"的音变规律,把下列短句末尾的语气词"啊"念准,并在括号里填上适当的汉字。

1. 东西放在哪儿啊(　　)?　　2. 大声叫啊(　　)!
3. 这里的景色真美啊(　　)!　4. 大伙儿加油干啊(　　)!
5. 没有笔怎么写字啊(　　)?　6. 道理谁都能讲啊(　　)。
7. 这日子怎么过啊(　　)!　　8. 啊,是老张啊(　　)!
9. 慢慢来,别着急啊(　　)!　10. 这孩子真是无知啊(　　)!

八、标出下面一段话里的轻声词与儿化词,然后正确朗读。

池边有一股清泉:有的像金鱼吐水,极轻快地冒上来一溜小水泡;有的像明珠,浮到中途又歪下去,真像一串珍珠在水里斜放着;有的半天才浮上来一个水泡,大,扁一点,慢慢的,有姿态的,摇动上来,碎了;看,又来了一个!有的好几串小碎珠一齐挤上来,像一朵攒得很整齐的珠花,一串一串的,真有趣。

思考题

一、为什么说语流音变是各种语言里普遍存在的现象?你所熟悉的语言或方言中还有哪一些比较特殊的语流音变?

二、你如何理解"花儿"(huar)一词读音是一个音节却具备两个语素?

三、除上面介绍的上声连读变调外,普通话的连读还有哪些声调音变?请举例说明。

四、有人说:所有念轻声的字都有本调的。你认为这种说法对不对?为什么?

五、有人认为普通话轻声是第五个声调,你认为如何?为什么?

第七节 节　　律

> 教学提示：了解普通话常用节律的重音、断连和句调等形式特点与基本功能，并能运用节律的一般知识指导普通话表达。

　　节律是运用言语的节奏和语声规律正确体现语言结构关系、语义关系与逻辑关系的一种表达手段。节律受语义、语法的制约，它将相互关联的语言材料组合成既彼此层次分明，又连接有序的表达单位，是言语过程中不可或缺的表达手段。如"史书/记千古"与"史书记/千古"两者就是运用不同的节律组合成不同的语法结构单位、显示不同的语义，以供表达题旨的需要。

　　汉语的节律形式是多样的，常用的节律形式主要是重音、断连与句调。节律的体现形式是语音，但节律的语音形式不同于声母韵母等可以独立存在的音素成分，表现节律的语音形式不能单独存在，它附加于语言建筑材料之上，是对具体语言建筑材料的组合运用，以体现具体的语义、语法与语用功能。

一、重音

　　在实际话语里，因语义、语法的需要，往往有些音节或词语读得重一些，有些读得轻一些，**重读的音节就叫重音**。重音和轻音是相对而言的，重音一般都是重要语义的负载所在。单音节的实词不存在结构类型，所以不存在轻重读；单音节虚词（如助词"着、了、过、的、地、得"）因语义的虚化，不可以重读。语音实验结果表明，体现重音的主要成分是音长和音高，音强的作用是次要的，因命名的习惯，我们仍然沿用"重音"一词。

（一）语法重音

　　语法重音又叫基本重音，它是在不受上下文或具体语境限定下,由语言单位自身的结构关系、语义内涵所规定的重音。换句话说,**语法重音是体现语言单位结构关系与语义关系的重音**,所以比较有规律,也相对稳定。语法重音是言语表达首先必须掌握的重音,它关系到表达者对语义的理解与把握,所以比较重要。语法重音呈现在词、短语与句子三级语言单位中,尤以前两者为主。

1. **词重音。指双音节或多音节词的基本轻重格式**。词的不同轻重读音格式主要依据于词的结构形式与口语化的程度。词的重读音直接落在构成词的相关语素(音节)上。普通话词的轻重格式按音节多寡的不同可分以下几种情况:

(1) 双音节词的轻重格式主要有两种。

中·重:凡非纯口语化的词一般都读"中重"。例如:

国家　法律　治疗　卡车　音乐　司令

重·轻:凡以彻底虚化的语素(如"子""头"等)为后缀的词、词根重叠的词或口语化程度极高的常用词,一般都读"重轻"。例如:

石头　孩子　妈妈　星星　黄瓜　暖和　照顾

(2) 三音节词有三种格式,其中以"中轻重"和"中重轻"两种格式为多。

中·轻·重:差不多　西红柿　摩托车　巧克力　星期天

中·重·轻:为什么　老太太　胡萝卜　小伙子　不由得

重·轻·轻:朋友们　姑娘家　孩子们

(3) 四音节词语因结构的多样,轻重格式较为复杂,常见的有以下两种:

中·轻·中·重:稀里糊涂　老老实实　一举两得

中·轻·重·轻:丫头片子　绣花枕头　外甥媳妇

2. **短语重音**。这是区别不同短语类型的重要形式标志。短语的重音落点与短语的语法结构类型密切相关,不同结构、不同语义关系的短语一般均有相对固定的重音位置。短语是由词构成的,所以短语的重音要落在具体的词上;负担短语重音落点的具体词在体现该短语重音时,仍然要遵循该词基本的轻重读音格式。如"买西瓜"是个述宾短语,该短语的重音要落在宾语"西瓜"上;"西瓜"一词为"重轻"读音格,所以,该短语的重音最后实际叠加在词重音"西"语素(音节)上。短语重音的力度较为自然,只是在词重音的基础上稍加凸显,不宜读得过重。

按结构类型与语义关系的不同,短语的重音模式大体可分为七类。为说明方便,以下例子用着重号表示负担短语重音的具体词语。

(1)主谓短语,重音一般都要落在谓语上,例如:

天气热　　灯亮着　　太阳升起来　　今天星期天

(2)述宾短语,重音一般都落在宾语上,例如:

开车　　承认错误　　有希望　　是扬子江

(3)偏正短语的重音落点分两种情况:

A.表示性质、方式、情态、程度、范围、处所、时间等修饰或限定内容的修饰语,一般都是新的具体信息的负载成分,所以重音一般均落在修饰语上,例如:

假话　　外科医生　　借来的钱
广东产　　慢慢儿说　　从现在开始
很累　　都红了　　相当麻烦

B.以人称代词、人名、亲属称谓词构成的领属性修饰语以及表示概数的数量结构修饰语,因不负载语义焦点,所以重音一般落在中心语上,例如:

她爹　　我爸爸　　你的舅舅　　姥姥的哥哥
一些东西　　几个哥们儿

(4)述补短语的重音落点分两种情况:

A.补语表示情态、结果、数量、程度时,补语所追加的是必要的详细信息,所以重音一般都要落在补语成分上,例如:

忙得团团转(情态补语)　　听腻了(结果补语)
跑了三趟(数量补语)　　饿极了(程度补语)

B. 补语表示趋向、可能时,重音要落在述语成分上。可能补语、趋向补语的语义虚化程度比较高,所以没有重读形式,重音一般都要落在中心语上,例如:

满上　　　回去　　　唱起来　　（趋向补语）
写得好　　受不了　　马虎不得　（可能补语）

（5）同位短语的重音落点也分两种情况:

A. 以常用职务、职称、称呼加特指名构成的同位短语,因语义焦点在更具体的特指内容,故重音要落在特指部分上,例如:

周恩来总理　　鲁迅先生　　莎菲小姐　　王力教授　　雷锋叔叔

B. 属概念加具体种概念的同位短语,因种概念是具体概念,语义一般凸显的都是具体的种概念,故重音落在种概念部分,例如:

首都北京　　动物大猩猩　　小说《红楼梦》

（6）兼语短语的重音一般都落在前后谓语的中心语上,如果后一中心语还带宾语,则重音由述宾结构承担,例如:

请你上来　　逼着他检讨　　赶鸭子上架　　催学生交作业

谓语通常要负载语法重读音这是一般规律。兼语短语的前后两个谓语相比,后一谓语成分是更具体的语义说明所在,所以处于两个谓语中心语间的兼语成分虽是前一谓语的宾语(在独立的述宾短语中负载重读音),但更是后一谓语的主语,所以不能负载语法重音。

（7）联合短语、连谓短语因短语各部分不分主次,均是语义焦点所在,所以重音并列,例如:

北京、上海、广州　　老师和学生　　又大又甜　　讨论并通过
　　　　　　　　　　　　　　　　　　　　　　　　　（联合短语）
出门/买东西　　　　搬梯子/上房/检漏　　　　（连谓短语）

结构复杂的多层短语,其语法重音分布的基本规律与简单短语相同,整个短语的重音落点按第一层结构的类型确定,相应的下位结构的重音按相应的规律类推。而语句的语法重音与构成语句的

基本成分或短语类型大体相同。

（二）逻辑重音

由具体上下文语义与特定语境所规定的重音叫逻辑重音。逻辑重音又称强调重音，是在具体的交际情境中对需要凸显或特别强调的语义所施加的重音，也就是说，具体的交际语义指向什么，逻辑重音就凸显什么，所以它不像语法重音那样受相对固定的规律制约。相对于语法重音而言，它又称为临时重音。

逻辑重音只能出现在语句中，不能出现在无独立表达功能的词与短语中。逻辑重音旨在强调，在重音的力度上明显强于语法重音。

试比较"我在家看书"这句话的语法重音与逻辑重音的区别：

语法重音：我在家看书。

逻辑重音却可以根据语句义的不同而变化：

(1)（谁在家看书?）我在家看书。　　（省略式回答：我。）

(2)（你在哪儿看书?）我在家看书。　　（省略式回答：在家。）

(3)（你在家做什么?）我在家看书。　　（省略式回答：看书。）

(4)（你在家看什么?）我在家看书。　　（省略式回答：书。）

同样一句话，因为上下文规定与具体表达语义指向的不同，逻辑重音就有不同的落点，可见逻辑重音与语法重音的区别是明显的。上面四个例句中，第(3)句的逻辑重音与语法重音重叠。由于逻辑重音其表现力度比语法重音强，所以，即使发生两类重音的叠加，也不影响逻辑重音的显现。

在具体的交际话语中，有些上下文语境是明显的，有些上下文语境是隐含的，无论是哪一种情况，只要上下文语境是客观存在的，它都会对逻辑重音的落点形成制约。例如：

(1) 桂林的山真奇啊，……桂林的山真秀啊，……桂林的山真险啊，……

(2) 古时候一个人，一手拿着矛，一手拿着盾，在街上叫卖。

（3）骆驼很高,羊很矮。骆驼说:"长得高多好啊!"羊说:"不对,长得矮才好呢。"

（1）（2）与（3）例分别显现的是并列和对比关系。再如:

（4）你若不去,我也不去。

（5）起初他只是好喝懒做,后来才发展到偷窃。

（6）他不但会喝酒,而且爱喝,有阵子甚至是无酒不下饭。

（4）（5）（6）例分别显现的是条件、承接与递进关系。

二、断连

"断连"是指语言单位之间的顿断分割与连延组合,它其实是语言结构关系的语音标志形式。如"风能／发电"(偏正短语)不同于"风／能发电"(主谓短语)。

"断连"也可叫"停延",在书面形式上,语句中的某些语言单位间的结构关系可以有相应的标点显示(标点本身就是断连节律的书面标志),但充当语法成分的某些词或短语往往没有标点显示,可是由语言结构关系所规定的顿断与连延依然客观存在。断连主要出现在短语与句子中。

（一）短语的断连

为了说明方便,以下我们以单斜线／作为语言结构单位中第一层顿断的标志(时间较长),以双斜线∥作为第二层顿断的标志(时间较短),以下加波浪线　作为连延的标志。

以下诸例中的a、b两式在书面形式上没有任何区别性标志,被称作"歧义短语",但在实际口语交际中,人们不会有判断上的误会,凭借的正是断连节律的语音区别表征:

（1）a. 无烟／厂　　　　（偏正短语）
　　　b. 无／烟厂　　　　（述宾短语）

（2）a. 设计学院的／大楼　（偏正短语）
　　　b. 设计／学院的大楼　（述宾短语）

（3）a. 没有买票/的　　　　　　（"的"字结构）
　　　b. 没有/买票的　　　　　　（述宾短语，"的"字结构"买票的"充当宾语）
（4）a. 穿/破//衣服　　　　　　（述宾短语：宾语为偏正短语）
　　　b. 穿//破/衣服　　　　　　（述宾短语：宾语为词）
（5）a. 一个/教师的//感想　　　（偏正短语：中心语为偏正短语）
　　　b. 一个//教师的/感想　　　（偏正短语：中心语为名词）
（6）a. 他们/三个//一组　　　　（主谓短语：谓语为主谓短语）
　　　b. 他们//三个/一组　　　　（主谓短语：谓语为数量结构）
（7）a. 打//死/老虎　　　　　　（述宾短语：谓语为名词）
　　　b. 打/死//老虎　　　　　　（述宾短语：谓语为偏正短语）
（8）a. 再不/适当//提高　　　　（偏正短语："再不"限定"适当提高"）
　　　b. 再/不适当//提高　　　　（偏正短语："再"限定"不适当提高"）

（二）句子的断连

单句组合成分间的断连与相应的短语基本一致，如"这样做/不好。"是偏正短语作谓语；"这样/做不好。"则是动补短语作谓语。在书面形式上，句间、句末的某些顿断，现代汉语已具备了一套符号表征系统，那就是相应的标点。这些顿断标点的应用依据，同样是实际语言中的节律规定，只不过在形式上换成了书写符号而已。（以下用｜号表示分句间顿断，斜线/表示句子第一层次顿断标志，双斜线//表示第二层次顿断标志。）

（1）a. 不要/走到此处//大小便！　（单句："到"为介词）
　　　b. 不要走｜，到此处//大小便！　（复句："到"为动词）
（2）a. 我/说//他不会生气。　　（单句："他不会生气"为全句宾语）
　　　b. 我/说｜，他/不会生气。　（复句：前后分句主

　　　　　　　　　　　　　　　　　　语分别是"我"与
　　　　　　　　　　　　　　　　　　"他")
　　　c. 我/说他▕,不会生气。　　　(复句:两个分句主
　　　　　　　　　　　　　　　　　　语均为"我")
(3) a. 男人/离开了女人,▕就活不成。(复句:后一分句主
　　　　　　　　　　　　　　　　　　语承前省略)
　　　b. 男人/离开了,▕女人/就活不成。(复句:前后分句不
　　　　　　　　　　　　　　　　　　同主语)

就一般规律而言,句号、问号、叹号后面的顿断时间比分号、冒号长;分号、冒号后面的顿断时间比逗号长;逗号后面的顿断时间比顿号长(符号/表示并列,>表示"时值长于"):

　　　　　。 / ? / ! > ; / : > , > 、

至于省略号或是破折号,顿断的时间宜视具体语意而定。段落之间的顿断时间一般又比句末顿断要长。我们不仅要重视有标点符号所显示的"标志顿断",也应当对那些在书面形式上尚没有符号标志,但是在表达实践中确有结构表征作用与语义区别功能的汉语断连予以相应的重视,它们在正确的表达过程中同样是不可或缺的。

重音与断连两种节律形式常常一起使用,往往能使表达功能更加显豁。例如:

(1) a. 已/经过了　　　　(偏正短语,"经过"是一个动词)
　　　b. 已经/过了　　　　(偏正短语,"已经"是一个副词)
(2) a. 关于/鲁迅的杂文　　(介词短语:关于……杂文)
　　　b. 关于鲁迅的/杂文　　(偏正短语:关于鲁迅……)
(3) a. 广东/产龙眼。　　　(主谓句)
　　　b. 广东产/龙眼　　　(偏正短语)
(4) a. 他们/说不来。　　　(主谓句:词"说不来"作谓语:说
　　　　　　　　　　　　　　不到一起)
　　　b. 他们/说//不来。　　(主谓句:述宾短语"说不来"作
　　　　　　　　　　　　　　谓语)

三、句调

句调升降主要指句调的音高变化。句调贯穿于整个句子的始终,但却突出地体现于句子的末尾。句末不同的标点实际上是不同语调的标示。不同的句调标志不同的语气,表示不同的句义,如"怕什么？↗"用上升调表示征询;"怕什么！↘"用降调表示的是肯定,意思是没有什么可怕的。

口语中常见的句调形式有降调、升调、平调和曲折调四种,以前两者见用较多。

（一）降调

说话时句尾呈前高后低的下降句调。表示陈述、祈使、感叹等语气要用降调,如说明、命令、感慨等。在书面形式上,陈述、祈使语气用句号标志,感叹语气用叹号标志。例如:

(1) 爷爷和奶奶都退休了。↘　　　　（陈述）
(2) 各位旅客,广州车站到了。↘　　（陈述）
(3) 快,追上去！↘　　　　　　　　（祈使：命令）
(4) 买朵花儿吧,先生！↘　　　　　（祈使：祈求）
(5) 多么蓝的大海啊！↘　　　　　　（感叹）

（二）升调

说话时句尾呈前低后高的上升句调。升调常表示征询、疑惑、反问等疑问语气。例如:

(1) 屋里有人吗？↗　　　　　　　　（征询）
(2) 这么多活儿他一个人就能对付？↗（疑惑）
(3) 难道你没看见？↗　　　　　　　（反问）

升调只可能出现于疑问句式中,但疑问句不一定都是升调,例如:

(4) 这是谁干的？↘

（5）这是什么？↘

（6）在哪儿买票？↘

（7）怎么这么晚才回来？↘

（8）他来不来呀？↘

例（4）（5）（6）（7）（8）虽都是疑问句，但一般均用降调，因为这些句式中已经带有"谁""什么""哪儿""怎么""来不来"等疑问词语疑问结构直接表示疑问，所以即使用降调仍然可以表示疑问语气。如果疑问句本身没有疑问标志，为了疑问表达的需要，就一定要用上升语调显示。如：

（9）这人你不认识。↘　　　　　　　　（陈述句）

（10）这人你不认识？↗　　　　　　　（疑问句）

（三）平调

说话时句调没有明显的升降趋势，调高一般较平展。平调一般表示冷淡、含蓄的讥讽等语气，例如：

（1）处长的儿子又怎么样？处长的儿子就能目无法纪？→

（表示冷淡）

（2）当班长了？那可了不得。→　　　（表示冷嘲）

（3）行啦，不要再张家长李家短啦！→　（表示不耐烦）

平调在没有明显调高升降的同时，往往伴随一定的时长。

（四）曲折调

说话时句调的高低有曲折变化。曲折调大多用来表示讥讽、嘲笑、埋怨等复杂的语气。例如：

（1）就你行，谁能跟你比哟！　　　　（讽刺）

（2）人家现在当经理啦，说话不一样啰。（讽刺）

（3）当初你要是信他忽悠呀，那就惨啰！（感慨）

曲折调也往往伴随一定的时值延长。由此可见，句调升降是在语气、语义、语用等各种因素的作用下形成的。

句调属于语句的范畴,声调属于音节的范畴,但两者在句尾往往发生一定的牵连关系。就总体格局而言,句调贯穿于全句的始末,它不受制于声调调形的升降;当在句子末尾时,句调的升降趋势对处于句末的音节可能产生一定的影响。例如:

(1) 他是小杨？↗

(2) 他不去？↗

当句调为升调时,(1)句"杨"的声调调值升得稍高,(2)句"去"的声调升得稍少。

(3) 他是小杨。↘

(4) 他不去。↘

当句调为降调时,(3)句"杨"的声调比原调值稍低些,(4)句"去"的声调降得较低。

句调对音节声调的影响主要表现为改变音节声调的相对音高,以服从句调的基本走势。如果句末音节的声调与句调的升降走向一致,句调就会使声调的高低声域相对扩大;如果句末音节的声调与句调的升降走向不一致,句调就会使声调的高低声域相对缩减,但不会因此完全改变句末音节的基本调形。

句调不仅有区别语气的作用,而且有表达情感与语义分寸的作用,所以它不但与音高有关系,而且与音长、音强也有密切的关系。例如:

(1) 他不在家？↗　　（一般疑问,以单上升箭头表示。时值与升幅相对较短）

(2) 他不在家？↗↗　（强烈疑问,以双上升箭头表示。时值与升幅相对较长）

(3) 他不在家。↘　　（一般陈述,以单下降箭头表示。时值与降幅相对较短）

(4) 他不在家。↘↘　（恳切陈述,以双下降箭头表示。时值与降幅相对较长）

练习题

一、按照普通话词语的轻重格式规律,正确地朗读下面的词语。

后悔 恢复 新鲜 安全 便宜 宽厂 距离 咳嗽 列车 帐篷 西红柿 老大爷 电视剧 维生素 一下子 积极性 葡萄酒 没关系 不慌不忙 扬眉吐气 龙飞凤舞 雄心壮志 万马奔腾 改革开放 拿不起来 长江和黄河 三点半 太棒了 在学校 找朋友 看看再说

二、读一读下面的短语、短句,仔细体会前后两者重音落点有什么不同。

1. 真漂亮　　　　　　　漂亮极了
2. 自治区西藏　　　　　西藏是自治区
3. 他爸爸　　　　　　　新修的房子
4. 慢慢儿说　　　　　　慢得跟蜗牛儿似的
5. 都几点了,还在磨蹭啊?　这事儿还是先放下吧。
6. 饭菜做好了?　　　　　好了好了,别再闹了!

三、朗读下面的两段文字,按照上下文的语意关系,处理语句中的重音。

(1)对于一个在北平住惯的人,像我,冬天要是不刮风,便觉得是奇迹;济南的冬天是没有风声的。对于一个刚由伦敦回来的人,像我,冬天要能看得见日光,便觉得是怪事;济南的冬天是响晴的。

(2)刘家岐有两个神仙,邻近各村无人不晓:一个是前庄上的二诸葛,一个是后庄上的三仙姑。二诸葛原来叫刘修德,当年做过生意,抬脚动手都要论一论阴阳八卦,看一看黄道黑道;三仙姑是后庄于福的老婆,每月初一十五都要顶着红布摇摇摆摆装扮天神。

四、读读下面的话语,体会语句语调的高低升降的变化。

……(李空山)擦了这把脸,他活泼了一些,半笑地说:"把一个官儿也丢咧,哼!也好,该结婚吧!老丈人,定个日子吧!"

晓荷回不出话来，只咧了一下嘴。

大赤包极沉着地问："跟谁结婚？"

"跟谁？跟招弟呀！还有错吗？"

"是有点错儿！告诉你，空山，拣干脆的话，你引诱了招弟，我还没有惩治你呢！结婚？休想！两个山字落在一块儿：出去！"

五、判断下列短语有无歧义？若有歧义，你在实际口语中是如何用节律手段加以区别的？

1. 参观大厅
2. 从一开始
3. 律师和原告的妹妹
4. 撞翻了大爷的车
5. 别跑啰
6. 累死了

思考题

一、现代汉语的节律系统里所有起作用的语音形式有哪一些？能够区别语义与语言结构的有哪几种？请举例说明。

二、语句重音有哪两种？各有什么特点？

三、词重音与短语重音、语句重音之间是什么关系？

四、举例说明顿断与连延节律的作用。

五、疑问语气是否都是升调？为什么？

参考文献

徐世荣.普通话语音知识[M].北京：文字改革出版社,1980.

罗常培,王　均.普通语音学纲要[M].北京：商务印书馆,1981.

李　荣.音韵存稿[M].北京：商务印书馆,1982.

董少文.语音常识[M].上海：上海教育出版社,1988.

林　焘,王理嘉.语音学教程[M].北京：北京大学出版社,1992.

  石　锋.语音丛稿[M].北京:北京语言学院出版社,1994.

  傅国通,殷作炎.普通话导学[M].杭州:浙江教育出版社,1998.

  王洪君.汉语非线性音系学[M].北京:北京大学出版社,1999.

  冯胜利.汉语的韵律、词法与句法[M].北京:北京大学出版社,2009.

第二章 汉　　字

第一节　汉字概述

> 教学提示：了解汉字的起源、性质以及它的历史功绩。

汉字是中华文化的重要载体和标志。它记载了中华民族丰富灿烂的文化，并以其独特的生命力，在数千年自身演变的漫长过程中，作为历史文化的层层积淀，提供了探索中华文明起源的种种信息。汉字所具有的沟通各大方言区、凝聚中华各民族的巨大魅力，更使它堪称中华文化的瑰宝和骄傲。

一、汉字的起源

（一）文字和语言

在文字产生之前，人类靠什么来相互交际呢？靠口头语言。口头语言以语音作为传递信息与接收信息的媒介，而语言的声音是一种特殊的声音，它的特殊本质表现为语音都是有意义的。远古人类的交际范围很小，交流的内容也比较简单，凭借口头语言已经足以完成交际活动了。

文字是文明时代的产物。随着生产的发展，产品交换出现了；随着交通的发展，人们来往的阻隔解除了；随着文明的创造，历史的记载就成为必需了，于是，单凭口头的有声语言已不敷应用，口头有声语言的代用品文字也就应运而生了，这是历史发展、人类进化的必然。

（二）汉字起源的传说

汉字的诞生，标志着中国历史由传说时代进入信史时代。有文字就有文献,有文献则前人记录和总结的历史经验得以直接留传给后人,并且一代代地积累和发展,大大缩短了后人摸索经验的过程,使人类文明飞速发展。正如李学勤先生所指出的:"对中国文字起源的探讨直接关系到我国古代文明何时开端这样的重大课题。"

关于汉字的起源,传统有八卦说、结绳说、图画说等。东汉许慎《说文解字叙》:"古者庖牺氏之王天下也,仰则观象于天,俯则观法于地,视鸟兽之文与地之宜(仪),近取诸身,远取诸物,于是始作易八卦,以垂宪象。及神农氏,结绳为治而统其事,庶业其繁,饰伪萌生。黄帝之史仓颉,见鸟兽蹄迒之迹,知分理之可相别异也,初造书契。百工以乂,万品以察,盖取诸'夬'。"许慎认为,在汉字产生之前,曾有过一些过渡阶段,起初是伏羲氏创作八卦符号用来表示现象即反映客观世界,其后有神农氏结绳记事,由于不能适应日益繁多的事务,巧饰作伪的事逐渐萌生。直到黄帝的史官仓颉创造了书契文字,百官由此才得到治理,万民由此才得到督察。

1. 汉字与八卦

八卦是古代占筮的符号,每一卦由三爻组成,—为阳爻,代表奇数,--为阴爻,代表偶数。阴爻和阳爻的不同组合构成以下八卦：

乾☰　　兑☱　　离☲　　震☳
巽☴　　坎☵　　艮☶　　坤☷

八卦的爻象由占筮得出。占筮时,筮者用49根蓍草茎按某种法则进行演算,得出阴爻和阳爻,演算3遍就得到以上八卦之一,称为单卦;演算6遍,就可以得到两个单卦的迭合,称为重卦。8种单卦两两迭合,就得到64重卦。筮者根据重卦的卦象爻象分析,并结合《易》辞,来占测吉凶祸福。

由此看来,八卦的卦爻与数有关,不过是3个(单卦)或6个(重卦)奇数或偶数的排列符号。八卦与汉字是性质完全不同的符号系统,可见,它与汉字的起源应该是没有关系的。

2. 汉字与结绳

结绳是原始民族普遍采用的一种记事法,多见于中国少数民族地区和国外某些民族地区。古书里就有一些关于结绳记事的记载。从少数民族采用的结绳记事法看,结绳只能起到帮助记忆的作用,它本身还不可能独立地完整地记录事情,更不可能表示语言中的读音。因此,结绳法只能算是原始的记事法,并不具备文字的性质。这种结绳记事的做法也在汉字构成中留下痕迹。比较明显的是代表"十"及其倍数的文字,都像结绳的形象。

在商周金文里,"十"写作✝,"廿"写作⋃,"卅"写作⋃,都像一端系在一起的若干打结的绳子。甲骨文的字形有绳无结,这是为了契刻方便而简省了。个别汉字采用结绳形象作为构字符号,说明结绳记事法对于汉字的产生有一定的影响,但不能由此得出汉字起源于结绳的结论。汉字是以象形符号为基础的文字,从原则上说,它的字形可以用任何事物的形象作为构字符号,结绳只不过是万事万物中的一种而已。

可见,**结绳只是一种帮助记忆、避免遗忘的方法**。再完备的结绳方法也不可能准确地记录语言,因此,它不可能成为汉字产生的源头。但结绳表明人类已经有了创造文字的要求。随着思辨能力的提高,人们采用简单的图画代替笨重的实物来传递语言信息。

3. 汉字与图画

关于汉字起源于图画的观点,是因为远古时期人们确实采用简单的图画来传递信息。

比如下面这个例子是从居住在我国云南省的纳西族使用的原始文字里选出来的:

第一节 汉字概述

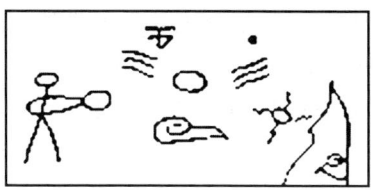

左边是一个人拿着蛋。中间的下边是湖水,上边是蛋,蛋的左右各有三条线,代表风。右边是一座山崖,山崖的前边是撞破的蛋正在发光。这段原始文字记录的意思是:"把这个蛋抛进湖水里,左边吹着风,风吹荡着湖水,湖水荡漾着蛋,蛋撞在山崖上,便生出一个光华灿烂的东西来。"这就是有些书上说到的"文字画"。

图画能够把心里想表达的意思大致记录下来,传递出去,但是,这种文字画记录和传递的信息不详细、不准确,写起来也不方便。特别要指出的是,图画和文字有明确的界限。

文字是记录语言的符号,而语言是由具备独立的音和义的词构成的。在一些原始文化的遗物中已经发现大量原始人创作的绘画,距今大约有六七千年之久。而与图画很相似的文字大量出现于商周青铜器上,有的也出现在商周甲骨文里。就表面形式看,跟图画很相似的文字,同原始的图画并没有太大的区别。**判断它们是文字还是图画的依据,就是看它们是否各自有固定的读音和意义,是否用于记录语言或是构成语言中的词。**唐兰先生说:"文字本于图画,最初的文字是可以读出来的图画,但是图画却不一定能读。"这里说的"可以读出来的图画",应该是指那些表面上看起来像是图画,但是本质上已经是具有独立的音义,用以记录语言的符号即图画文字了。

4. 汉字和仓颉

关于汉字的产生,有一个流行的说法是黄帝的史官仓颉(也作苍颉)造字。《淮南子·本经训》:"昔者仓颉作书,而天雨粟,鬼夜哭。"意思是汉字的产生是感天地泣鬼神的大事。战国两汉时期的文字启蒙书(也是最早的字典)称为《仓颉篇》,也反映了这个观念。

后世各地多有建仓颉庙纪念这位大功臣的做法,有的仓颉庙还保留到今天。那么,汉字真的是仓颉创造的吗?现代人们对此多持否定态度,认为**文字应当由人民群众集体创作,不可能是某个个人的功劳**。

在原始时代,先民为着某种记忆和交流的需要,会各自在竹木片或器物上刻画一些图画或符号。比如你在东山旁发现了一群鹿,就在东山脚下画一个"鹿"字,把这个信息告诉大家。他在西岭上找到一汪水,就在西岭脚下画一个"水"字,把这一喜讯报告别人。这种图画或符号通常是个人的表达,不可能有固定的读音和意义,当然不能看成文字。只有当各种表义符号有了大家公认的相对稳定的读音和意义,并且汇合在一起用以记录语言(哪怕是记录最简单的词组和短句),这些符号才具有了文字的性质。就像鲁迅在《门外文谈》所说的,"有的在刀柄上刻一点图,有的在门户上画一些画,心心相印,口口相传,文字就多起来"。可以下这样的断语:世界上古老的自源文字系统没有一种是靠某一个人独自创造出来的。换言之,只有自己理解的符号是不可能成为文字的。当这些符号还处于分散状态,不能用于记录成句语言的时候,也不可能成为文字。把社会成员各自创造的符号整理归纳成为社会共同认可、共同接受、共同使用的文字符号体系这样一个任务就提上了日程。而这种收集社会成员各自创造的符号,并进而加工整理成统一符号的工作,也绝不可能由全社会集体来完成。历史的发展需要少数知识分子来进行文字符号的加工整理和文字体系的制定工作。这同人民群众创造文化的提法不相矛盾,而是相互补充的。传说中的黄帝是古代中原部落联盟的首领,由黄帝的史官仓颉来搜集表义符号,并加工成为最早的文字,也是合乎历史条件和情理的事。至于仓颉是否为个人的私名,值得探讨。传说中的上古人物,多数是后人根据其某种特征或发明创造的功绩来为他命名。比如"神农氏"得名于他开创农业的功绩,"燧人氏"得名于他发明钻燧取火的功绩。从古音看,"仓颉"和"创契(创造书契)"相近,称创造汉字的史官为"仓颉",很可能是对他搜集整理汉字的历史功绩的追称。

汉字的诞生是中国文明开端的里程碑。由于信史和地下资料的限制,我们现在还不能准确、细致地描述汉字起源的具体情况。至今我们能够读到的最早的而且成批的古代汉字是三千三四百年前商代后期的甲骨文和金文,但是,甲骨文和金文已经是相当成熟的文字了,从最早的汉字到甲骨文、金文肯定已经走过一段相当漫长的历程。

二、汉字的性质

(一) 汉字是意音文字

判断一种文字符号体系的性质,首要的是研究这种文字与它所记录的语言之间的关系。

从汉字记录语言的方式看,汉字是一种意音文字。语言是音义的结合体。文字记录语言,或者从音入手,或者从义入手,或者同时从音义入手。拼音文字记录语言都是从音入手的。汉字记录汉语则兼用三种方法:

1. 从义入手

用象形字或是意符(形旁)记录语言。如用象形字"車"(车),古文字里的字形如 ⛤ 来记录"车"这个词,也用"車"(车)作为意符记录和车辆有关的一系列词,例如:轮、轴、辆、辇、轭、辕。

再如用象形字"人"(古文字字形写作 ⼈,像侧面站立的人)来记录"人"这个词,也用"人"作为意符记录和人的行为人的特点有关的一系列词。如"北"是两人相背,"比"是两人相并,"休"是人倚靠在树上休息等等。

2. 从音入手

用音符记录语言。如"亦"的古字形作" ⼤ ",其字形构造中,"大"字下加左右两点,用以指示人的腋下即胳肢窝,后来"亦"被借去记录同音的副词 yì(亦),表示胳肢窝这个意义的词另外造了"腋"

这个字形来记录;"我"的古字形像一种兵器(𠨘),后因为同音,被借去记录第一人称代词"我",这个表示古代兵器的字形就只是用它的读音来记录语言中的词了。汉字里这类情况很多。这些字形符号,被借去记录同音语词后,原字与新字的字义失去逻辑上的联系,仅在语音上保持一致。

3. 从音和义同时入手

兼用音符(声旁)和意符(形旁)记录语言。例如"柑",左半是树木的标记"木",作为意符表示名词"gān(柑)"是一种树木;右半边"甘"标注读音,是声符(声旁)。意符和音符确定了"柑"这个词的读音和意义类属。这种同时用意符(形符)和声符记录词的做法,在汉字里面占有最大的比例,它提供了字形记录大量语词的可行性。

绝大多数汉字都是兼用表音和表义的方法,所以形声字是支撑现代汉字大厦的栋梁。然而现代汉字的意符和音符所起的表意表音作用已经有限。一些表意符号已经看不出原先所象之形和所表之意,成了既不象形又不表意的记号;一些表音符号跟它所记录的语词的实际读音也有了距离,成为不表音的记号。但是这些记号在汉字符号总量中还未占到多数,而且这些记号本身也是从意符音符演变过来的,所以总体来说,现代汉字还是一种"意符音符文字",简称为"意音文字"。

表音文字的音符是专职的,汉字的音符是非专职的,是借用本来既有音又有义的现成字符充当的。有些符号(如"耳"),既可以独立成字,也可以在甲字中充当意符(如"聆"),在乙字中出任音符(如"饵"),在丙字中既作音符又作意符(如"珥")。表音文字的音符数量很少,一般只有二三十个。现代汉字中音符的数量很多,超过一千。表音文字的音符跟它提供的语音信息基本一致,现代汉字的音符跟它提供的语音信息常常不一致,但它们毕竟显性或隐性地传递了语音信息,为记录和认读汉字提供了有利条件。

汉字的意符(形旁),在传递语义信息上的功能,是表音文字所不及的。尽管绝大多数意符(形旁)只能提示语义的类别或范围,但是,从总体来看,现代汉字的意符(形旁)反映了字义的系统性,用形符区别了语音信息相同而且采用同一音符的语词,例如以"肖"为声符的"消、销、逍、宵、霄、硝、绡、魈"等字分别采用了"氵、钅、辶、宀、雨、石、纟、鬼"等意符,以显示这些具有相同声符的字分别代表的不同意义。相对于表音文字来说,意音文字仍属于表义文字体系。**现代世界各国所用的文字多数是表音文字,唯独汉字基本上仍是一种表义文字符号体系。**

(二) 汉字是语素文字

从汉字字符所记录的语言单位看,汉字又是一种语素文字。语素是语言中最小的音、义结合体,是最小的有意义的语言单位。语素不能独立运用,它的主要功能是用作构成词语的材料。词是可以独立运用的最小语言单位,词由语素构成。汉字记录汉语正是通过记录语素来实现的。

汉语的词早期以单音节为主。一个单音节词由一个语素构成,也由一个汉字来记录。例如下面的词都是用单个汉字来记录:

日、月、风、雨、牛、羊、鼎、兵、休、牧、神、禁、社、稷

随着汉语的发展,出现了大量由两个语素构成的双音节复合词。例如:

社稷 亲戚 天下 君子 小人 诸侯 五谷 寻常

现代汉语以复合词为主,特别是古代大量的单音节词在现代汉语里已经失去独立运用的功能,只是在复合词里作为构词词素出现。例如:

权衡 顾虑 婚姻 慰劳 辛苦 爱惜 模范

上述双音节复合词均由两个语素构成,复合词的意义已经不能从记录它们的两个汉字的意义直接推出,汉字记录的只是复合词赖以构成的语素。

还有一种情况,就是汉字不作为语素,而是作为音符记录词的音节。这种情况从古至今都大量存在。在先秦文献里,存在一些由单个语素构成的双音节单纯词,其中较多的是联绵词,还有一些叠音词。例如:

参差　造次　披靡　犹豫　缤纷;关关　采采　萋萋　苍苍

这些双音节的单纯词,每个汉字只是作为记音符号记录它们单字的音节。现代汉语也有多音节的单纯词,比较常见的是外来词,如"马达""沙发",汉字也只是用作音符记录该词的每一个音节,所以也有人把汉字称为"语素-音节文字"。

现代汉语的词,除一部分单音词外,大量是语素和语素组合而成的双音节合成词或多音节合成词,写下来就是两个或多个字。这里要注意两点:

1. 有的字仅仅代表一个音节,并不代表语素,这时,汉字也就没有字义。例如音译词"沙发"中的"沙"和"发";联绵词"芙蓉"中的"芙"和"蓉"。

2. 有的字在某个词语中没有意义,但是在另外一个词语中却是有意义的。例如"沙发"中的"沙"没有意义,但是在"沙漠""沙丘""沙子"中的"沙"是有意义的。

当语素和语素组合成词时,新词的词义往往不等于字义和字义的简单相加。例如"书空""对红",单凭字面很难正确理解词义。"书空"是按照字的笔画凌空书写。"对红"是指书刊开印之前对着红笔修改过的错误作最后一次校对。

词义基本上是语素义或者是语素义前后组合而成的比较少,例如:蓝天=蓝色的天空,备战=准备战争。大部分是语素义只反映词义的部分内容,例如:合唱=(分声部)共同演唱,挂面=挂起来(晾干而制成)的面条。也有一些词的部分语素义已经失落,例如:干净=净,国家=国。还有些词的词义是语素义的借代或比喻用法,例如:眉目("眉"和"目"是脸的主体,借以代替条理、头绪等),鹰犬(以打猎用的鹰和犬比喻受驱使、做爪牙的人)。

字义往往可以帮助理解词义,但是语素与语素在组合时的情况比较复杂,语素义以及词义在历史发展过程中又有不同变化,所以不能过分依赖字义来理解词义,要避免"望文生义"。

三、汉字的功绩

汉字是汉民族在长期劳动生产和社会实践中为适应交际需要而独立创造出来的书面交际工具。在人类文字发展的历史长河中,汉字是一种重要而独特的文字系统。汉字是世界上历史最悠久的一种独立发展的文字。当今世界上还没有一种文字能够像汉字这样源远流长。汉字是世界上使用人口最多的文字符号体系。现在,除中国外,使用汉字的国家还有日本、韩国、新加坡和马来西亚。今天世界上使用汉字的人口可能超过十四亿。

汉字在漫长的历史过程中建立了不可磨灭的功绩。它为维护民族团结、国家统一、传承文化发挥过并继续发挥着积极的作用。中国幅员广阔,不同地区方言的差异很大,有的方言之间的差异甚至超过欧洲一些不同语言之间的差异。汉字记录的书面语言具有超方言性,在漫长的历史时期里,汉字一直连绵地被使用下来,不同方言地区的民众以此进行交流,政府和百姓之间也以此取得沟通,使政令下达,民意上通。在方言差异极大、各地"言语异声"的情况下,汉字的交流沟通和维系作用功不可没。

汉字为中华民族保存了无比丰富的文化遗产。几千年来,用汉字记载的历史文献流传下来,为后人保留了大量反映古代政治制度、经济生活、思想文化、宗教哲学等各方面历史资料。作为一种具有表意功能的记录语言的符号,汉字的形义联系自身就蕴含了丰富的历史文化信息,是一个值得发掘的知识宝库。汉字还为促进中外文化交流、发展人类文化作出了巨大贡献。汉字的计算机处理这一世界性难题已经基本解决。汉字不再仅仅是人与人之间交流信息的工具,而且成为人机之间沟通信息的纽带。使用范围和效能的变化为汉字的应用和发展开辟了非常广阔的前景。

练习题

1. 汉字是世界上最古老的文字之一。借助于百度搜索,看看世界上最古老的文字还有哪些?

2. 关于汉字的起源,传统上有几种说法:_____、_____、_____、_____。

3. 判断汉字的性质是根据什么标准?选择你自己熟悉的一种外语,对比其与汉语在性质上的区别。

思考题

1. 文字和图画的根本区别是什么?请举例阐述。

2. 曾经有人希望取消汉字,你认为有没有这个必要性和可能性。

3. 汉语拼音文字能不能最终代替汉字?为什么?

第二节 汉字的结构类型

> 教学提示:了解关于汉字结构类型的"六书"说,理解前四书和后二书的区别,辨识指事、象形、形声、会意在结构类型上的区别。

现代汉字是从古代汉字发展演变而来。要了解现代汉字的结构类型,必须追溯到早期的古代汉字,从传统的造字法那里寻找线索。

一、"六书"说

关于汉字的结构,主流的系统分析是东汉许慎在《说文解字叙》里概括出来的"六书":"周礼八岁入小学,保氏教国子先以六书。一曰指事。指事者,视而可识,察而见意,上下是也。二曰象形。象形者,画成其物,随体诘诎(jiéqū,弯曲),日月是也。三曰形声。形声者,以事为名,取譬相成,江河是也。四曰会意。会意者,比类合谊,以见指㧑,武信是也。五曰转注。转注者,建类一首,同意相受,考老是也。六曰假借。假借者,本无其字,依声托事,令长是也。"《说文解字》共分析了九千多个汉字的形体结构,尽可能地说明每个字造字的本义。许慎分析汉字用的就是他阐述的"六书"理论。

对于"六书",人们习惯地称之为造字法。其实,数以千万计的汉字并不是先有了"六书"再造出来的。汉字的产生是随着人们生活和交际的需要逐步增加,积少成多,约定俗成的。后世在整理汉字时发现,这些汉字在构造类型上其实是有规律可循的,并由此归纳出"六书"。正如马叙伦《说文解字六书疏证》所说:"六书者,乃后人研求文字归纳而得其构造,可分六类,固非先立此六法以造文字也。"还要指出的是,六书并不是从一个角度来看问题的。**其中前四书,即"指事、象形、形声、会意"是独立地针对每一个汉字分析得出的不同结构类型**,至于所谓的后二书,转注和假借,其实与汉字的结构无关,而是从汉字记录语言以及汉字孳乳发展的角度分析而出的结果。传统上把它们的区别归结为"四体二用"。

许慎《说文解字叙》里"六书"的排列顺序是指事、象形、形声、会意、转注、假借。后来习**惯的排列是象形、指事、会意、形声、转注、假借**。

二、字形结构类型前四书

(一) 象形

"象形"字的结构特点是比照所代表的事物进行"模仿"。许慎的定义是:"画成其物,随体诘诎(jiéqū)。"意思是按照物体的外形用线条曲曲弯弯地描摹出字形。如:"人",古字形作🖋,像侧立的人形,画的是全形。"牛",古字形作🖋,像牛头的形象,画的是部分。"鹿",古字形作🖋,像长着枝杈形鹿角,正在用大眼睛环顾四周的麋鹿。"果",古字形作🖋,像长在树上的果实,连带画出了事物的依托部分。"眉",古字形作 ᴍ,像长在眼睛上方的眉毛,连带画出了该事物相关相辅的物体。"门",古字形作 閈,像安装在门框中的两扇木门。

"象形"是一种最简易的造字法,适用于直观的事物,很难用于表示意义抽象或是没有具体形象的概念,这是它的局限性。但是显然象形是最原始的,直接脱胎于图画文字,并为指事、会意、形声字的构成奠定了基础。

(二) **指事**

有形之物可以描摹,无形的东西怎么表示?于是就有了指事:**在象形字符或是抽象符号上增加指事的符号,以指明字义所代表的事物**。许慎给"指事"下的定义是:"视而可识,察而见意。"前半句说,一眼看去就可以大致认识;后半句说,仔细观察就能发现它的字义。

如:"亦"古字形作 亣,是"腋"的初文。字形在正面直立的人形的两腋处用两个点指明腋的位置所在,以此来记录字义。"刃",古字形作 ⅃,字义为刀剪等的锋利部分。字形在一把刀上用点指明刀刃的位置所在,以此来记录字义。"本",古字形作 ホ,在"木"的根部,加一点或一小横来指明这里是树木的根部,以此来记录字义。"末",古字形作 朩,在"木"的顶部加一点或一小横来指明这里是树木的顶端,以此来记录字义。指事字的字形,有的是全由记号构成的,如古字形"上"作 ⌐,"下"作 ⌐,用短横与长横的相对位置,来分别记录方位词"上"或"下"的字义;有的是在成字部件上增加记号构成的,如上面说到的"亦""刃"。

(三) **会意**

会意,许慎的定义是:"比类合谊,以见指㧑。"意思是比合字形所画的事物,就可以看出字形所指的字义。它跟象形的区别在于"会"(比合)。**会意字是由两个或几个相关图形拼合起来,只表示一**

个字义。比如,"秉"〖图〗,画的是手握一根禾苗,但握的可以不是禾苗而是别的东西,目的是表示"握着"这个动作。再如,"逐"〖图〗,用一个"止(脚)"代表人追赶"豕"(猪),表示追逐野兽,"豕"也有写作鹿或别的动物〖图〗,被追赶的是什么动物这不重要,重要的是表示出"追赶"这个动作。有了这个会意的过程,字形就能记录比较抽象的字义。"从"的古字形作〖图〗,画的是一前一后相随的两个人,会合出的字义是"跟从"。"北"的古字形是〖图〗,画的也是两个人,但不是前后相随,而是背靠背站立,会合出"北"的本义是"相背"。

合成会意字的各个组成部分都叫"意符"。会意字大致可分为以形会意和以义会意两类。在汉字的象形程度还比较高的商周时代,会意字的意符基本上都是由它的形象来会意。如"从",古字形作一个人跟从另一个人,这是以形会意。"武"甲骨文字形作"〖图〗",意符是"止"(脚,代表前进方向)和"戈"(代表武器),会合起来表示拿着武器去战斗。战国秦汉以后,汉字的象形性逐渐减弱,有许多新的会意字是用意符的文字意义来会合成意,如"少力"为"劣","不正"为"歪",这些都是以义会意。许慎在解释"武"字时引用了春秋以后流传的"止戈为武"的说法,把本来是脚的象形的"〖图〗(止)"理解为字面意义"制止",这是受了后世以义会意的影响造成的。还有的会意字采用同一字形重叠组字的方法,如:一"木"是树,二"木"成"林",三"木"为"森";一"火"是火,二"火"变"炎",三"火"成"焱";一"水"是水,三"水"成"淼";一"石"是石,三"石"成"磊"(石头多多);一"鱼"是鱼,三"鱼"变"鱻"(味道鲜美);一"车"是车,三"车"成"轟"(声音巨响)。

(四)形声

形声,许慎的定义是:"以事为名,取譬相成。"意思是以事类作为形旁的名称,用读音相同或相近的字比拟字音,组合而成形声字。

清代文字训诂学家段玉裁的注释是:"以事为名,谓半义也;取譬相成,谓半声也。"可见**形声由两个部分组成,一个部分标注字的读音,叫声符,另一个部分表示字义或字义的类属,叫形符**,也有叫意符的,声符和形符这两部分搭配起来,组合成一个形声字。

分析汉字中的象形、指事、会意字需要依据古文字字形,分析形声字,只要该形声字结构没有讹变,就可以依据没有简化的楷书字形,分析出它们的形符和声符。

例如:

标注读音		表示字义		搭配成的新字
巴	+	扌(手)	=	把(把握)
巴	+	艹(草)	=	芭(芭蕉)
巴	+	竹(竹)	=	笆(篱笆)
巴	+	疒(病)	=	疤(伤疤)
巴	+	父	=	爸(爸爸)

标注读音		表示字义		搭配成的新字
胡	+	氵(水)	=	湖(湖水)
胡	+	火	=	煳(烤煳)
胡	+	艹(草)	=	葫(葫芦)
胡	+	犭(犬)	=	猢(猢狲)
胡	+	王(玉)	=	瑚(珊瑚)

形声这种构字类型提供的信息量大,可供选择的构字部件多,组合起来比较方便,所以后来成为汉字最主要的造字方法。据统计,汉字中的形声字从商到宋代,由 20% 递增为 90% 左右;《说文解字》中形声字共 8 233 个,已经占到收字总字数的 87.39%。

形声字的形符主要提示跟字义有一定联系的信息。形声字的形旁和整字字义的关系有以下几种:

1. 形旁完全表义,即形旁跟字义相同。如:舟—船/父—爸/光—辉/香—馥。

2. 形旁基本表意,可分为三种:

(1) 形旁表示字义的大致类别。如:鸟—鹊(鸟类)/金—钢(金属类)/木—柏(树木类)/心—忍(心理类)。

(2) 形旁与字义直接相关。如:扌—打(与手有关)、火—烧(与火有关)、氵—渴(与水有关)、土—地(与土有关)。

(3) 形旁与字义间接有关。如:艹—芳(花草的香味)/犭—狡(用狡猾的动物表达狡猾的品性)/羊—群(用羊儿聚群表达聚在一起的人或物)/口—唢呐(口吹的乐器)。

3. 形旁不表意,即形旁变成了记号,现在已看不出与字义的关系了。如:女—始(开始,已与"女"无关)/牛—特(不平常,已与"牛"无关)。

由于形声字的形符和声符都是由独个汉字担任,因此同一个字,有时是做形符,有时则是做声符,在分析时需要加以辨析。试看下面几组字:

祖、福、神、祈——"礻(示)"是形符/意符。

视、祁——"礻(示)"是声符。

闰、问、阁——"门"是形符/意符。

问、闻、闷——"门"是声符。

形声字的形符和声符有时位置不是简单的左右结构或上下结构,而是形符或声符偏于一隅。例如:

哉、载、栽、裁——形符"口""车""木""衣"都在左下角。

旗、施、旌、斫——声符"其""也""生""斤"都在右下角。

也有形符或声符藏在字的中间的。例如:

辨、瓣、辩、辫——形符"刀""瓜""讠(言)""纟"藏在声符中间。

裹、衷、裏——声符"果""中""里"藏在形符中间。

对于形声字的这些结构较为特殊的情况,在分析字形结构时要根据字义和读音,加以细心辨认。当然,由于古今语音的发展变化,很多声符已经和该形声字在读音上相去甚远,但是在造字之初,它们还是具有标注读音功能的。

三、用字相关的转注与假借

在"六书"中,"象形""指事""会意""形声"前四书已经包含了汉字的全部结构类型,后二书"转注"和"假借"并没有创造出新的汉字结构,它们反映的是字与字之间的联系,只是汉字的使用过程中的两种类型。

(一) 转注

"转注",许慎的定义是:"建类一首,同意相受。"并举"考""老"二字为例,意思是这两个字同属一类,语音相近,语义互释。由于许慎对"转注"的解释并不很明确,历来对它的理解众说纷纭,这里不作详细介绍。只要认识到"转注"不是对单个汉字形体结构的说明即可。

(二) 假借

"假借",许慎的定义是:"本无其字,依声托事。"意思是指语言中有音无字的词,借用同音字的字形来记录。如"往来"中的"来",语言中有音,汉字中无相应的字,遂借本义为小麦的"来"来记录;"请求"的"求",语言中有音,汉字中无相应的字,遂借本义为皮衣的"求"(后又加形旁"衣"作"裘")来记录。假借字沿用久了,也就被当作记录这个词或语素的专用字。在汉字里,有许多字都是代表借用的意义,至于它的形体结构所表示的初始之义,也就是通常所说的本义,则湮没无闻。例如"权(權)",是个以"木"为形符的形声字,《说文》解释它的本义是一种开黄花的树木,但是这个本义在文献里找不到用例,反倒是它的假借义"秤锤"成为它的常用义,并由"秤锤"引申出权衡、权利、权变等大家熟悉的意义。

"假借"是为了解决汉字的数量不足以记录汉语的丰富的语素而生,它扩大了汉字的使用功能。据分析,甲骨文中的假借字估计在百分之七十以上。很多假借的用法一直延续到今天,只是我们不察觉而已。

需要说明的是,有些汉字被假借为他用后,后世会在假借字的基础上造一个新字。例如:

本义为"皮衣"的"求",被借用为"请求"的"求"后,后世在"求"上加形符"衣",造了形声字"裘"。

本义为"黄昏"的"莫",被借用为代词后,后世在"莫"上加形符"日",造了形声字"暮"。

本义为"燃烧"的"然",被借用作代词后,后世在"然"上加形符"火",造了形声字"燃"。

这类情况非常多。因此,"假借"除了扩大了汉字的用途外,还是新字产生、分化和孳乳的动力。

用传统"六书"分析汉字,可以增强汉字的理据性,但必须历史溯源,把现代字形复原为古代字形,并懂得一些有关古音、古义的知识。要用前"四书"来分析全部汉字的造字法,这对于多数人来说有相当的难度。

练习题

1. 《说文解字》中"六书"每一种的名称是_____、_____、_____、_____、_____、_____。

2. 指出下面各字分别是什么结构类型。

羊	牧	末	鼎	逐	基	盆	木	和	亦	人
象形										

3. 分析下面形声字的字形结构。

哀、篇、斧、徒、闷、鸿、藩、锦、务、脩

4. 指出下列句中加着重号的字属于"六书"的哪一种。

(1) 知我者,谓我心忧,不知我者,谓我何求。(我:)

(2) 十年树木,百年树人。(木:)

(3) 青,取之于蓝而青于蓝。(蓝:)

（4）负者歌于途,行者休于树。(休：)
（5）亲者痛而仇者快。(快：)

5."森"表示树多貌,"淼"表示大水貌,再举出几个用同样的造字法构造的汉字。

思考题

1."四体二用"指的是什么？请具体解释一下。
2.你能不能再举出几例来说明"假借"的含义？

第三节 汉字的发展演变

> **教学提示**：了解汉字字体的演变线索,明确隶变对现代汉字形成的决定作用,掌握隶变对汉字结构的影响。

汉字产生于什么时代？考古发现,1959年在山东莒县出土的一些距今四千多年前大汶口晚期文化的陶尊上的刻符,很可能已经是早期的汉字的萌芽状态。但是刻符的数量有限,还不足以用来记录语言。最早的成系统记录语言的汉字,现在知道的是商代的文字,包括铸在青铜器上的商代金文和刻在龟甲兽骨上用以占卜吉凶的甲骨文。商代文字距今已有三千多年。这些古文字,形体和现今的汉字有很大的差异,不是专业人士,往往很难识认古文字。但它们确实是我们现在使用的现代汉字的源头。只是经过漫长的历史过程,汉字的字体随着书写工具和使用需求的发展而发生了很大的变化,因此,必须考察汉字是如何从古文字演变成现代的汉字。

一、汉字字体的演变

汉字的字体演变概括起来说,经过了三个阶段：第一个阶段是图形化,第二个阶段是线条化,第三个阶段是笔画化。最能体现图形化的是商周时代的金文和甲骨文。金文是铸在青铜器上的比较庄重正规的文字,商代和西周的金文有许多笔画是由块面构成的,显示出浓厚的图画性和原始性。甲骨文是日常使用的文字,比金文显得草率,为了锲刻的方便,金文里的块面或肥笔往往使用线条和笔画,而甲骨文则基本呈现线条笔画。试对比下面的几组字体:

	父	大	商	王	戈	羊
金文						
甲骨文						
小篆						

到了西周后期,金文中渐渐不用肥笔和块面,线条逐渐趋于平直,这是汉字由图画性向符号性过渡的重要步骤。

春秋时代,汉字在各诸侯国的使用已经呈现出不同风格,到战国时期,由于战乱隔绝,各国"言语异声,文字异形",字形的分化很显著。从总体上看,战国文字分为两大系统:一是基本保持传统的西方周秦文字,一是变异较大的东方六国文字。秦始皇统一中国后,采取了书同文的做法,命令李斯整理规范文字,这经过规范后的文字就是小篆。汉字发展到了小篆这个阶段,图画的味儿淡多了,字形全由线条组成,大小统一了,组字的部件和部位也基本固定了。但是,这种字笔画圆转曲折,仍旧很难书写,还是不能适应越来越频繁的书面交际的需要。民间就流行把弯弯曲曲的线条拉直,把一个一个汉字写成一个个方块儿,这就出现了早期的隶书。西汉中期以后,隶书盛行,不仅见于日常文书书写,连器铭等庄重场合也采用规范化了的隶书,隶书从此由俗体文字转变为正规文字。到了汉末魏初，又出现一种既好认也比较好写的字体，它就是今天我们还在使用的"楷书"。汉字发展到了"楷书"阶段已经完全失去了图画的味道，改由一（横）、丨（竖）、丿（撇）、丶（点）、乀（捺）等笔画组成，写起来、读起来更方便了，成了近一二千年来实用的、正规的汉字写法。

下面，把汉字发展的历程简单总结一下：

```
商代汉字 ┬ （正体）金　文      → 西周汉字 ┬ （正体）金　文
         └ （俗体）甲骨文                └ （俗体）甲骨文
```

→ **春秋汉字**（开始出现不同区域的风格）→ **战国汉字**（文字分化日趋明显）→

```
┬ 秦系文字 ┬ （正体）小篆      ┬ （正体）八分书  → 楷书 ┬ （南北朝以后成
│          └ （俗体）古隶      ┤ （俗体）章草            │ 为主要字体，至
│                              └ （介于草、隶之间）行书   └ 唐代完全成熟。）
└ 六国文字（汉字发展的支流）
```

汉字发展演变的总的趋势是图画性逐渐消失，圆转的线条被平直的方笔所替代，连笔变为断笔，曲笔变为直笔；与此同时，由于偏旁简化和形体的省并，汉字的形体结构也发生了很大变化。这个变化的重要节点，就是隶书取代了篆书。汉字由篆书到隶书的变化叫"隶变"。隶变不仅改变了汉字的书写风格，也对汉字的形体结构产生重大影响。一般把小篆以前的汉字称为"古文字"，隶书以后的汉字称为"今文字"。隶书的产生就是古今文字的分水岭。要了解现代汉字的由来，就需要知道隶变对汉字结构产生了怎样的影响。

二、隶变对汉字结构的影响

隶变对汉字形体结构的影响，大致可以从以下三个方面来考察。

（一）隶变造成汉字部首形体的变化

从篆书到隶书，许多部首或偏旁的形体都简化了，导致使用这些部首或偏旁的字形体结构多数都受到影响。例如：

"水"在小篆里无论位于字形结构的哪个部位,都是用象形字"㇇",但是隶变后,除了上下结构的"泉"等字保留了"水"的原字形,其他大多数发生了变化。最大的变化是左右结构的"水"部字,左偏旁的"水"写成了三点水"氵",如"江""河""汪""流"。还有一些个别的变化,比如"泰",小篆作"",字形是水从两手间滑下,本义是通达,通泰,隶变后下面的"水"写成"氺"。再如"益",小篆作"",字形像水从器皿上满溢的样子,隶变再楷化后,"皿"上的"水"变成了"",看不出"水"的形象了。

再如通常所说的"左耳旁""右耳旁"的"阝",本来分别是从"阜"(山陵)和"邑"(城邑)隶变而来。左耳旁即从"阜"的字多与山陵、阶梯、高低不平的路有关,例如"阿"(山阿)、"陵""除"(阶梯)、"险"(路不平难走)、"阻""陟"(登山,升)、"降"(下山,降下)等。右耳旁即从"邑"的字多与城邑、地名、姓氏(古人以居住地为姓氏)有关,例如"都"(大邑,有资格建宗庙的邑)、"郢"(楚国的都城)、"郑"(国名,也是姓氏)、"鄢"(春秋时郑国地名)等。这些从"阜"或从"邑"的字,在《康熙字典》《辞源》《汉语大字典》《汉语大辞典》等很多重要辞书检索时,还是要依据隶变前的字形部首去查检,根据"左耳旁""右耳旁"的"阝"是无法检索的。

又如通常称为"走之"的"辶",其实是从"辵 chuò"隶变而来。"辵"甲骨文作"",字形表示在"行"(四通的道路)里有"止"(脚)在走路。后来"行"省略右半边"亍",只留下"彳"和"止",小篆作"",表示和走路有关的意思。如"逾""邁(迈)""過(过)"等,也有形符由"彳"和"止"构成的,如"徒"(从辵,土声)、"從(从)"(从辵,从声)。在很多辞书里检索时,需要查部首"辵",而不是"辶"。

类似的情况还有一些。例如"火"作为一个偏旁,在小篆里无论是在左右结构,还是在上下结构,写法都是"",隶变后在上下结构里位于下方的"火"常写成四个点"灬",例如"烈""然"。"心"作为偏旁,在小篆里都写成"",隶变后分成几个写法:在左右结构里,位于左边写作"忄",如"快""情""悄";在上下结构里,位于下方时或写作"小",如"慕""忝"。

试看下面一组字体的对比:

部首的变化	楷体例字	甲骨文	金 文	小 篆	隶 书
辵——辶	追				追
阜——阝(左耳旁)	降				降
邑——阝(右耳旁)	都				都
攴——攵(反文旁)	牧				牧
水——氵(位于左旁)	江				江
火——灬(位于下方)	然				然

(二)隶变造成汉字偏旁的混同

隶变使一些偏旁部首的结构发生变化,也就导致有些原先并不相同的偏旁,后来就混同了。例如:

"玉"都写成"王"(俗称斜王旁),这样就和从"王"的字部首混同了。试对比以下两组字:

玩、珮、理、琮、琛、琢、瑞、瑾——从"玉"

闰、皇——从"王"

"肉"在小篆的写法是"⦅⦆","月"在小篆的写法是"⦅⦆"。隶变后,"肉"作为形符多写作"月",这样就与形符"月"混同了。还有一些从"舟"(小篆作 ᾀ)的字,隶变后看起来也是以"月"为偏旁。试对比以下三组字:

胡、肺、肠、脩、背、肖——从"肉"

朔、朏、朗、朓、朒——从"月"

服、朕、勝、前——从"舟"

还有一种情况,就是有一些字,隶变后的字形看起来像是属于同一部首或偏旁,其实它们各自有不同来源。例如以下几个字看起来下面都是"灬",其实各不相同:

楷书	馬	鳥	燕	然	魚
小篆					

其中,"馬(马)""鳥(鸟)""燕""魚(鱼)"都是象形字,隶变后它们的尾部讹变成"灬",就和形声字"然"看起来属于同一个部首了。

(三) 隶变造成特定汉字形体的简省或讹变

隶变造成部首或偏旁的变化,影响的是成批量的汉字的形体结构的改变,此外,隶变还对特定的个别汉字的形体结构产生了影响。这方面的变化有很多类型。

一种情况是隶书趋简,省略了小篆的某些部件。如:

雷,小篆作" "(靁),隶书有作" "的,也有作"雷"的,后者就和楷书"雷"结构一致了。

累,小篆作" "(纍),隶书作" "。现代楷书写作"累"。

再如:

鼎,小篆作" ",但是它在用作部件时,经常简省为"貝"。

例如"員"的字形结构是在鼎上画个圆圈，表示"圆"，甲骨文字形作"🧿"，金文作"🧿"，说文籀文作"🧿"，但是到了隶书里下面的"鼎"省成"贝"，字形作"員"，就和后世的楷书写法一样了。"则"金文作"🧿"，左边是"鼎"，隶书还有保持"鼎"这个偏旁的，如"鼎刂"，但也有简省的，如"則"，后者就和现代的楷书结构一样了。

另一类是字形的讹变。有的是局部部件的讹变，使原来的形体结构类型难以辨识。例如：

贼，是一个从戈、则声的形声字，形符"戈"是兵器，指明"贼"的本义是残害、残杀。从"贼"的金文"🧿"，可以很清晰地看出字的右边是形符"戈"，左边是"则"（"鼎"+"刀"）。小篆的形体作"🧿"，仔细看，左边的声符"则"和右边的形符"戈"也是可以辨识的。到了隶书，字形变成了"貝戈"，声符"则"右边的"刂"靠向形符"戈"，看起来，这个字成了"贝"旁边一个"戎"，"贼"的字义在后世也发生变化，指偷窃者，于是，就有对"贼"的字形分析误解为从"贝"（"贝"是古代的货币，钱财，以为偷窃与钱财有关）。

再如："春"，甲骨文作"🧿"，字形构造从艸（草），从日，是用暖阳、草木来形容这个万物复苏的季节；右边是声符"屯"。小篆作"🧿"，还保留了形声字的结构。隶变后"春"字形写作"春"，现代的楷书结构也同隶书，它的形体结构就难以分析了。

又如："更"，小篆作"🧿"，本是个从攴、丙声的形声字，隶书的写法有"頁""更"，前一个字形还看得出是上下结构的合体字，后一个字形把声符和意符连为一体，字形变成了独体字了。

隶变使汉字的形体结构发生巨大变化。隶变以后，汉字的发展进入今文字时代。楷书的形体与隶书基本相似，尽管后来又经过汉字简化和字形规范，导致我们现在使用的汉字面貌又有变化，但是无疑，自楷书起，现代汉字的结构已经大致定型。

练习题

1. 汉字字体演变线索是怎么样的？
2. 甲骨文和金文产生是有时代的先后吗？
3. 查检工具书，指出下面哪些字隶变前属于不同部首：

胡——朔　肥——胁　赋——贼　胄——脔　祁——视
陈——郑　服——脍　珍——璧　悄——愁　敲——败

思考题

1. 为什么说隶变是古今汉字的分水岭？
2. 请把隶书与楷书、行书、草书做一简单比较，看看主要区别在哪里。

第四节　汉字的字形字音字义

> **教学提示**：了解汉字的笔画、部件、偏旁和部首。能分析独体字与合体字，熟悉汉字的结构模式。根据形声字的特点，能够分析汉字的字音和字义。掌握字形、字音和字义的复杂关系，进而了解异体字、同音字、多音多义字等的特点。

一、笔画、部件、偏旁、部首

（一）笔画

笔画是构成汉字字形的最小单位。笔画是以印刷体的主流字体作为分析对象的，如宋体、楷体等；笔画数、笔画形状、笔画顺序一律以教育部、国家语言文字工作委员会2013年发布的《通用规范汉字表》为准。

1. 笔画的数目

现代汉字整字的笔画数，少的只有一笔，如"一""乙"，多的有二三十笔,如"蠹"24笔、"爨"30笔。准确计算每个汉字的笔画数,需要两个条件:一是统计的对象必须是规范字形。比如"鬼",规范字形是9笔,而已被整理淘汰的旧字形"鬼"则是10笔。二是要遵守汉字书写的基本规则。如同一个笔画,笔尖只能走一次;又如横笔的走向只能从左到右,不能从右到左;竖笔、撇笔、捺笔的走向只能从上到下,不能从下到上。当然还要注意其他一些规则。据统计,《辞海》(1979年版)收字11 834个,12笔的字最多,其次是11笔和10笔的字。《通用规范汉字表》收字8 105个。

2. 笔画类别

笔画的形式简称为笔形。

(1)八类笔形。点、横、竖、撇、捺、提、折、钩。因为"永"字刚好含有这八种笔形,书法界就有"永"字八法之说。

(2)五类笔形。横、竖、撇、点、折。因为"札"字刚好含有这五种笔形,就有"'札'字法"的名称。由于五类说对笔形的分类更为概括,所以经常用于工具书的排序。

3. 笔画的组合关系

现代汉字笔画的组合关系有三种:

(1)分离关系:如"三、八、川、小"等字,它们的笔画之间都有或大或小的距离。

(2)相接关系:如"工、刀、厂、口"等字,前一笔和后一笔都是互相连接的关系。

(3)相交关系:如"十、九、丈、女"等字,前一笔和后一笔都是相互交叉的关系。"母"由5笔构成,包含相接、相离、相交三种关系。

(二)笔顺

书写汉字时笔画的走向和次序叫作笔顺。笔画的走向,称为"笔势",比如横(一)是从左到右,竖(丨)是从上到下。笔画出现的先后次序,称为"笔序",比如"山",由三笔组成,它们出现的次序是:

丨凵山。笔势和笔序合起来称为笔顺。汉字是笔画向右、向下运动构成的二维文字。

(三) 部件

1. 部件定义

部件是由笔画组成的、能独立运用的、具有组配汉字功能的构字单位。 比如，笔画"撇点"(ㄑ)、"撇"(丿)、"横"(一)组成部件"女"；笔画"横折"(㇆)、"竖折折钩"(ㄅ)、"横"(一)组成部件"马"；部件"女"与"马"组成整字"妈"。换一个角度说，部件是对整字进行一次或几次切分后得出来的构字单位，它介于笔画和整字之间。大多数部件是由一些笔画组合成的，它们经常凝聚在一起，可以独立运用。无论是构件、整字还是笔画，作为部件，它们在组构汉字字形的时候都能够独立运用。

2. 部件名称

成字部件可以按字的读音称说部件。不成字部件，一部分有习惯上的描写性称说，不过说法往往不一致，如"冖"有"秃宝盖"与"平宝盖"等称说法。下面是比较一致的不成字部件的名称：

立刀旁(刂)	单人旁(亻)	两点水(冫)	言字旁(讠)
单耳旁(卩)	双耳旁(阝)	提手旁(扌)	草字头(艹)
大口框(囗)	双人旁(彳)	三撇儿(彡)	反犬旁(犭)
折文旁(夂)	反文旁(攵)	竖心旁(忄)	三点水(氵)
走之底(辶)	绞丝旁(纟)	老字头(耂)	四点底(灬)
病字头(疒)	衣字旁(衤)	虎字头(虍)	竹字头(⺮)
足字旁(⻊)			

目前还没有一致称说法的不成字部件，可以先选一个以该部件组成的常用字来称说。如：

区字框(匚)	同字框(冂)	建字底(廴)	弄字底(廾)
常字头(⺌)	青字头(龶)	春字头(𡗗)	卷字头(龹)
登字头(癶)	栽字头(𢦏)	将字旁(丬)	

3. 部位名称

要完整地确定部件名称,必须给汉字字形结构的位置定名,称为部位。可分八类:

A. 头:上下结构的上部。"分"的上部称为"八字头","压"的上部称为"厂字头"。

B. 底:上下结构的下部。"兄"的下部称为"儿字底","显"的下部称为"业字底"。

C. 旁:左右结构的左边。"快"的左边称为"竖心旁","灯"的左边称为"火字旁"。

D. 边:左右结构的右边。"体"的右边称为"本字边","红"的右边称为"工字边"。

E. 心:内外结构的内部。"国"的内部称为"玉字心","问"的内部称为"口字心"。

F. 框:内外结构的外部。"固"的外部称为"大口框","问"的外部称为"门字框"。

G. 腰:左中右或上中下结构的中间部分。"湖"的中间部分称为"古字腰","曼"的中间部分称为"四字腰"。

H. 角:上下结构的四角。"器"的四角均称为"口字角","赢"的左下称为"月字角",右下称为"凡字角"。

综合起来,可以把汉字结构部位的名称编成16字口诀:

上"头"下"底",左"旁"右"边",内"心"外"框",中"腰"四"角"。如"赢"可以称说为:"亡字头,口字腰,贝字底,左下'月字角',右下'凡字角'"。

(四)偏旁

1. 偏旁定义

用二分法对合体字进行一次性切分而获得的结构单位叫"偏旁"。例如"休"有"亻"和"木"两个偏旁,"攀"有"樊"和"手"两个偏旁,"国"有"囗"和"玉"两个偏旁。偏旁可以分为"形旁"(又叫

"意符")和"声旁"(又叫"音符")两类。多数形声字由一个形旁和一个声旁组成,例如"根""柱""梢""杖"的形旁都是"木",而声旁分别为"艮""主""肖""丈"。会意字的两个偏旁都有意义,例如"伐""甜""明""劓"。有些字的偏旁在现代汉字中已不能表义,也不能表音,如"法"字的"氵"和"去","等"字的"𥫗"和"寺"。通用汉字的偏旁约有 1 500 个。

2. 偏旁与部首比较

部首是工具书为给汉字分类而专设的部目。部首一般包括两类:一是形旁,例如"栋","木"是部首;二是某些笔画,例如"头"的第一笔"、"就是部首。尽管就具体一个字来说,这个字的形旁往往就是这个字所属的部首,然而,偏旁和部首毕竟只是两个有联系却并不等同的概念。《说文解字》的部首是 540 个,《现代汉语词典(第7版)》的部首是 201 个。

3. 偏旁与部件比较

部件这个概念可大可小:有时部件是对合体字进行一次切分而得出的两个单位,这时的部件往往相当于偏旁;有时部件是对合体字进行多次切分而得出的多个单位,这时的部件就小于偏旁。

二、汉字的结构模式

(一)独体字与合体字

独体字是指无法分离出两个或两个以上部件的汉字,也可称为"单部件字",例如"手""甘""禾"。有些字尽管笔画很多,但是从字形上不能分解出相离的部件,也是独体字,例如"丸""串""夷""事""重"。有些字分解后就是相离而又对称或平行的笔画,这类字也宜看作独体字,例如"八""儿""三""川"。

合体字是由两个或两个以上部件组合而成的汉字,也可称为"多部件字",例如"的""何""合""赤""晶""翼""镶"。

有些字在古代原是独体字,到了现在却成了合体字。如"泉",小篆作𤽄(原意是水源)。还有些字在古代原是合体字,现在却成了独体字。如"及",小篆从又(手)从人,作㇇(原意是"逮")。独体字在现代汉字中约占3%至5%,数量为三百上下,是构成现代汉字字形的基础。

(二)合体字字形结构模式

按照层次分析法分析出的基本结构模式主要有三种:

1. 左右结构:休、到、江、杨
2. 上下结构:分、盅、花、家
3. 里外结构:因、回、囝、困

此外,还有一些从基本结构变化出来的派生结构,主要有:

4. 左中右结构:街、辦、衍、辩
5. 上中下结构:裹、禀、高、衰
6. 品字结构:晶、淼、森、焱
7. 框架结构:坐、乘、爽、巫
8. 半包围结构:

两面包围:左上包围:庆　疾　房　尼
　　　　　左下包围:这　延　起　旭
　　　　　右上包围:可　司　勺　氧
三面包围:左上右包围:冈　风　向　闹
　　　　　左下右包围:凶　函　画　击
　　　　　上左下包围:区　医　匡　匹

据统计,左右结构的字占现代汉字的大多数。《汉字信息字典》(李公宜、刘如水主编,科技出版社1988年版)统计了7 785字,左右结构的字共5 055字,占64.93%,其次是上下结构的字,共1 643字,占21.11%。了解汉字的组合方式,有利于准确、匀称地书写汉字。

三、现代汉字形音义的关系

对汉字的分析,离不开形、音、义三个要素。文字是语言的书面记录,字形是文字的物质外壳,属文字层面;字音和字义是文字所记录语言的音和义,属语言层面。因此,字形同字音以及字义这三者之间形成了错综复杂的关系。

单音单义字:一个汉字,只有一个字形、一个字音、一个字义。这样的字多半是专用字或较冷僻的字。如"灸"jiǔ,动 表示中医用艾绒熏烤穴位的一种治疗方法。"悼",dào,动 悼念。

多音多义字:一个汉字字形有几个读音,对应几个字义。如"打"(一)dá,量 音译量词,十二个为一打。"打"(二)dǎ,动① 用手或器具撞击物体……。又如"量"(一)liáng,动① 用尺、容器或其他作为标准的东西来确定事物的长短、大小、多少或其他性质。"量"(二)liàng,① 古代指测量东西多少的器物;② 能容纳或禁受的限度……

异读字:一个汉字有两种以上读音,但字形和字义都一样。如:"械"有两读 xiè 或 jiè,审音统读 xiè;"法"有两读 fǎ 或 fà,审音后统读 fǎ。异读字原则上应该统读。少数文白异读,目前还保留着。如"熟"有 shú 和 shóu 两个读音。shú,文读音,如"熟练";shóu,白读音,如"葡萄熟了"。

异体字(也叫异形字):一个汉字有两个以上写法,但是字音和字义都不变。如"拿"和"𢬢𢴨𦥤",经过整理,规定"拿"为规范字形,后三个字形淘汰。"窗"和"牕牎窻窓",这 5 个字形都记录同一个字音、同一个字义。经过整理,规定字形"窗"为规范字形,后 4 个字形为异体字形,不在通用层面使用。

繁简字:一个字有笔画多或少两种写法,但字音和字义都相同。如"余"和"馀""餘"是简体和繁体的关系。它们都读 yú,传承字"余"的字义是① 人称代词;② 姓。简化字"余"和繁体字"馀""餘"的常用字义有① 剩下;② 大数和度量单位后面的零头;③ 指某种事情、情况以外或以后的时间。

同音字:狭义的同音字指不仅同音,而且同形,但字义不同而且没有关系。如"打仗"的"打"和"打哪里来"的"打",字形与字音同,字义不同。广义的同音字指仅仅同音,字形和字义都不同。如"张""章""漳""蟑",字形不同,字音都是 zhāng,字义各异。

同形字:狭义同形字,音相同,义却不同。如"乘"动乘马,乘船;"乘"动进行乘法运算。广义同形字,音不同,义也不同。也叫多音多义字。如"打"(dǎ)动打仗,打球;"打"介打哪儿来。/"打"(dá)量 12 个为一打。

近形字:指字形相近而音、义有别。近形字会给汉字的使用带来种种不便,例如"没"和简化字"设"就容易混淆。近形字的差异表现在以下四个方面:

笔画数的微小差异。如"乌"和"鸟"、"卯"和"卵"、"夕"和"歹"、"日"和"目"、"免"和"兔"、"戊"和"戌"。

个别笔形的差异。如"旧"和"归"、"母"和"毋"。有的仅仅在笔画的长短和高低上有差别。例如"土"和"士"、"己""巳"和"已"。

笔画组合关系的差异。如"冈"和"内"、"开"和"井"、"几"和"九"、"元"和"无"、"矢"和"失"。

构字部件有局部差异。如"拴"和"栓"、"耍"和"要"、"字"和"字"。

现把上述情况列成简表如下:

名　　称	形与音义的关系	举　例　说　明		
1. 单音单义字	一形一音一义	灸	jiū	艾绒熏烤穴位
2. 多音多义字	一形数音数义	打	dá	音译量词,十二个为一打
			dǎ	动词,"打铁"之类
				介词,"打哪儿来?"
3. 异读字	一形数音一义	械	xiè	规范读音
			jiè	此音已淘汰
4. 异体字	数形一音一义	A. "拿"和"拏挐挙"		前者正体字,后三个异体字已淘汰
5. 繁简字		B. "龙"和"龍"		前者简化字,后者繁体字

（续表）

名　　称	形与音义的关系	举　例　说　明
6. 同音字	一形一音数义 数形一音数义	"打"（打仗）和"打"（打哪里来） "张、章、彰、樟、蟑"
7. 同形字	一形一音数义 一形数音数义	"乘"（乘船）和"乘"（进行乘法运算） "打"（打仗）和"打"（一打铅笔）
8. 近形字	字形相近 音义不同	"戊"和"戌"、"土"和"士" "矢"和"失"、"拴"和"栓"

练习题

一、填空。

1. 五类笔形是指_____、_____、_____、_____、_____。

2. 部件是_____构字单位。

3. 独体字是_____，合体字是_____。

4. 用层次分析法分析汉字的基本结构模式有_____、_____、_____，派生结构模式有_____、_____、_____、_____、_____。

二、用打√法指出下列合体字的形旁、声旁及其位置。

	架	博	圆	盲	蝗	切	翎	字	闷	固	辩	霜
左形右声												
左声右形												
上形下声												
上声下形												
里形外声												
里声外形												

三、分析。

1. 根据汉字的结构模式逐层分析下列汉字的结构关系：

蕊 垒 崭 咖 岚 烈 哭 崂 膏 罚

2. 指出下列汉字的结构类型：

恋 社 姜 匠 远 闽 疾 婆 焱 圙 辨 衷

3. 按照五类说用笔画式写出下面6个字的各笔笔形（折笔用"一"代表），并按笔形次序（横、竖、撇、点、折）给这6个9画的字排序：

赵 贺 钟 姚 洪 荣

四、依据汉语拼音，从四个字中选出正确的一个填入下列成语。

（1）mò 守成规（默、漠、莫、墨）

（2）bān 门弄斧（搬、班、板、斑）

（3）直言不 huì（悔、汇、贿、讳）

（4）原形 bì 露（必、毕、逼、秘）

（5）出奇 zhì 胜（制、之、致、智）

（6）仗义 zhí 言（直、之、执、致）

（7）相形见 zhuō（浊、灼、茁、拙）

（8）一 gǔ 作气（谷、股、鼓、骨）

（9）始终不 yú（愉、揄、逾、渝）

（10）出类拔 cuì（淬、萃、粹、悴）

五、根据下列各字的形与音、义关系，在相应的名称下打√。

	异体字	异读字	同音同形字	同音异形字	多音多义字
行 xíng 行 háng					
回、囘、囬					
公：公家 公：公婆					

(续表)

	异体字	异读字	同音同形字	同音异形字	多音多义字
翻、番、帆					
发：fā 发信 发：fà 理发					
血：xuè xiě					

六、给下列各组近形字注音并组词。

1. 祟——崇　　　2. 瞻——赡　　　3. 庇——疵
4. 陡——徒——徙　5. 辍——掇——缀
6. 戍——戌——戊——戎

七、给下列常用字注音并释义。

字	注音	释义	字	注音	释义
卓			濒		
徙			掀		
闸			绽		
赐			盹		

思考题

一、汉语的同一个音节可以用不同的字形来记录，举出三个实例来说明区别同音字的作用。

二、"偏旁""部首""部件"这三个概念有什么联系和区别？请分析"凹""典""昼""叛""樱""编"六个字的部件、偏旁和所属部首。

三、形旁的表意率究竟是高还是低？请研究一下《新华字典》中的"艹"旁字，按照作用大、作用小和没作用三种情况作粗略的统计分析。

第五节　现代汉字的规范化

> 教学提示：明确现代汉字规范化的定量、定形、定音、定序。了解简化字的简化方法，并且能够进行分析。了解异体字的概念，异体字整理的原则，狭义异体字的形体类型。

汉字历史悠久，使用地域广大，使用人群众多，导致它在流传过程中会因不同地域不同书写者而发生一些个性化的改变，例如民间自发的简化以及俗字讹字的出现，造成异体字繁多，不利于汉字的规范化；汉字笔画繁多，难认难写，也不利于大众的学习。这些都是汉字必须规范的缘由。其实历史上很多朝代都有过"正字"即对汉字加以整理规范的做法。新中国成立以后，汉字的规范成为重要的工作有序进行。

一、现代汉字规范化概述

现代汉字规范化主要表现在定量、定形、定音和定序上，俗称"四定"。

（一）现代汉字的定量

汉字在使用的悠久历史中，新字的不断产生以及异体字和不同地域的俗字的出现，使汉字的数量持续增加，这可以从历代字书和现代大型字典的收字数量看出：

汉代《说文解字》：9 353 个　　宋代《广韵》：26 194 个
明代《字汇》：33 179 个　　　清代《康熙字典》：47 043 个
现代《汉语大字典》：54 678 个　现代《中华字海》：87 019 个

从表面上看，汉字总量不仅庞大，而且呈现渐增趋势。实际上，在看似庞大的汉字海洋里，真正投入实际运用的只是一部分，有大量汉字处于储备状态,很多生僻字已经在文献里找不到用例,成为死字。还有大量音义完全相同记录同一个词的异体字占据了汉字的不小比例,例如《康熙字典》四万多字中,异体字就占了40%。这些,都为现代汉字的使用带来了不便。精简和控制字数就成为汉字规范的内容之一。

1. 精简汉字字数

20世纪50年代以来,主要通过以下途径来精简汉字字数:

(1) 整理异体字

汉字存在不少音同义同而形不同的异体字,因此必须规定其中的一个为正体,其余的予以淘汰。1955年12月,文化部和中国文字改革委员会联合发布《第一批异体字整理表》,对810组异体字进行整理,淘汰了异体字1 053个。后来恢复了其中的一部分,最终淘汰异体字794组,共1 024个。2013年6月5日国务院批准公布的《通用规范汉字表》对《第一批异体字整理表》里的异体字认定做了调整,异体字的数量有所变化,具体可参阅《通用规范汉字表》的字表附件1《规范字与繁体字、异体字对照表》。

(2) 更改淘汰地名中的生僻字

我国地名中有些生僻字除去记录地名外没有其他用处。从1956年到1964年,经国务院批准,用同音常用字代替县级以上地名中的生僻字,共精简了15个地名字。例如陕西省的"盩厔县"改为"周至县",青海省的"亹源县"改为"门源县",新疆的"和阗县"改为"和田县",江西省的"雩都县"改为"于都县",四川省的"越嶲县"改为"越西县",等等。(详见《简化字总表》附录)

(3) 统一计量单位名称用字

我国计量单位名称用字中,过去有不少特造的计量字,口头称说时是双音节,书面上却只写作一个字形。1977年7月,中国文字改革委员会和国家标准计量局联合发布了《部分计量单位名称统一用字表》,精简了20个字,如"呎""吋""瓩""吲"和"浬"等。通过以上三条途径精简的汉字总数达1 189个。

2. 通用汉字和常用汉字数量的确定

现代汉字的定量还包括对现代汉字中的通用汉字和常用汉字的确定。

通用汉字指一般报纸书刊和网络媒体上流通使用的记录现代汉语的字，也就是除去有特定使用范围的专用字和罕用的生僻字以后的那一部分字。常用汉字指报刊和其他媒体中出现频率高、构词能力强、学科分布广、使用较为稳定而且书写简易的字。

中华人民共和国成立以来，国家文化部、中国文字改革委员会、国家标准局、国家语言文字工作委员会和新闻出版署等机构先后都发布过关于通用汉字和常用汉字的一系列字表。目前作为规范汉字定量标准的主要依据是1988年3月25日由国家语言文字工作委员会和新闻出版署联合发布的《现代汉语通用字表》（收通用字7 000个），以及1988年1月26日国家语言文字工作委员会和国家教育委员会联合发布的《现代汉语常用字表》（收字3 500个）。《现代汉语常用字表》中的3 500字包括在《现代汉语通用字表》中。7 000个通用字中恰好有一半是常用字，一半是非常用字。常用字是识字教学的首选。

2013年国务院批准发布的《通用规范汉字表》收字8 105个，其中一级字表为常用字集，收字3 500个，主要满足基础教育和文化普及的基本用字需要。二级字表收字3 000个，使用度仅次于一级字。一、二级字表合计6 500字，主要满足出版印刷、辞书编纂和信息处理等方面的一般用字需要。三级字表收字1 605个，是姓氏人名、地名、科学技术术语和中小学语文教材文言文用字中未进入一、二级字表的较通用的字，主要满足信息化时代与大众生活密切相关的专门领域的用字需要。

（二）现代汉字的定形

定形包括汉字简化、异体字整理，以及印刷汉字的笔画、部件规范等方面的工作。关于汉字简化和异体字，详见下文。这里先简单讲述一下关于印刷汉字的字体规范工作。

第五节 现代汉字的规范化

以前,我国出版物上使用的汉字字形相当混乱,除了繁体、简体外,还存在字形上的小差异。有些字的结构和轮廓相同,笔画数目和笔形却略有差异,这些差异造成的不一致为汉字的教学以及汉字的排序和检索都带来困扰。1965年1月,文化部和中国文字改革委员会联合发布《印刷通用汉字字形表》,为6 196个通用汉字规定了印刷宋体的规范字形,把这些汉字笔画的数目、笔画的形状、笔画的顺序和字形的结构模式等都规定下来。整理旧字形时的基本原则是"从简从俗",表现在四方面:1. 部件的调整;2. 笔画的调整;3. 笔画、笔势和结构尽量便于横写;4. 印刷体力求与手写体一致。《印刷通用汉字字形表》公布之后,人们把《印刷通用汉字字形表》规定的字形称为"新字形"。我国报刊书籍的铅字字形基本上都采用新字形,减少了同一个字形存在的细微差别。1988年3月,国家语委和新闻出版署联合发布《现代汉语通用字表》时,删去《印刷通用汉字字形表》中的50字,增加了854字,字形标准未作新的调整。这便是我国目前执行的汉字字形标准。

旧字形和新字形的差异,有的是整个字体做了调整,也连带调整了用该字作为形符或声符时的字形;有的是字的偏旁或若干小部件的调整。旧字形转换成新字形后,不少字的笔画数也有变化。试看下面的例子:

旧字形	新字形	旧、新字形笔画数对比	新形体举例字
录	录	8—8	禄绿
爭	争	8—6	净挣
袞	衮	11—10	滚磙
眞	真	10—10	填慎
黃	黄	12—11	横簧
呂	吕	7—6	闾铝
吳	吴	7—7	娱虞
俞	俞	9—9	愈渝
奐	奂	9—7	换焕

旧字形调整为新字形,还表现在不少部件的变化,例如俗称"草字头"的"艹",旧字形作"⺿",笔画也多了一画;俗称"走之"的"辶",旧字形作"⻍",在点上多了一点。类似的情况还有不少,详见《汉语大字典》《现代汉语大词典》的附录《新旧字形对照表》。

现代汉字字形的规范通过《第一批异体字整理表》(1955年)、《简化字总表》(1964年)以及《印刷通用汉字字形表》(1965年)的制定和公布,确定了现代汉字的正体字、简化字字形和新字形;在此基础上,后来《现代汉语通用字笔顺规范》(1997年)和《信息处理用GB13000.1字符集汉字部件规范》(1997年)又确定了现代汉字的笔顺规范和电脑用部件规范。

由于条件的局限,《印刷通用汉字字形表》和《现代汉语通用字表》在字形标准上存在一些与内部规则不一致的地方,也给7 000字之外汉字的字形确定造成了困难,成为影响汉字标准化的一个重要因素。通过发布实施《通用规范汉字表》的机会,对以往汉字规范的疏漏进行弥补,符合实事求是的科学精神。但是字形调整涉及许多复杂的问题,也需要得到社会的普遍认同。如此复杂的任务,很难使《通用规范汉字表》全部完成,毕其功于一役。因此,2013年发布的《通用规范汉字表》所收的《印刷通用汉字字形表》和《现代汉语通用字表》之内的字,仍然均按两表中的字形收录。两表之外的字,依据两表内部的字形规范确定。

(三) 现代汉字的定音

定音就是确定现代汉字的规范字音。这部分内容本书第一章"语音"部分会有详细介绍,这里只列出纲要,不再展开。

1. 《汉语拼音方案》(1958年)确定了普通话的声、韵、调系统。

2. 《普通话异读词审音表》(1985年修订稿)对一千多条异读词作了审订和修订,为字音的标准化打下了基础。多音字只在《普通话异读词审音表》中捎带作了整理,尚需作全面研究和整理。

3. 普通话的音节数目各家说法不一,有待标准化。

4. 需要确定普通话轻声词、儿化词的范围,有待公布《普通话轻声词表》和《普通话儿化词表》。

(四)现代汉字的定序

成千上万个汉字集合在一起,就有一个排列次序问题。在社会生活中,字序的应用极为广泛。不论是辞书排定字头、图书资料编排目录、人名排序,还是电脑研制编码方案,都需要有科学、合理、简明、使用的汉字序列法。

汉字的排序具有多样性和互补性的特点。排序的多样性是指汉字的序列法多种多样,排序的互补性是指众多序列法各成系统又互为补充。

目前常见的是形序和音序两类排序法。但是,汉字的字形结构复杂,用形序法查检需要掌握部首、笔画、部件等知识,有时会有难度;汉字表音功能弱,用音序法常常会遇到不会读的字。也就是说,汉字的每一种序列法都有用,但又都存在缺点,往往不能单独地依靠一种序列法来完全解决汉字的排序问题。每一种序列法都需要借助其他序列法来弥补其不足。所以形序法、音序法可以互补并用。

1. 音序法

音序法就是按照字音来排列一个个汉字,建立所收全部汉字的序列。早年用1918年公布的注音字母ㄅㄆㄇㄈ作为注音的工具,于是就用注音字母的顺序编排工具书中汉字的序列。1958年发布了《汉语拼音方案》,从此以后,我国出版的用音序法编排的工具书就都按汉语拼音字母的顺序排列汉字以供检索。

汉语拼音序列法按照汉字的汉语拼音字母顺序编排单字。声母韵母相同的,再按声调阴平、阳平、上声、去声、轻声的顺序排列。同声同韵同调的字再按别的条件排列。有的按字的笔画数,如"青""清""轻""倾"都读 qīng,按笔画数排成"青"(8画)"轻"(9画)"倾"(10画)"清"(11画)的序列。笔画数也相同的,再按笔画形状区分先后,顺序是横、竖、撇、点、折。比如"办""半""伴""扮""瓣"都读bàn,先按笔画数的多少排成"办(4画)/半(5画)/扮伴(7画)/拌(8画)/瓣(19画)"。"伴""扮"都是7笔,因为"扮"的第一笔是横,"伴"的第一笔是撇,所以再排成"办/半/扮/伴/拌/瓣"。按音序查字的局限是,首先必须知道字的读音,其次必须掌握注音工具,如《汉语拼音方案》。

2. 部首笔画排序法

这种排序把部首按笔画多少的先后顺序排列,同一部首的字都归入该部,在同一部里,以每字的笔画多少为序。例如"竹"是部首,6画,位置在5画的"立"部后面。在"竹"部收的字如"竺"去掉部首"竹"后是2画,"笁"去掉部首"竹"后是3画,排在"竺"的后面,"箕"去掉部首"竹"后是8画,列在后面。

部首的创建者是东汉的许慎。他在所编《说文解字》中把9 353个小篆字的意符进行分析和归类,得到540个小类,每一类都有一个相同的意符,就把这个意符立为部首。许慎所立的部首是按照文字学的原则建立起来的。后来,为了查检的方便,许多工具书需要给成千上万个汉字编排次序,便在许慎540部的基础上,按照检字法的原则把部首加以增删、改造,在同一个部首里的字按照笔画数排列,形成了部首查字法。

字典辞书改造过的部首,多数以楷书的结构为依据,把共有的相同偏旁(字的上下左右外的部位)作为部首。这些偏旁,大多数是形符,但也有的不是形符。与汉字结构中的意符(形符)不完全一致。例如:

同是"竹"部的字,"竺"的形符是"二",声符是"竹",而"箕"的形符是"竹",声符是"其"。

同是"刂(刀)"部的字,"剖""副"的形符是"刂(刀)",而"到""刽(钊)"以"刂(刀)"为声符。

还要注意的是,各字典辞书部首的设置不一定一致。《康熙字典》设214个部首,虽然精简了《说文》的540部首,但还是尽可能遵从意符原则。例如"火"楷书又作"灬",而同入"火"部;"手"楷书又作"扌",而同入"手"部;"月"与"肉"在楷书偏旁上均作"月"而分作两部。《新华字典》《现代汉语词典》《辞海》则彻底依从楷书笔形。它们把"扌"和"手"、"刂"和"刀"、"氵"和"水"、"灬"和"火"等同义异形部首分开,又把"曰"和"日"、"月"和"月(肉)"合并,还设立部首附形如"人(入)""小(丷)""羊(ᶜ、ᵓ)"等。从部首的数量来看,也是各有不同。比如《辞海》(1979年修订本)设250个部首,《汉语大字典》《汉语大词典》设200个部首,等等。在检索时,需要先阅读这些工具书的凡例,确定要查检的字在什么部首。

除了以上两种最常用的排序法外,还有按四角号码排序和按笔画笔形排序的工具书。

二、汉字的简化

汉字形体的简化其实从甲骨文时代就大量出现,后来历代都有文字简化的现象,反映了使用者求简的需求。1949年以后,汉字规范的一个重要内容就是汉字简化。现在作为规范的简化字是由1956年国务院公布的《汉字简化方案》和1964年3月文化部、教育部、文改会《关于简化字的联合通知》颁布的。1964年,有关部门根据推行的实际情况,加上了用部分简化字和简化偏旁作为构字偏旁类推简化出来的简化字,编制了《简化字总表》。

《简化字总表》共分三个表:第一表收352个不作偏旁用的简化字。这些字的繁体,如果作为别的字的构字偏旁,也不依简化字形作类推简化。如"兒"简化为"儿",但"倪"的右边不能简化作"儿"。第二表收的是132个可作偏旁用的简化字和14个简化偏旁。如"華"简化为"华","嘩""樺""曄""燁"等都可类推简化作"哗""桦""晔""烨"。14个简化偏旁中,"讠""饣""纟""钅"只能用于左偏旁,其他10个不论在字的哪个部位都可类推简化。第三表是应用第二表的简化字和简化偏旁作为偏旁类推出来的简化字。三个表实收简化字2 236个。表内所有简化字和简化偏旁都在后面括弧里列入原来的繁体,并为需要说明的简化字加了脚注。1986年10月,经国务院批准,国家语言文字工作委员会重新发表《简化字总表》,实收简化字2235个,并对个别字和脚注作了调整。2013年,教育部、国家语言文字工作委员会公布《通用规范汉字表》,成为规范使用汉字的新标准。

（一）简化字的形体来源

简化字的形体来源比较复杂。下面略举几类:

(1) 起用古字。包括古代的异体字或俗体字。如:

從—从　　雲—云　　衆—众　　捨—舍
蠶—蚕　　陽—阳　　無—无　　氣—气

(2) 草书楷化。即把繁体字的草书写法用楷体笔法呈现出来。如:

書—书　　農—农　　爲—为　　興—兴　　車—车
盡—尽　　堯—尧　　樂—乐　　應—应　　歸—归

(3) 同音替代。即用笔画相对简单的现成的同音、近音字代替繁体字。如:

鬆—松　　籲—吁　　麵—面　　齣—出　　鬥—斗
穀—谷　　鬱—郁　　薑—姜　　裏—里　　幾—几

(4) 简省一些成分。如:

鑿—凿　　習—习　　廣—广　　務—务　　奪—夺
癰—痈　　齒—齿　　隸—隶　　條—条　　麼—么

(5) 新造形声字或会意字。如:

認—认　　礎—础　　補—补　　癥—症
艦—舰　　癱—瘫　　態—态　　遠—远
減—灭　　寶—宝

(6) 用简单符号代替复杂笔画。如:

鄧—邓　　歡—欢　　鷄—鸡　　僅—仅　　漢—汉
對—对　　這—这　　趙—赵　　劉—刘　　慶—庆

（二）使用简化字需要注意的几个问题

1. 古今同形字

有些简化字和古书里的某字字形完全相同，但实际上是读音和意义完全不同的两个字，导致在阅读文言文时产生误解，需要加以辨别。例如：

臘—腊（là）："腊（臘）"，本来是指古代君主在年终用猎物祭祀祖先，所以年终的最后一个月也叫作腊月。但是简化字"腊（là）"和古书里的另一个字"腊（xī）"的形体相同，而后者的意思是指小动物的干肉，读音也和腊祭的"腊"不同。如柳宗元《捕蛇者说》："永州之野产异蛇，黑质而白章，……然得而腊（xī）之以为饵，可以已大风、挛踠、瘘疠，去死肌，杀三虫。"其中的"腊之"就是把蛇制成蛇干。

術—术（shù）："术（術）"本义是邑中的道路，引申为途径、方法、技术等。但是简化字"术"和古书里表示一种入药的植物的"术（zhú）"字形相同，作为植物或药物的"术"有"白术""苍术"等种类。

適—适（shì）："适（適）"本义是往、到……去。如《论语·子路》："子适卫，冉有仆。"简化为"适"后，就和古书里本义表示走路疾速的"适（kuò）"字形相同了。"适（kuò）"常用作人名，如孔子弟子有南宫适，近代戏剧家有洪适，这些名字都不是简化字"适（shì）"。

2. 同音替代字

简化字有相当一部分来源于原先意义不同的同音或音近字。这些同音或音近字在用作简化字后，自己原本的用法依然存在。这样就造成一个字形兼有多用的情况。在阅读或使用时需要辨别。例如：

"后"：本来表示君王，如"后稷""后羿""皇天后土"等，都是这个意思。"后"作为先后的"後"的简化字，就兼表两个字的功能，阅读时要有所留意。如《史记·孝景本纪》："孝文（汉文帝）在代（地名）时，前后有三男。"这里的"前后"，不是先后，而是先前的皇后。

"仆"：义为仆倒，如王安石《褒禅山记》："距洞百余步，有碑仆道。"这个"仆",不同于被替代的表奴仆的"僕"。

"里":本义是闾里、乡里,要和里外的"裏"区别开来。如"圣人故里",不可繁化为"故裏"。

"几":义为矮桌子,如《庄子·徐无鬼》:"南郭子綦隐几而坐,仰天而嘘。"要和被替代的"幾"区别开来。

"谷":义为山谷、河谷,如《老子》:"江海所以能为百谷王者,以其善下之,故能为百谷王。"不同于五谷杂粮的"穀"。

对于这些因为同音替代简化导致的一个字形代表多义的情况,必须依据上下文加以辨别,在繁简转换时,注意不要误把替代的同音或音近字当作简化字加以转换。例如以为"几"只是"幾"的简化字,转换为繁体字的时候,便会出现"窗明幾净"这样的错误。

3. 一对多的简化字

简化字和繁体字的对应关系中,多数简化字只对应一个繁体字,但也有一个简化字同时对应两个甚至更多繁体字的情况,有时对应的两个繁体字读音还有不同。例如:

钟:鐘(钟鼓)、鍾(一种量器;姓氏)

复:復(来回走,反复)、複(重叠,重复)

获:獲(猎获,劫获)、穫(收获庄稼,获得)

历:曆(历法,日历)、歷(经历,历史)

纤:纖(xiān 细小;微细)、縴(qiàn 牵牲口、挽车船用的绳索)

签:簽(签写要点,签字,签名)、籤(标签,签牌)

脏:髒(zāng 肮脏)、臟(zàng 脏器,肾脏)

发:發(fā 发射,出发)、髮(fà 头发,毛发)

这类一对多的简化字,在文本阅读时需要辨识它到底代表的是哪个繁体字。例如《左传·哀公二年》:"八月,齐人输范氏粟,郑子姚、子般送之。……郑师大败,获齐粟千车。"句中的"获"对应"獲(猎获,劫获)""穫(收获)"两个繁体字,从上下文看,这里的"获齐粟"不是收获庄稼,而是两军交战,打胜仗的一方截获了齐军的粮食,对应的繁体字是"獲"。

第五节 现代汉字的规范化

关于简化字问题,需要交代一下"二简"的来龙去脉:1977年中国文字改革委员会曾公布《第二次汉字简化方案(草案)》,收有853个简化字,这就是"二简"。由于"二简"中有些简化字不够成熟,有的也简化得不合理,试用步骤又过于仓促,因此,不到一年就被停止试用。1986年,国务院决定停止使用"二简"字,并指出:"今后,对汉字简化应持谨慎态度,使汉字形体在一个时期内保持相对稳定,以利于社会应用。"

简化字推行了半个世纪,它方便了几亿人的认字和写字,加快了我国教育普及和成人扫盲的步伐,已经成为传播现代信息和国际交流的载体,在传统文化现代化方面,也起到了十分积极的作用。但是,汉字简化中的"一简对多繁"字用合并的做法也有引起歧义的地方,在计算机简繁自动转换时常常产生错误,如把"头发(頭髮)"误转成"頭發",把"间里(間里)"误转成"間裏"等。2013年国务院批准公布的《通用规范汉字表》在研制过程中对简化字的优劣利弊进行了充分研究和调研,决定在坚持简化政策,不恢复繁体字的前提下,更准确和更为明晰地反映简化字和繁体字记词职能上的不对等关系。在字表附件1《规范字与繁体字、异体字对照表》里,对"一简对多繁"的的繁简字关系加以区分。字表用"~"表示该字作为传承字,把对应的繁体字单列一项,有的繁体字还加了注释。例如0017"了"、0023"干"所对应的繁体字,字表的处理方法如下:

规 范 字	繁体字	异体字
0017 了	~	
	(瞭1)	
0023 干	~	
	(乾3)	[乹乾]
	(幹)	[榦]

1. 瞭:读 liǎo 时不简化作"了",如"瞭望""瞭哨"。
3. 乾:读 qián 时不简化作"干",如"乾坤""乾隆"。

从上面两例可以看出,字表附件1《规范字与繁体字、异体字对照表》把一对多的简繁字分别列出,有些读音和用法需要区分的还加注说明,并列出用例。这对于使用者正确把握繁简字对应关系很有帮助。

三、异体字的整理

汉字历史悠久,使用地域广大,在漫长的流传过程中各地产生的简体字、俗字导致异体字繁多的现象。异体字繁多的状况不利于书写的规范化和大众的学习,文化部和文改会于1955年底颁布了《第一批异体字整理表》,规定了汉字简化之前的规范写法。2013年,教育部、国家语言文字工作委员会又颁布了《通用规范汉字表》。一般说来,在日常的报纸杂志和文字交流中不再使用已经宣布废除的异体字,但是为了阅读历史上遗留下来的文选,也包括欣赏书法作品,仍然需要认识一些常见的异体字。

(一) 异体字的定义

异体字的概念有广义和狭义之分。

狭义的异体字指读音、意义都相同仅仅形体不同的字,这些字可以互称为异体字。狭义的异体字概念规定比较严格,比如有些字本义相同,后来在某些场合可以通用,但是在另一些场合不可以通用,就不算异体字。例如"其"是"箕"的初文,本义都是簸箕,但是后来两个字的用法分化,就不算异体字。又如有些字在古书里通用的范围很广,但还有一些义项不通用,如"游""遊"在很多场合可以通用,可是在游水的义项上,不可用"遊",这两字也就不能算异体字。

广义的异体字除了狭义异体字外,还包括文献中通用的假借字,以及为同一个词先后造的不同的字。如:雕—彫;崑—昆,等等。1955年颁布的《第一批异体字整理表》,就是采用的广义异体字标准,除了包括符合严式定义的异体字外,还归并了一些意义和用法部分相同的异体字。有的是甲乙二字甲字的音义多于乙字,乙字包含在甲字中,这也称为包孕关系的异体字。如《现代汉语词典》中,"豆"分列"豆""豆[荳]"两个字头,共有四个义项,"荳"只在"黄豆、绿豆的豆"这个音义上与"豆"构成异体字关系。还有交叉关系的异体字,即甲字只有部分音义跟乙字的部分音义相同。如"夹""挟"只在字音是 jiā、字义是"夹在胳膊底下"时构成异体字关系。《第一批异体字整理表》把"交叉异体字"也作为整理对象,且采用淘汰的办法。这样的处理方法,确实精简了社会通用层面的用字数量,但被淘汰的异体字有些曾给社会用字带来不便。典型的例子如"熔[鎔]"。不恰当地淘汰了"鎔",一度给报刊在报道有关"朱镕基总理"的消息时造成麻烦。

(二) 异体字的整理

1. 整理异体字的原则

整理异体字时,主要采用从俗从简的原则。从俗,即去生留熟,选用社会和出版物上比较通行的字形。如"吸 yān"的 yān,至少有三种写法:"烟/煙/菸"。这三个字形互为异体字。经过整理以后,保留"烟"作为规范字,也称为"选用字",而把另外两个非选用字"煙/菸"称为"异体字"。此外如选"针"去[鍼],选"仙"去[僊]。从简,即选用笔画相对较少的字形,如选"捆"去[綑],选"窑"去[窯窰]。当从俗从简不一致时,往往从俗,如选"霸"去[覇],选"船"去[舩]。

2. 《第一批异体字整理表》的推行和调整

文化部和中国文字改革委员会于 1955 年 12 月 22 日联合发布《第一批异体字整理表》。该表收异体字 810 组,每组最少 2 字,最多 6 字,经整理后淘汰的异体字共 1 865 个。有效地减少了社会通用层面的异体字数量,减轻了大众学习和使用的负担。后来经过多次调整,《第一批异体字整理表》由原来的 810 组减少为 794 组,应淘汰的非规范异体字形由原来的 1 055 个减少为 1 024 个,选定的规范"选用字"由原来的 810 个减少为 794 个。

3.《通用规范汉字表》对异体字的调整

由于历史和时代的因素,《一异表》中确定的"异体字",从现代汉语通用层面上来看,有些并不是严格异体字。特别是在姓氏人名、地名和科学技术术语用字中,一些非严格意义异体字尚有无法取代的使用价值。把这些字都列入"不规范字"的范围而取消,对意义的精确表达会产生不好的影响,也不符合科学认同的原则。此外,《一异表》已经公布实施50多年,社会用字发生了一定改变,也有必要从汉字使用的实际情况出发对《一异表》进行整理。2013年经国务院批准发布的《通用规范汉字表》对《一异表》进行了调整,把《一异表》后曾经调整过的26个异体字确认为规范字,新调整45个异体字为规范字,将10个异体字组的正字与异体字地位互换,合并和删除了一些异体字组。具体调整情况可以参阅《通用规范汉字表》字表附件1《规范字与繁体字、异体字对照表》。

(三)狭义异体字的形体类别

狭义异体字是为记录同一个词而造的不同形体的字。究其来源,主要有以下几种。

1. 文字结构类型不同

异体字之间,有的是文字结构类型的不同。例如:

泪(从目,从水,会意字)——涙(从水,戾声,形声字)
嵩(从山,从高,会意字)——崧(从山,松声,形声字)
鬲(象形字)——䰜(从瓦,麻声,形声字)

2. 构字成分或位置不同

有的异体字构字类型相同,但是构字成分不一样。例如:

遍——徧 歌——謌 睹——覩 溪——谿

以上都是形声字,但是形符不同。

烟——煙 綫——線 蝶——蜨 詑——譃

以上都是形声字,但是声符不同。

明——朙 弃——棄 体——軆

以上都是会意字,而意符不同。

村——邨　　视——眎　　迹——蹟

以上都是形声字,但是意符和声符都不同。

和——咊　　鞍——鞌　　群——羣　　雜——襍

以上是构字成分的位置不同。

3. 隶变或俗字形成的异体字

隶变形成的异体字。如:

春——萅　　享——亯　　雍——雝

为了书写方便而形成的俗字。如:

耻——恥　　冰——氷　　册——冊

了解上述异体字的形体来源,有助于理解和记忆异体字的对应关系,在文献阅读中便于识别。

练习题

1. 现代汉字的规范化包括四个方面的内容:(1)_____(2)_____(3)_____(4)_____。

2. 分别运用音序法和部首法,在《新华字典(第12版)》里查找下列汉字在第几页:

乃　隶　亚　柔　香　书　用　果

3. 写出相应的繁体字,并指出简化的方法:

简体字	繁体字	简化方法	简体字	繁体字	简化方法
乐			奋		
后			云		
战			还		
累			邓		

4. 从简化字来源的角度,指出下列简化字的来源。

丑(醜):_____　　龟(龜):_____

专(專):_____　　学(學):_____

长（長）：_____ 虫（蟲）：_____
谷（穀）：_____ 书（書）：_____

5. 说明下列狭义异体字形体类别的不同。

异体字	妇—媍	烟—煙	鹅—鵞	袜—韤	耻—恥	春—旾	嵩—崧	雜—襍
形体类别的不同								

思考题

"理发""皇后""干事""茶几"这几个词语在繁简转换中，会错写成"理發""皇後""乾事""茶幾"。指出写错的原因。

参考文献

周有光. 汉字改革概论（第三版）[M]. 北京：文字改革出版社，1979.

郑林曦. 精简汉字字数的理论和实践[M]. 北京：中国社会科学出版社，1979.

王绪龙. 汉字信息处理概说[M]. 南京：南京大学出版社，1988.

国家语言文字工作委员会汉字处编. 现代汉语常用字表[M]. 北京：语文出版社，1988.

国家语言文字工作委员会汉字处编. 现代汉语通用字表[M]. 北京：语文出版社，1988.

陈原. 现代汉语定量分析[M]. 上海：上海教育出版社，1989.

冯志伟. 现代汉字和计算机[M]. 北京：北京大学出版社，1989.

张静贤. 现代汉字教程[M]. 北京：现代出版社，1992.

詹鄞鑫. 汉字说略[M]. 沈阳：辽宁教育出版社，1992.

高家莺，范可育，费锦昌. 现代汉字学[M]. 北京：高等教育出版社，1993.

龚嘉镇.现行汉字形音关系研究[M].武汉:湖北人民出版社,1995.

王均.当代中国的文字改革[M].北京:当代中国出版社,1995.

张书岩.简化字溯源[M].北京:语文出版社,1997.

苏培成.现代汉字学纲要(增订本)[M].北京:北京大学出版社,2001.

王宁.汉字构形学讲座[M].上海:上海教育出版社,2002.

第三章 词　　汇

第一节　现代汉语词汇概述

> **教学提示**：重点掌握语素的验证方法和词的鉴定方法。掌握词语的定义及其与词汇的关系。掌握语素的定义与类别，语素与汉字的区别与联系及其验证方法。掌握词的定义、词与语素和短语的区别与联系、词的四种鉴定方法。了解现代汉语词语双音节化的趋势及其途径。

词语是音义结合的能够独立运用的最小语言单位。词语包括词和固定短语，词是词汇的主体部分，而固定短语是词汇的重要组成部分。词语的总和形成词汇，词汇与词语的关系是集合与个体的关系。

词汇也称语汇，是语言中音义结合的能独立运用的最小单位的集合，有时也可以指特定领域中词语的集合。根据语言差异，词汇可分为汉语词汇、英语词汇、德语词汇等。根据领域不同，词汇可分为政治词汇、经济词汇、法律词汇等。

一、语素

（一）语素的界定

语素是语言中音义结合的最小的构词单位，是最基本的语言单位。因此一个语素必须是语音与语义的结合体，某个音节是否具有一定的语义是判断语素的最基本条件。

汉语绝大多数语素是一个有意义的音节。如"床"的语音形式是 chuáng,其语义内容是"供人躺在上面睡觉的家具",那么,"床"就是一个语素。

有少数语素是由两个无意义的音节合成的。如:"玻璃"是一个语素,它的语音形式是 bōli,语义是"一种质地硬而脆的透明物体"。"玻"和"璃"分别有语音形式,但各自没有语义,因此都不是语素。

有的语素是由一个无意义的音节与一个有意义的音节合成的。如:"蝴蝶"中"蝴"的语音形式是 hú,但没有语义内容,不是语素;"蝶"的语音形式是 dié,语义内容是"蝴蝶的简称",那么,"蝶"就是一个语素;非语素"蝴"与语素"蝶"组成的"蝴蝶"既有语音形式 húdié,又有语义内容"昆虫",所以是一个语素。

有的音节(书写形式为同一个汉字),有时是语素,有时不是语素。例如:当"马"(mǎ)语义表示"一种哺乳动物",它是一个语素;"虎"(hǔ)语义表示"一种哺乳动物",也是一个语素;但是"马虎"(mǎhu)的语义表示"草率",其中"马"和"虎"不具备独立语素"马"与"虎"的语义,也没有与"草率"有关的独立语义,因此,都是非语素,"马虎"本身才是一个语素。

(二)语素的类别

语素可以根据音节数量、构词能力和构词位置分成不同的类别。

1. 根据音节数量,语素可以分为单音节、双音节和多音节三类:

(1)只有一个音节的单音节语素。如:天、水、吃、走、高、的、着、吧等。

(2)由两个音节组成的双音节语素。如:踟躇、崎岖、琵琶、蜈蚣、芭蕾等。

(3)由三个或三个以上音节组成的多音节语素。如:三明治、康乃馨、奥林匹克、布尔什维克、布宜诺斯艾利斯等。

2. 根据构词能力,语素可以分为成词语素、不成词语素两类:

(1) 能够独立成词的成词语素。如:他、书、看、来、好、就、很、也、了、被、呢、吗、葡萄、牡丹、啰唆、朦胧等。

(2) 只作词语构成单位而不能独立成词的不成词语素。如:童(心)、衣(服)、朗(读)、历(史)、肃(清)等。

3. 根据构词位置,语素可以分为定位语素、不定位语素两类:

(1) 一个语素同别的语素组合成词时,位置固定的叫定位语素。根据位置的前后,又分为前置定位语素和后置定位语素。前者如:非(非常、非凡、非法等);后者如:者(读者、记者、作者、学者等)。

(2) 一个语素同别的语素组合成词时,位置不固定的叫不定位语素。语素"电"的位置可以前置。如:电器、电子、电影、电视、电灯等;也可以后置。如:闪电、雷电、水电、静电、火电等。

(三) 语素与汉字的关系

1. 同一个汉字,语音不同,意义不同,代表不同的语素。

乐:快乐(lè)——音乐(yuè)   会:会(huì)议——会(kuài)计

2. 同一个汉字,语音相同,意义不同,代表不同的语素。

老:老人——老来   下:下雨——楼下

3. 同一个汉字,在不同词语中,有的是语素,有的不是语素。

马:马匹(语素)——马达(非语素)

沙:沙丘(语素)——沙发(非语素)

(四) 语素的验证方法

要鉴定一个词语由几个语素构成,通常采用"同形替代法"。例如:

被鉴单位	替换单位
礼貌	相貌、容貌、外貌……
礼貌	礼节、礼堂、礼拜……

通过用有意义的语言单位"相、容、外"来替换"礼貌"的前一个成分,再用"节、堂、拜"来替换该词的后一成分,替换后的词语仍有意义,那就证明被替换的单位"礼、貌"都是语素。而"馄饨"中的"馄"和"饨"既不能被任何成分所替换,也没有各自独立的意义,因此"馄"或"饨"都不是语素,"馄饨"才是一个语素。

"同形替代法"是验证一个词语由几个语素构成的基本方法。但无论如何,词语中的一个成分要作为语素必须满足两个基本标准:一是该词语分解成的几个成分必须具有各自独立的意义;二是每个成分的意义必须与该词语的整体意义有一定的语义联系。

二、词语

词语包括词和固定短语。**词是音义结合的能够独立运用的最小语言单位。**词的内涵有三个特点:一是音义相结合;二是具有独立运用的能力;三是最小的语言单位。第一点把词跟非语素音节区别开来;第二点把词与语素区别开来;第三点把词与自由短语区别开来。

(一)词和语素的差异

1. 词可以独立运用,是指可独立作句法成分或起语法作用。

(1)可独立作句法成分,是指可作句子的主语、谓语、宾语、定语、状语、补语,主要由实词来充当。如:(我)的 朋友[也] 看〈完〉了 小说。

(2)可独立起语法作用,是指可表示句法成分内外关系或句子功能,主要由虚词来充当。如"木头和房子"中的"和"表示并列关系;"彷徨地徘徊"中的"地"则表示状中关系;"吗"可使陈述句"他去北京。"变成疑问句"他去北京吗?"。

2. 语素是构词成分,而词是组成短语和句子的基本单位。所有的词都是由语素组成的,但并非所有的语素都能单独成词。

(1)具有独立运用能力的成词语素可单独成词。如:我、水、吃、了、吧、葡萄、蹒跚、芙蓉、巧克力、布尔什维克等。

（2）没有独立运用能力的非成词语素可与其他语素或词缀组合成的词。如：幻（想）、伟（大）、（旧）式、（我）们等。

（二）词与短语的关系

1. 词与短语的差异。词是音义结合的可独立运用的最小单位，自由短语是由两个或两个以上的词组合而成的语言单位。词与短语的区别可以从语音停顿、意义整合和语法功能三个方面进行区分。

（1）语音停顿

词的语音结构具有整体性，不允许内部有停顿，而短语内部可有语音停顿。在"西北航空"中，"西北"内部不能停顿，因为"西北"是一个词，而在"南北会谈"中，"南北"内部可略作停顿，因为"南北"是并列短语。

（2）意义整合

词的意义比较凝固，往往不是语素意义的简单相加。如：指称一种蔬菜的"白菜"不等于"白色的菜"。可见，语素与语素在组合成词的过程中，语素意义已经发生了质的变化，具有了"综合性"。而自由短语的组成成分在意义上具有相对独立性，短语的整体意义是组合成分意义的加合，具有"分析性"。如："白布"是"白色的布"，"门窗"就是"门"和"窗"。

（3）语法功能

词的意义具有综合性，不可扩展，而短语的意义具有分析性，可扩展。因此，"扩展法"是区别词和短语的基本方法。扩展法就是在一个语言单位内部插入其他成分，来观察语言单位的意义是否发生了改变。如果语言单位的意义变化了或不合法，则说明该语言单位是词，否则就是短语。

A. 原式	扩展式	B. 原式	扩展式
铁路	*铁的路	铁门	铁的门
骨肉	*骨和肉	血肉	血和肉

2. 离合词。有小部分双音节词可以在中间插入别的成分而变成短语,这类词叫"离合词"。如:

鞠躬→鞠个躬→鞠个九十度的躬

达到→达得到→达不到

革命→革了他的命→革落后观念的命

分开→分得开→分不开

(三)词的四种鉴定方法

1. 单说法。可单独回答问题的就是词。该方法可把词与语素区别开,但无法与短语区别。如:

a1:他在不在家? a2:在。 b1:这个菜辣吗? b2:辣。

2. 成分法。可作句法成分的就是词。该方法对检测不能单说的语言单位是否为词很有效。如:

a:年轻人买不起<u>房</u>。(房:名词)

b:<u>男</u>厕所在左边。(男:区别词)

3. 扩展法。如:

大家——*大的家　　　大树——大的树

海马——*海的马　　　海边——海的边

4. 剩余法。该方法对确定虚词非常有效。如:

(他)<u>的</u>父亲[<u>为</u>国家]避免<u>了</u>(许多)损失。

可单说的"他、父亲、国家"与不可扩展的"避免、许多、损失"都是词。剩余的"的、为、了"既不能单说,也不是词的一部分,但都有一定的语法意义,表示一定的语法功能,因此也都是词。

(四)固定短语

固定短语是词与词的固定组合,在长期使用过程中形成了相对完整的意义,作用相当于一个词。其特点是:(1)其中的词和词序一般不能自由变化;(2)整个短语的意义往往不能按字面意义去理解;(3)与词一样不能拆开,并且具有独立运用能力。可见,固定短语具有结构的固定性、意义的整体性、功能的独立性。

固定短语主要有两类：一是专用短语，指特定的人物、地方、机构、活动、会议等的名称。如：北京大学、中国银行、世界贸易组织、中国网球公开赛、中国语言学会等。二是惯用熟语，指成语、谚语、歇后语、惯用语与习用语。

三、现代汉语词语的双音节化趋势

（一）现代汉语词语的双音节化

现代汉语的语素以单音节为主，词则以多音节为主。据《现代汉语频率词典》统计，使用度最高的前9 000个词中，单音节词为2 400个，多音节词为6 600个，其中双音节词为6 285个。词汇量越扩大，多音节词所占的比例就越大。在使用频率上，单音节词占优势。6 285个双音词的使用频率平均为60次，2 400个单音词则高达350次。

古代汉语中，以单音节词为主，而现代汉语则以多音节词为主，特别是双音节词占大多数。汉语词汇之所以出现"双音节化"趋势，其原因在于：一是双音节词所表达的意义更细腻、精确；二是有助于避免大量同音词的出现；三是双音节读起来往往带有一种鲜明的节奏感和韵律。

（二）现代汉语词语双音节化的途径

1. 在单音节语素的前面或后面加上一个辅助性的相关成分。

例如：

  前加：唇——嘴唇 发——头发

  后加：月——月亮 耳——耳朵

2. 在单音节语素的前后添加没有实体意义的附加成分。

例如：

  前加：师——老师 姨——阿姨

  后加：竹——竹子 石——石头

3. 意义相同或相近的单音节语素联合起来使用。例如：
联合　道路　学习　刚才　皮肤　牙齿　经历　解释
4. 三音节的词省略其中一个音节。例如：
落花生——花生　　　　照相机——相机
山茶花——茶花　　　　机关枪——机枪
5. 四音节及以上的词语采用缩略法。例如：
化学工业——化工　　　文学艺术——文艺
超级市场——超市　　　彩色电视机——彩电
人民代表大会——人大　政治协商会议——政协

练习题

一、运用"同形替代法"来验证哪些是语素,哪些不是语素。
研究　沙龙　汪洋　仿佛　荒唐　荒原　精密　玻璃
二、区别下列语素属于哪一种：成词语素、不成词语素；定位语素、不定位语素。
的士　琵琶　微　啊　过　走　阿　者　们　最　清　晰　言　从
三、运用"扩展法"来检测哪些是词,哪些是短语。
铅笔/旧笔　好看/快看　很好/相好
登山/登陆　热心/热水　骑士/骑马
四、指出下面哪些是离合词,为什么？
结束　结婚　洗澡　洗礼　游览
游泳　理发　理财　打工　打架

思考题

一、词与短语的区别有没有两难的情况？请举例说明。
二、现代汉语的词语除了双音节化趋势之外,还有单音节化的新趋势。例如"的士"浓缩为"的",因此,就有了"打的、面的、哥的、的姐"。你同意吗？请举例阐述。

第二节 构词法与造词法

> 教学提示：掌握汉语构词法与造词法的方法。1. 掌握构词法，区分出单纯词、合成词及其三种类型复合式、派生式、重叠式。2. 能够准确地对词语进行结构层次分析。3. 掌握造词法的四种基本方法。

"构词法"和"造词法"是分析词语结构和词语形成的两种方法。构词法是指语素构成词的方法，是对已有词语的音节特征和结构关系进行静态的分析和分类。造词法是指人们创造新词的方法，是对新造词的形成方式进行动态的分析和分类。

一、构词法

构词法是研究语素如何构成词的方法。根据构成词的语素数量，可以分成单语素构词法和多语素构词法。

（一）单语素构词法

单语素构词法就是一个语素构成一个词的方法，而由一个语素构成的词是单纯词，不存在内部构造问题。根据语素音节的数量，**单语素构词法**可以分为单音节语素式、双音节语素式和多音节语素式三类构词法。

1. 单音节语素构词法

由单音节构词法形成的词叫作单音节单纯词，主要有传承词、音译词、拟声词等。

（1）传承词：水、讲、长、很、最、不、才、和、把、了、吗等。

（2）音译词：佛、塔、酥、钵、硼、氢、氟、醛、钛、碘、氦等。

（3）拟声词：啪、嘟、哩、哇、嘶、吱、唰、啾、哗等。

2. 双音节语素构词法

由双音节构词法形成的词叫作双音节单纯词,主要有联绵词、叠音词、音译词、拟声词等。

(1)联绵词:由两个没有意义的音节连缀成义而形成的词,是古代汉语的传统名称。根据联绵词两个音节的声母、韵母关系,可以分为三类:

A. 声母相同的双声联绵词。如:伶俐、忐忑、参差、弥漫、淋漓、琵琶、吩咐等。

B. 韵母相同的叠韵联绵词。如:骆驼、叮咛、汹涌、从容、烂漫、蹉跎、灿烂等。

C. 声母和韵母都不同的非双声叠韵联绵词。如:妯娌、玛瑙、芙蓉、蝙蝠、垃圾等。

(2)叠音词:同一个音节重叠而成的单纯词。如:太太、爷爷、弟弟、蝈蝈、蛐蛐等。

(3)音译词:用汉字记录语音形式而借入的外来词。如:克隆、咖啡、葡萄、沙发、雷达、镭射、槟榔、布丁、坦克、芭蕾、幽默、基因等。

(4)拟声词:模拟自然界的声音而造的词。如:哗啦、吧唧、咕咚、扑通、当啷、轰隆、噗嗤、咔嚓、隆隆、呜呜、沙沙等。

3. 多音节语素构词法

由多音节语素构词法形成的词叫作多音节单纯词,主要有音译词、拟声词等。

(1)音译词:席梦思、巧克力、白兰地、马赛克、麦克风、蒙太奇、布达佩斯、可口可乐、奥林匹克、歇斯底里等。

(2)拟声词:叽叽喳喳、淅淅沥沥、稀里哗啦、叽里咕噜、噼里啪啦等。

(二)多语素构词法

多语素构词法就是两个(或两个以上)语素构成一个词的方法,

而由两个或两个以上语素构成的词叫合成词。根据语素在合成词中的表义作用,把语素分为词根和词缀。词根是构成合成词的有实在意义的不定位语素,而词缀是构成合成词的附着在词根前后或中间表示附加意义的定位语素。根据合成词内部的语素组合方式,多语素构词法可以分成复合式、派生式和重叠式三类构词法。

1. 复合式构词法

复合式构词法是指由至少两个不同词根组合成词的方法,这是现代汉语最重要的构词法。由复合式构词法形成的词叫作复合式合成词,根据词根与词根的意义与结构关系,复合式合成词主要有五种类型。

(1) 联合型:由两个意义相近、相关或相反的词根并列组合而成。

A. 相近关系,如:思想、道路、光明、斗争、帮助、选择、增加、丰富、端正、奇怪等。

B. 相关关系,如:眉目、矛盾、骨肉、笔墨、手足、风浪、领袖、江湖、春秋、弱小等。

C. 相反关系,如:始终、反正、开关、收发、深浅、是非、高低、呼吸、早晚、生死等。

D. 偏义关系,如:国家、窗户、兄弟、质量、人物、干净、忘记、动静、妻子、睡觉等。

(2) 偏正型:以后词根为中心,前词根修饰限制后词根。

A. 定中关系,如:皮鞋、黑板、方桌、卧铺、电灯、外科、优点、蛋白、新闻、羊肉等。

B. 状中关系,如:深入、热爱、公审、素描、鲜红、笔直、难听、好吃、不论、刚巧等。

(3) 述宾型:前词根表动作,后词根表对象,前后词根构成支配与被支配的关系。如:出席、得罪、带头、动员、示威、播音、聊天、提纲、司令、理事、管家、扶手、立夏、动人、过瘾、合法、露骨、缺德、吃香、竭力、随手、到底、破格、携手等。

(4) 补充型：后词根补充说明前词根。

A. 动作与结果关系，如：扩大、削弱、揭露、改正、推翻、说服、打倒、提高、延长等。

B. 动作与趋向关系，如：进入、促进、引进、超出、返回、离去、起来、滚开、引起等。

C. 事物与计量关系，如：书本、人口、花朵、船只、车辆、信件、布匹、枪支、纸张等。

(5) 主谓型：前词根表被陈述对象，后词根表陈述内容。前后词根构成话题与说明的关系。如：月亮、日食、地震、霜降、面熟、眼红、耳鸣、肉麻、气虚、心酸、胆怯、胆大等。

2. 派生式构词法

派生式构词法是指由词根和词缀组合成词的方法，由此构成的词叫派生式合成词。根据词缀的位置，可以分成前缀、后缀、中缀三种类型。汉语典型词缀不多，类词缀较多，有泛化趋势，其中，后缀与类后缀型最丰富，中缀和类中缀最少。

(1) 前缀型与类前缀型：

前缀型	老	老板、老婆、老乡、老总、老大、老表、老虎、老鼠
	阿	阿姨、阿婆、阿Q
	第	第一、第二、第九
类前缀型	可	可爱、可靠、可信、可笑、可悲、可恨、可惜、可耻、可恶
	非	非法、非礼、非凡、非常、非分、非命、非但、非金属
	反	反科学、反人性、反比例、反冲力、反革命、反作用

(2) 后缀型与类后缀型：

后缀型	子	孩子、妻子、骗子、瘸子、帽子、鼻子、剪子、勺子
	儿①	花儿、鸟儿、伴儿、劲儿、盖儿、尖儿、本儿、片儿
	头	石头、木头、锄头、关头、奔头、来头、甜头、苦头

---

① "儿"虽然不是一个音素，只是一种卷舌的音变现象，但却有表意的作用，相当于后缀。

（续表）

类后缀型	单音	性	党性、惰性、理性、慢性、原则性、创造性、可行性
		员	学员、会员、店员、海员、议员、演员、官员、研究员
		巴	嘴巴、尾巴、盐巴、哑巴、泥巴、下巴、眨巴
	叠音	乎乎	胖乎乎、热乎乎、黑乎乎、傻乎乎、脏乎乎、黏乎乎
		溜溜	直溜溜、光溜溜、灰溜溜、圆溜溜、酸溜溜、滑溜溜
		滋滋	美滋滋、乐滋滋、喜滋滋、甜滋滋

（3）中缀型与类中缀型：

中缀型	里	土里土气、古里古怪、糊里糊涂
类中缀型	得	对得起、来得及
	不	对不起、来不及

3. 重叠式构词法

由词根重叠组合成词的方法叫重叠式构词法，由重叠式构词法形成的词叫作重叠式合成词。

（1）AA 型，如：爸爸、妈妈、哥哥、叔叔、星星、仅仅、常常、偏偏、刚刚等。

（2）AABB 型，如：骂骂咧咧、哭哭啼啼、跌跌撞撞、花花绿绿、密密麻麻、大大咧咧、歪歪扭扭、婆婆妈妈、浑浑噩噩、堂堂正正、战战兢兢、熙熙攘攘等。

注意：AABB 型既没有对应的 AB 型词，如："骂咧、哭啼、跌撞、花绿"都不是词，也没有因重叠而增加语法上的意义，属于词法学的构词重叠；而"漂漂亮亮、大大方方、整整齐齐、高高兴兴"都有对应词"漂亮、大方、整齐、高兴"，重叠形式具有"程度加强"的语法意义，属于语法学的构形重叠。

4. 多音节合成词的层次关系

多音节合成词的结构比较复杂，要注意内部的层次关系：

二、造词法

造词法是指为了命名新事物和新现象而创造新词的方法,它解决了一个词从无到有的问题。人们在命名事物和现象而创造新词时,可以根据造词依据分成语音指称法、音义结合法、语义关联法和短语缩略法。

（一）**语音指称法**

语音指称法是指以汉语语音为手段来命名事物或现象的方法。

1. 摹音式：用汉语的语音形式模拟事物发出的声音或外语词的发音来创造新词的方法。

（1）指音型：通过模仿事物发出的声音来指称该声音。如：砰、轰、啪、叮当、轰隆、哗啦、骨碌、瑟瑟、滴答、扑通、呼啦啦、噼里啪啦等。

（2）指情型：通过模仿人发出的声音来指称情感。如：嗯、哦、呸、哟、啊、唉、嚯、嘿、咦、哎呀、哼哼、喃喃、啧啧、喔唷、嘟囔等。

（3）指物型：通过模仿事物发出的声音来指称该事物。如：猫、鹅、布谷、知了、蛐蛐、轱辘等。

（4）译音型：通过汉字来记录外语词的发音。如：刹那、拷贝、咖啡、沙发、扑克、布丁、雷达、坦克、尼龙、夹克、吉普、蒙太奇、白兰地、马拉松、阿司匹林等。

2. 双音式：通过将汉语语音形式双音化而产生新词的方法,是伴随着汉语词汇双音化发展而出现的一种造词方法。

（1）重叠型：将单音词重叠变成双音词,从而创造新词的办法。有的重叠前后意义基本不变。如：妈妈、爸爸、姑姑、哥哥、星星、渐渐、常常等;有的重叠前后意义不同。如:爷爷、奶奶、万万、通通、往往、斤斤等。

（2）附缀型:在单音节的基础上附加上意义虚化的词缀,从而形成双音化的新词。前后意义基本不变。如:老虎、老鼠、阿姨、阿婆、第一、初六、石头、木头、舌头、桌子、椅子、鼻子、筷子、泥巴、盐巴等。

（3）变音型:通过儿化、变调等语音形式的改变而创造新词。如:盖——盖儿、尖——尖儿、眼——眼儿、好(hǎo) 好(hào)、转(zhuǎn)——转(zhuàn)。

（4）联绵型:把两个无意义的音节连缀起来,形成双音节词语来指称某种事物的方法。如:蜘蛛、琉璃、尴尬、参差、蹊跷、仿佛、骆驼、蟑螂、傀儡、喇叭、蹒跚、烂漫、彷徨、邋遢、蚌蚪、蝙蝠、鸬鹚、蜈蚣等。

（二）音义结合法

1. 任意式:是指用某种语音形式任意命名事物的方法。语言符号的音义结合最初往往是任意性的。当人们用某种语音形式指称某个事物时,该语音形式就获得了所指事物的意义。如:人、手、头、山、风、雨、鸟、羊、刀、车、蚕、大、千等。

2. 音义式:是指词语的一部分指声音,而另一部分指与声音有关的事物。如:吱声、吭气、抨击、呕吐、啤酒、卡片、哈哈镜、呱呱叫、沙丁鱼、芭蕾舞、高尔夫球等。

（三）语义关联法

语义关联法主要是以概念与概念之间的语义关联为基础通过组合或比拟等手段来直指或喻指事物现象的方法。

1. 直指式:通过概念之间的关联直指事物现象的方法

（1）组合型:把两个或三个不同的概念按照一定的关系排列形成新词来指称事物现象的方法。

突出事物性质	方桌、优点、弹簧、硬座、石凳、晚会、甜瓜、函授、重视
突出事物用途	枕巾、雨衣、书桌、餐具、浴盆、保温瓶、消毒水、洗衣粉、漱口水
突出事物领属	豆芽、鱼鳞、树叶、刀把、衣领、屋顶、象牙、鞋带、火车头
突出事物颜色	红旗、绿豆、黄金、白酒、紫菜、蓝天、红药水、黑板报、红蜘蛛
突出事物单位	人口、房间、车辆、枪支、案件、花朵、信件、书本、石块、纸张
突出事物情状	静悄悄、白茫茫、恶狠狠、亮晶晶、光秃秃、泪汪汪、冷冰冰

（2）类推型：根据与已有概念的语义关系类推成词的方法。

类义类推，如：雨衣→风衣；文盲→科盲、法盲、色盲等；国际→人际、省际、校际等。

反义类推，如：空姐→空嫂、空哥；富翁→富婆；先进→后进；冷门儿→热门儿等。

2. 喻指式：通过概念之间的关联喻指事物现象的方法

（1）比喻型：运用比喻、比拟等手段创造新词喻指事物的方法。

整体比喻	龙头、龙眼、雀斑、下海、银耳、虎口、佛手、蚕食、琢磨、心腹、把柄、垮台、撑腰、纸老虎、绊脚石
部分比喻	木耳、虾米、木马、雪花、笑面虎、安全岛、瓜分、鲸吞、林立、火热、冰冷、笔直、鸭舌帽、芭蕉扇、喇叭花、牛皮纸

（2）引申型：运用语义引申的手段创制新词的方法。如：开关、骨肉、口舌、领袖、爪牙、手足、江湖、矛盾、左右、规矩等。

（3）借代型：借用与事物本身有关的特征造成新词，并用此特征指称事物。如：伯乐、红包、红娘、红颜、巾帼、须眉、江东、白宫、玉兔、请缨、菜篮子、爬格子、五角大楼等。

（四）短语缩略法

短语缩略法是根据经济原则，通过简缩部分语素或词把短语缩略成词的造词方法。下面前三种是简缩式，后两种是合同式。

1. 分段简缩式：把短语分段，每段取一个成分。如：土地改革→土改、研究制造→研制、知识青年→知青、邮政编码→邮编、高等院校→高校、外交部长→外长。

2. 截段简缩式：把短语分段，取其中具有区别性特征的一段。如：复旦大学→复旦、中国人民解放军→解放军、中国南极长城站→长城站。

3. 综合简缩式：把分段与截段相结合。如：中国人民政治协商会议→政治协商会议→政协、联合国安全理事会→安全理事会→安理会。

4. 取异合同式：保留差异成分，把相同成分合一。如：工业农业→工农业、病害虫害→病虫害、中学小学→中小学。

5. 数字概括式：用数字概括相同的成分，省略不同的成分。如：身体好、学习好、工作好→三好；讲学习、讲政治、讲正气→三讲；心灵美、语言美、行为美、环境美→四美。

练习题

一、指出下列词的构词法及其具体类型。

轻松　对虾　烂漫　波动　改良
儒家　芙蓉　诗篇　政变　色拉
飞快　起草　文字　笔谈　烧饼
刷新　花束　沙龙　钳子　旗手
火化　耐性　结晶　胆怯　学问

二、指出下列每对词语中哪个是单纯词，哪个是合成词。

扑克——攻克　　加仑——加法　　粗布——卢布
到达——哈达　　阿门——窍门　　隔壁——戈壁
仓皇——仓库　　马达——马匹

三、比较下面每对词语中各自的构词类型。

助手——机械手　　磁性——雄性　　坐化——丑化
馒头——笔头　　碟子——鱼子　　团员——复员

面儿——宠儿　老鸨——老汉

四、指出下面"雪"字家族的构词方式及其具体类型。

雪崩、雪耻、雪白、雪鸡、雪花、雪茄、雪片、雪冤、雪原

五、分析下面多音节合成词的层次关系。

脑溢血　霉干菜　可靠性　自动化　幼儿园　托儿所
不冻港　皮鞋油　白皮书　粮油站　更衣室　驱逐舰
人行道　烘干机

六、下面词语的构词比较难解,请仔细斟酌分析。

睡觉　冬至　白兰地　存款　理解　锋利
月亮　蠕动　巴不得　望洋　阿Q

七、指出下面词语的造词方式及其类型。

嘘　嘀　花　虫　鱼　嘎吱　哎哟　色拉　T恤
挣扎　踌躇　膀胱　唠叨　从容　伦敦　石棉　虾米　雪白
林立　圈椅　吉普车　人大　豆苗　红包　复旦　军嫂　花瓶

八、指出下列短语简缩成词的方法。

立体交叉桥→立交桥

离职休养→离休

展览销售→展销

家庭电器→家电

外资港资台资(企业)→三资(企业)

高级工程师→高工

微型计算机→微机

奥林匹克运动会→奥运

个体经营户→个体户

普及法律→普法

彩色照片扩印→彩扩

空中小姐→空姐

空气调节器→空调

博士生导师→博导

法律文盲→法盲

家庭教学→家教

扫除黄色淫秽物品→扫黄

特别便宜的价格→特价

扶助贫困户(地区)→扶贫

九、写出下列缩略语的全称。

五行　动漫　彩电　　环保　沧桑

防汛　泰斗　共青团　三通　华约

思考题

一、复合式合成词的构词方式,除了联合、偏正、述宾、补充和主谓五种类型外,还有没有其他方式?请指出下面复合式合成词的构词类型。

1. 贩卖、报考、割让
2. 逼供、召集、诱降
3. 饼干、肉松、银圆

二、如何区别重叠式合成词和叠音词?请比较并分析下面各类重叠的特点。

1. 绿油油、红彤彤、亮晶晶、油腻腻、血淋淋、香喷喷
2. 碰碰车、宝宝衫、粒粒橙、晶晶亮、毛毛雨、蒙蒙亮
3. 羞羞答答、病病歪歪、紧紧巴巴
4. 大大方方、漂漂亮亮、干干净净、冷冷清清
5. 了解了解、整理整理、漂亮漂亮、大方大方
6. 通红通红、雪白雪白、滚烫滚烫、笔直笔直
7. 糊里糊涂、土里土气、马里马虎、小里小气

三、请分析下列词语的构词方式。

毛毛雨、毛毛虫、通通红、婆婆丁、呱呱叫、蒙蒙亮

四、重叠形式 AA 中,A 可能是词、语素或者音节,请区别句法重叠、构词重叠和语素重叠这三种不同的重叠。

爸爸　姥姥　靡靡　眯眯　姑姑
常常　看看　刚刚　蝈蝈　饽饽　想想

第三节　词义的构成

> 教学提示：重点掌握三种词义单位和五大词义内容。1. 掌握词义的基本概念：义素、义位和义项。2. 熟悉词义的四大特征：客观性、主观性、概括性和演变性，尤其是演变的类型。3. 掌握词义的五大内容，并能够对词义进行分析。

词是音义结合的可以独立运用的最小的语言单位。词一般包括形式（语音形式和书写形式）和意义两个方面，词义单位包括义素、义位和义项。

一、词义单位与词义特征

（一）词义单位

1. 义素

义素是词义系统中不能独立运用的最小的意义单位，是构成义位的区别性语义特征，是从词义分析中抽象出来的观念成分。比如"男孩、女孩"的词义可分解为三个义素，即：

{男孩}＝[＋人类][＋男性][－成年]

{女孩}＝[＋人类][－男性][－成年]

"＋"表示有此义素，"－"表示无此义素，那么，[＋人类][－成年]就是"男孩"与"女孩"共同义素，而义素[±男性]是"男孩"与"女孩"的区别义素。

2. 义位

义位是词义系统中可以独立运用的最小的意义单位，是最基本

的词义单位,是义素的集合体。一个词有几个可独立运用的意义就有几个义位。比如:

父亲: 名 有子女的男子,是子女的父亲。

花瓶: 名 ① 插花用的瓶子。放在室内,做装饰品。② 比喻长得好看被当作摆设的女子。

"父亲"有一个独立运用的意义,因此,只有一个义位,而"花瓶"有两个独立运用的意义,因此,有两个义位。

义位是义素的集合,义位与义素的关系是整体与部分的关系,[+生命][+人类][-男性][+成年][+丧偶]五个义素可以组合成义位{寡妇}这一独立运用的词义。义位是单个词义的语义单位,凡是义位,在词典里必定列为一个义项,但是义项不一定就是义位。

3. 义项

义项是字典、词典中按照一个词意义数量分列的项目。义项有两类:一是可以独立运用的词义,也就是义位;一类是不能独立运用,只是作为构成词或固定结构的语素义。如:

轻:① 形 重量小;比重小:油比水~。

② 负载小;装备简单:~装|~骑兵。

③ 形 数量少;程度浅:年纪~|工作很~。

④ 轻松:~音乐|无病一身~。

⑤ 形 不重要:责任~|人微言~。

⑥ 形 用力不猛:~抬~放。

⑦ 轻率:~信|~举妄动。

⑧ 不庄重;不严肃:~佻|~薄。

⑨ 轻视:~慢|~敌|~财重义。(《现代汉语词典》第七版)

在九个义项中,义项①③⑤⑥是可以单说或独立运用的词义,而义项②④⑦⑧⑨则是不能单说或独立运用的语素义。因此,义位在词典里必定表现为义项,但是义项并不完全等于义位,因为有的义项只是语素义,不是词义。

（二）词义特征

词义是人们通过词的形式所反映的客观世界与主观世界的事物、现象及其关系的意义内容。词义的性质主要表现在客观性、主观性、概括性和演变性。

1. 客观性

词义的客观性主要表现在两个方面：一是反映对象的客观存在性；二是词义形成的约定俗成性。首先，从反映对象上看，无论是客观世界的山川树木，还是主观世界的爱恨情仇，都是客观存在的。其次，从词义形成来看，什么样的语音形式及其书写形式表示什么事物、现象及其关系的意义，是基于社会成员客观存在的共同认知而约定俗成的，否则社会成员无法进行交际。比如客观世界存在着"地震"并得到社会成员的共同认知，才会产生"地震"这个词及其意义。

当然，词义的客观性并非与客观存在的事物、现象及其关系完全符合或等同。有的词义基于社会成员对客观存在事物的正确认识，如"家具"是"家庭用具，主要指床、柜、桌、椅等"。有的则是对客观事物的错误认识，如过去把"心"看作思维器官。而少数词义则是在对客观事物错误认识的基础上产生的，如"鬼、神、地狱"等。无论基于对客观存在的正确认识还是错误认识，词义都是在客观存在的基础上产生的，因而都具有客观性。

2. 主观性

词义的主观性主要表现为两个方面：一是使用主体的民族性；二是词义理解的个体性。首先，不同民族在用不同的词语记录客观世界和主观世界的事物现象时，由于民族思维、语言系统、生活习惯等方面差异，决定了词义的民族差异，主要表现为对相同的事物现象用不同的语言单位或不同数量的词来概括，比如，针对"亲属关系"，汉语与英语的称谓与分类差异较大。此外，对相同的事物会赋予不同的民族情感。比如："鹤"在中国文化中是寿星的主要标志之一，在日本比喻幸福，而在英国却被看作丑陋的鸟，在法国被认为是蠢汉和淫妇的代称。其次，即使同一个民族，在对事物认识基本一致的情况下，也会因年龄、生活环境、文化水平和认知能力等差异，造成词义理解的个体差异。如：对"水"的词义的认识，儿童与化学家不会完全相同；对"橘子、葡萄"的词义，南方人与北方人的认知也存在差异。

3. 概括性

从指称方式上看，词义对所指事物、现象及其关系都具有概括能力。词义既是对一类对象的概括反映，也是对一个对象多种特征的概括。前者如普通词"笔"的词义是写字画图的工具，是从铅笔、钢笔、圆珠笔、毛笔、蜡笔、水彩笔等不同功能类型的"笔"中概括出来的，舍弃个体差异，抽象出共同特征。后者如专有词"巴金"的词义就概括了巴金的全部特征，不仅指不同时期的巴金，也指在社会或家庭中不同身份的巴金。

4. 演变性

从发展趋势上看，词义并非一成不变的。随着客观世界和主观世界的发展而变化，人们对各类事物、现象及其关系的认识也随之变化，从而导致词义的变化。主要有以下几种类型：

（1）词义认识的深化。随着社会的发展，一个词在古代和现代所指事物的范围没有变化，但人们对词所指事物的性质特征的认知却在不断深化。如：

人：天地之性最贵者也。(《说文解字》)

　　能制造工具并使用工具进行劳动的高等动物。(《现代汉语词典》)

从古今"人"的定义可以看出：一是属概念不同，古代用代词"者"而现代用"高等动物"；二是种差不同，古代用"天地之性最贵"，而现代用"能制造工具并使用工具进行劳动"。这说明现代人比古代人对"人"的认识深化了。

（2）词义范围的变化。词义所指事物和搭配对象的范围发生了变化。一是词义扩大，如："河"从专指黄河扩大到泛指一切河流,"洗"从专指"洗脚"扩大到可以洗一般物体。二是词义缩小,如:"学者"从指"求学之人"缩小到指学术上有一定成就的人。

(3) 词义功能的转移。词义的功能会随着使用条件和搭配对象的变化而发生转移。如:"布告"从动词"对众宣告、公告"转为名词"(机关、团体)张贴出来通告群众的文件"。"秀才"从形容词"才能优秀"转为名词"通称明清两代生员或泛指读书人"。

(4) 词义色彩的变化。词义在感情色彩上也会发生变化。如:"爪牙"在古代原指鸟兽用于攻击和防卫的"爪"和"牙",引申指武臣,属于中性或褒义词,现在用来比喻坏人的党羽,变成了贬义。

二、词义的内容

词义是人们通过词的形式反映客观世界与主观世界的事物、现象及其关系的意义内容,词可分为五类:客观概念义、主观色彩义、固定修辞义、时间空间义以及临时语境义。

(一) 客观概念义

从反映对象上看,词义反映的是人们对客观存在的事物、现象及其关系的理性认识,理性认识一旦获得语音形式及其书写形式的物质外壳,就成为词义的客观概念义,又称理据义或指称义,可分为实体概念义和关系概念义。

1. 指称事物、动作和性质的实体概念义。如:"树"作为一种事物,其概念义是"木本植物的通称"。"叫"作为一种动作行为,其概念义是"人或动物的发音器官发出较大的声音,表示某种情绪、感觉或欲望"。"大"作为一种性质,其概念义是"在体积、面积、数量、力量、强度等方面超过一般或超过所比较的对象"。

2. 指称事物与现象之间关系的关系概念义。如:"原因"的概念义是"造成某种结果或引起另一件事情发生的条件"。"与"的概念义是"事物与事物之间的并列关系"。

(二) 主观色彩义

从语言主体来看,人们在认识事物并遣词造句反映客观概念义的过程中,会使词义带有主观倾向的色彩义,可分为情态色彩义和语体色彩义。

1. 情态色彩义

情态色彩义是指附着在词义上与其概念义同时存在的主观情感和态度。主要分成两类:

(1) 情感色彩。主要分为褒义词和贬义词,大部分词义不带固定的情感色彩,属于中性词。褒义词如:温顺、淳朴、慈祥、漂亮、勤奋、善良、英明、雄伟、英雄、效果、果断等。贬义词如:凶残、蛮横、丑陋、卑鄙、懒惰、粗鲁、奸臣、腐败、赃款、后果、武断等。

(2) 态度色彩。如:"绵薄、寒舍、鄙人、拙作"等表谦虚态度;"谢绝、答拜、劳驾、惠赠、指教、承蒙"等表客气态度;"诞辰、拜望、恩师、赐教、恭候"等表敬重态度;"走狗、叛徒、小人、禽兽不如"等表鄙薄态度;"驳斥、拒绝、抗议、驳回"等表强硬态度。

2. 语体色彩义

语体色彩义是指词义所反映的适用于不同交际场合和文体的语体特征,可分为口语和书面语。常见的口语语体色彩的词语,如:瞧、老婆、马上、装蒜、邋遢、小气等。书面语体可细分为:(1) 文艺语体:婀娜、苍茫、摇曳、涟漪、吝啬;(2) 科技语体:电子、冶金、程序、软件、力学;(3) 政论语体:体制、改革、法制、民生;(4) 公文语体:此致、批示、此令。大多数词语属于通用的中性语体色彩。

(三) 固定修辞义

固定修辞义是指一个词语因频繁用作某种修辞手段而凝固为

该词的词典义项之一。根据修辞手段的不同,主要分为三类:比喻义、借代义和委婉义。

1. 比喻义的词语。如:爪牙(比喻坏人的党羽)、桃李(比喻所教的学生)、龙头(比喻带头起主导作用的事物)、小儿科(比喻事情较小而不被看重)、包袱(比喻某种负担)、鬼胎(指不可告人的念头)等。

2. 借代义的词语。如:红娘(指代媒人)、红牌(借指对有违法或违章行为的个人或单位给予严重警告或处罚)、纨绔(借指富家子弟)、杜康(借指酒)、黄泉(借指死后埋葬的地方而迷信的人指阴间)、饭碗(借指工作)、白领(借指专门从事脑力劳动的职员)等。

3. 委婉义的词语。如:有喜(指妇女怀孕)、绿帽子(指夫妻中妻子出轨而给丈夫带来的不好影响)、驾崩(指帝王死亡)等。

(四) 时间空间义

时间空间义是指语言因在一定的时代、地域中使用而产生的意义,主要有古今色彩义和社区色彩义两种。

1. 古今色彩义。指在基本相同的概念义上所体现的具有古今时代色彩的词义。如:

解颐——微笑　　几许——多少　　羁押——拘留
继嗣——继子　　垂髫——儿童　　垂青——喜爱

2. 社区色彩义。指只在某个社区流通并反映该社区政治、经济、文化特色的词义。如:香港的社区词"公屋、居屋、夹屋、丁屋、抽水、通水、提水、吹水、唐楼、凤楼、抢闸、行货、水货、见工、化学、小手、班房、地盘、太空人"等。台湾的社区词"泛蓝、泛绿、飞弹、辅育院、劈腿、恶戏、对板、点选、次长、出张、插旗、变盘"等。

(五) 临时语境义

临时语境义是指人们在特定语境下为追求某种特殊的表达效

果而赋予的新词义。该词义对语言环境依赖性很大,脱离了具体语境就不存在了。如:县委把机构消肿、转变职能当作改革的突破口,撤并机构 14 个,削减编制 156 名。"消肿"本来是医学用语,指"消除肿胀",在政论语境中却有了"撤销多余机构、裁减富余人员"的含义,并比一般意义的"撤销、裁减"多了一层"摒弃累赘、冗余、有害物"的临时语境义。

练习题

一、运用词义的概括性比较下面哪种释义更具有概括性。

刺:1. 尖的东西进入或穿过物体。

2. 用有尖的东西穿进或杀伤。

3. 针或尖锐的东西扎入或穿透。

泛滥:1. 水向四处漫流。

2. ① 江河湖泊的水溢出。② 比喻坏的事物不受限制地流行。

3. 水漫溢。

二、比较下面每个词语的新旧两种释义,运用词义的演变性说明概念义发生何种类型的变化。

侧室:【旧】旧时指偏房;妾。

【新】1. 房屋两侧的房间。2. 旧时指偏房;妾。

朝野:【旧】旧时指朝廷和民间。现在用来指资本主义国家政府方面和非政府方面。

【新】旧时指朝廷和民间。现在用来指政府方面和非政府方面。

吃大户:【旧】旧社会里,遇着荒年,饥民团结在一起到地主富豪家去吃饭或夺取粮食。是农民一种自发的斗争形式。

【新】1. 旧时遇着荒年,饥民团结在一起到地主富豪家去吃饭或夺取粮食。

2. 指借故到经济较富裕的单位或个人那里吃喝或索取财物。

礼教：【旧】旧传统中束缚人的思想行动、有利于反动统治阶级的礼节和道德。

【新】旧传统中束缚人的思想行动的礼节和道德。

三、根据词义的引申演变关系整理下列词的义项顺序，并标明序号。

【身】
- 物体的中部或主要部分。
- 生命。
- 自己；本身。
- 人的品格和修养。
- 人、动物的躯体。
- 亲自、亲身。

【人事】
- 人力能做到的事。
- 人的意识的对象。
- 关于工作人员的录用、培养、调配、奖惩等工作。
- 人的离合、境遇、存亡等情况。
- 事理人情。

【过】
- 经历；度过（某段时间或节假日）。
- 用于动作的次数。
- 超过某种限度的。
- 超出（某种界限）。
- 在空间移动位置。
- 从一方转移到另一方。
- 使经过（某种处理）。
- 过失；错误。

四、分析下列词的主观色彩义。

当道　家父　大兵　拙作　犬子

思考题

一、区分固定修辞义和临时语境义有时候会有一定困难，你有什么比较好的办法吗？

二、建立"同族词"。比如"美"字同族词有"美德、美观、美好、美丽、美满、美妙……"和"健美、精美、审美、优美、赞美……"，同族词对词义理解有什么好处?

三、有一种女式厚底鞋,有不同的名称:"高底鞋""松糕鞋""长高鞋""增高鞋",请从词义的主观性角度解释这些名称。

四、同样是"狗",中国人常常说"狗仗人势、狗急跳墙、狐朋狗友",而欧美人则对狗情有独钟,请从词义的主观性角度加以分析。

第四节 词义分析与释义

> 教学提示:重点掌握词义分析法。1. 掌握义素分析法、语素分析法和构词分析法,特别关注义素分析法的步骤和语义场的定义、类型和特征。2. 能运用逻辑定义释义法、互训反训释义法、描写比喻释义法、补充论元释义法、附加信息释义法准确解释词语意义。

一个词的词义如何分析和解释是词汇语义学研究的核心内容。词义分析法包括义素分析法、语素分析法和构词分析法。词义解释法主要包括逻辑定义释义法、互训反训释义法、描写比喻释义法、补充论元释义法和附加信息释义法。

一、词义分析法

(一) 义素分析法

1. 义素分析法的界定

义位是可以独立使用的最小意义单位,是词义的最基本构成单位。而义素是不能独立使用的最小意义单位,是构成义位的区别性特征。义位分解形成义素,义素组合形成义位。义素分析法就是对同一语义场的一组义位进行对比分析,从中寻找义位之间共同义素和区别义素的方法,这是现代语义学的重要分析方法。

2. 义素分析法的四个步骤

(1) 掌握义素分析的元语言

元语言就是用来讨论对象语言的语言,对象语言就是被讨论的语言。义素分析法的元语言就是记录语义特征并用来描写分析义位的语义标示术语和符号。常见的元语言术语如下:

ADULT/［成年］　　　　AGENT/［施事］
ANIMATE/［有生命］　　ANIMAL/［动物］
CONCRETE/［具体］　　 COUNTABLE/［可数］
HUMAN/［人类］　　　　LIVE/［活着］
MALE/［雄性/男性］　　 PATIENT/［受事］
SINGULAR/［单数］　　 STUFF/［物质］

此外,还有:时间、空间、固体、液体、气体、距离、方向、已婚、配偶、长辈、直系亲属、血亲、有翼、偶蹄、质、量、高、大、开始、停止、生育、褒义、书面、多于、亲昵等。

常见的元语言符号如下:

+:表示肯定　　 -:表示否定　　 I:表示工具　　 N:表示名词
S:表示主语　　 O:表示宾语　　 P:表示意图　　 V:表示动词
/:表示或者　　 ←:表示从属　　 ≈:表示近似　　 ∧:表示合取

(2) 确定语义场及其对比义位

首先,义素对比分析的对象必须是同一语义场的具有意义关联性的义位。**语义场就是在共时条件下,在同一个语义系统中具有意义联系的词的聚合体,**语义场是义素分析的依据。

其次,根据语义场内义位之间的关系,可以把语义场分为以下类型:

A. 分类语义场。如颜色可以分为:赤、橙、黄、绿、青、蓝、紫等类别。

B. 顺序语义场。如月份的顺序就是:一月、二月、三月……十二月。

C. 关系语义场。如同胞可以包括:哥哥、姐姐、弟弟、妹妹等。

D. 反义语义场。如:好/坏;战争/和平。

E. 同义语义场。如：漂亮/美丽；强壮/健壮。

第三,语义场具有三个特征：

A. 联系性。语义场是由同一个属概念下的多个词组成的。如在"家具"这一属概念下,"桌子、椅子、床、沙发、柜子"等构成一个语义场。多义词因归属不同的属概念而归入不同语义场。

B. 民族性。语义场分类带有鲜明的民族特点。比如在亲属分类上,汉语表达父系亲属和母系亲属的词语分属不同的语义场,而英语里就没这么严格。

C. 层次性。语义场是具有上下层次的语义有序集。大的语义场可分为几个小的语义场,小的语义场还可分为更小的语义场,而义素分析法必须在最小的语义场里进行。语义场图如：

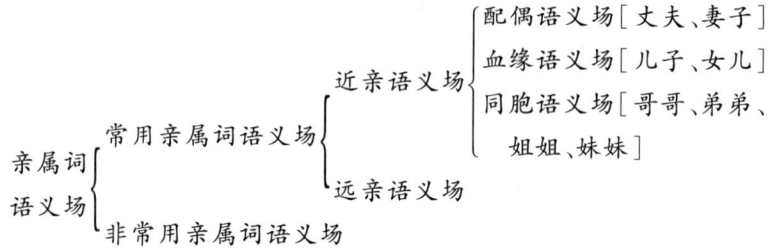

(3) 提取共同义素和区别义素

提取共同义素和区别义素的过程就是运用元语言把义位分解为义素的过程,而提取最小的具有区别作用的义素尤为关键。大致分成四步：

第一,确立义位的义素构成。确立义素的过程就是运用元语言分解义位的过程。如下表：

	[男性/雄性]	[女性/雌性]	[未成年]
人类	男人	女人	儿童

在"人类"语义场下,义位"男人"分解为三个义素"人、男性、成年",义位"女人"分解为三个义素"人、女性、成年",而义位"儿童"

则分解为三个义素"人、不分性别、未成年"。

第二,提取最小的义素。比如对比"习惯、习气、陋习、积习"四个义位时,下列由五个最小义素组成的义位结构矩阵表足以把四个义位区别开:

	长期形成	不易改变	贬义	行为	作风
习惯	+	+	−	+	−
习气	+	+	+	−	+
陋习	+	+	++	+	−
积习	++	+	+	+	+

如果把义素"不易改变"改为"稳定","稳定"固然更小,但无法把"习惯"等四个义位与其他相关义位区别开,没有对外区别性,因此不准确。而"不易改变"既含有"稳定义",还有"很难改变义",可以使这四个义位与其他义位区别开,因此,最小义素具有对内的相对性和对外的区别性。

第三,找出对比义位的共同义素。共同义素是辨析不同义位的基础。如果对"蓄谋、合谋、密谋、阴谋"进行义素对比分析,那么,所提取的共同义素究竟是"计谋""考虑"还是"策划"呢?"计谋"具有名词义,而"蓄谋"等四个词都是动词,不合适;"考虑"是一般的思考,范围过宽,还会导致"蓄谋"等四个动词与"琢磨、掂量"等词同义,也不合适;"策划"除了思考外,还含有要做出决定、付诸行动的意义,因此,选择"策划"作共同义素,能使"蓄谋"等四个词立足在更小的有区别价值的共同义素上,从而使义素分析更准确、更简洁。

第四,提取对比义位的区别义素。区别义素是相对的,如"母亲"与"姑姑"的区别义素是[+母系]还是[+父系],而与"舅舅"的区别义素是[±男性]等,五个词语的义位结构通过自然语言与符号结合的线性式子表示如下:

母亲:[+长一辈+血亲−男性+母系]
姑姑:[+长一辈+血亲−男性+父系]

舅舅：[+长一辈+血亲+男性+母系]
父亲：[+长一辈+血亲+男性+父系]
姨父：[+长一辈+姻亲+男性+母系]

（4）列出义位结构式

义位结构式分成两种：一种是图表式,包括矩阵表、场图和树形图；一种是线性式,包括自然语言与符号结合的线性式子和元语言线性式子。矩阵表、场图和自然语言与符号结合的线性式子都已举例,下面分别看树形图和元语言线性式子的例子。

一是义位结构树形图：

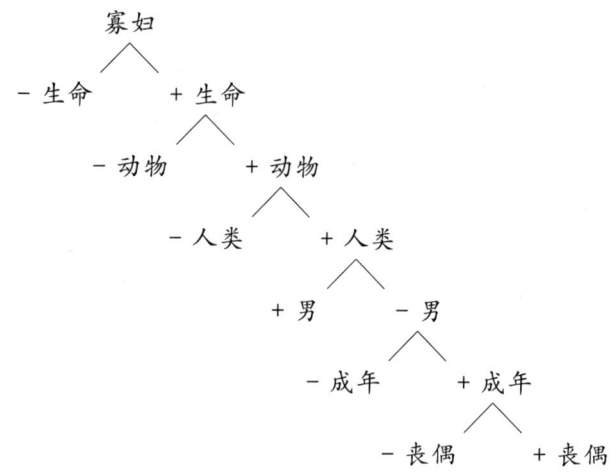

二是义位结构元语言线性式子：

cow（母牛）　　　[-MALE（-雄性）,+ADULT（+成年）,+OX（+牛）]
bullock（小公牛）[+MALE（+雄性）,-ADULT（-成年）,+OX（+牛）]

3. 义素分析法的四个原则

（1）系统性原则

义素分析法的目的就是找出同组义位在义素上的异同,因此,必须把义位放在属于同一语义场的语义系统中进行对比分析,从而达到对同一语义场内各个义位的系统比较。如："叔叔"在汉语中有两个义位：一个是亲属称谓，与"舅舅、伯伯、姑父、姨夫"等在一个语义场；一个是社交称谓，与"同志、师傅、先生、大哥"等在一个语义场。

(2) 对等性原则

由于义位与义素是整体与部分关系，义位的意义必须等于分解出来的各个义素的总和，如"女孩"的义位结构式是[+人,-男性,-成年]，三个义素相加等于"女孩"义位的意义。若义素分析为[+人,-男性]，则范围过宽，因为包括了所有女性；若分析为[+人,-男性,-成年,+高]，则范围过窄，因为个子矮的女孩被排除掉了。

(3) 区别性原则

义素分析的根本目的就是找出同一语义场中两个义位的区别义素。如：钢笔[+笔,+金属笔头,+用墨水书写]，铁笔[+笔,+金属笔头,+刻蜡纸用]，毛笔[+笔,+羊毛或鼬毛笔头,+用墨或颜料写,+写字画画用]，其中"金属笔头"，对"毛笔"来说是区别义素。

(4) 简明性原则

任何一个义位的义素都很多，义素分析用最少的区别性义素来揭示义位的区别性特征。例如：与"女孩"对比，"男孩"分析为[+人,+男性,-成年]，就能简明而充分地揭示"男孩"的语义特征。如果分析为[+人,+男性,-成年,+思维能力]，"+思维能力"就多余了，不符合简明性原则。

4. 义素分析法的优点和缺点

义素分析法在分析词义的聚合、组合、比较、变化、关系及其内部构成上具有较高的实用价值。其优点是有利于对比辨析义位之间的异同，也有利于分析确定义位的语义特征。但缺点是只适用于一部分普通名词、动词和形容词，不适用于泛义动词(如：弄、做、打、搞等)和虚词(如：过、着、和、且、啊、呀、吧、呗等)，而且义素提取的数量和种类往往因人而异，带有一定的主观性。

（二）语素分析法

合成词是由两个及以上语素构成的,语素义从不同方面、以不同的方式、不同程度地表示词义。语素义与词义的关系类型主要有六种：

1. 构词表义型,词义是语素义按照构词方式直接组合起来的意义。例如：

(1) 联合型。礼仪：礼节和仪式。

(2) 偏正型。浅见：肤浅的见解。

(3) 述宾型。倾力：倾注全部力量。

(4) 主谓型。私营：私人经营。

2. 同义表义型,词义是两个相同或相近的语素义联合起来的意义,这些合成词通常是联合型。例如：

(1) 名词：光明：明亮。光,明亮；明,明亮。

(2) 动词：删除：删去。删,去掉；除,去掉。

(3) 形容词：柔软：软和,不坚硬。柔,软；软,不硬。

3. 附加表义型,语素义只表示词义的部分内容,还要附加语素义：

(1) 附加语素义表示动作行为、性质状态的主体。如：

下野：执政的人被迫下台。　　丰沛：(雨水)充足。

(2) 附加语素义表示动作行为的对象。如：

罢免：免去(官职)。

开脱：解除(罪名或对过失的责任)。

(3) 附加语素义表示时间、处所、目的、工具、方式等条件。如：

开犁：一年中开始耕地。(时间)

连载：一个作品在同一报纸或刊物上连续刊登。(处所)

红包：包着钱的红纸包儿,用于馈赠或奖励等。(目的)

吹打：用管乐器和打击乐器演奏。(工具)

聚敛：重税搜刮。(方式)

(4) 附加语素义表示事物的存在范围、性状等条件。如：

独白：<u>戏剧、电影中</u>角色独自抒发个人情感和愿望的话。（范围）

赶车：驾驭<u>牲畜</u>拉的车。（性状）

4. 修辞表义型，合成词的词义是语素义通过比喻或借代等修辞手法间接来表示的。如：

(1) 饭桶：装饭的桶，比喻只会吃饭不会做事的人。（两个语素一起用作比喻）

 蛇行：像蛇一样蜿蜒曲折前行。（前语素"蛇"用作比喻）

 帽舌：帽子前面的檐，形状像舌头，用来遮挡阳光。（后语素"舌"用作比喻）

(2) 眉目：眉毛和眼睛，泛指容貌。（两个语素一起用作借代）

 嘴直：说话直爽。（前语素"嘴"用作借代）

 猎手：打猎的人。（后语素"手"用作借代）

5. 部分表义型，由于某个语素本义的脱落或模糊，合成词的词义只能由部分语素来表示。

(1) 某个语素义脱落。如：

兄弟："兄"无义，"弟"有义。忘记："忘"有义，"记"无义。

(2) 某个语素义的模糊。如：

打尖：旅途中休息下来吃点东西。（语素"尖"的意义模糊）

高汤：煮肉或鸡鸭等的清汤；也指一般清汤。（语素"高"的意义模糊）

6. 整分无关型，整体词义与各个语素义没有直接关系。

(1) 词义与所有语素义没有直接关系的词。如：东西(dōngxi)：泛指各种具体的或抽象的事物。其中"东"与"西"的语素义与"东西"的词义之间已经看不出来了有什么关系。

(2) 词义无法从音节中推出来的音译词。如：马达、坦克、沙发等，"马、达、坦、克、沙、发"等音节本身都是有意义的语素，但是在音译词中完全没有了原有的语素义。

(三) 构词分析法

构词分析法就是通过综合全面地分析一个词的构词情况来确定词义内容,最适用于单音多义词,因为单音多义词不容易明确其各个义项及其关系,以有两个读音的"间"为例:

jiān 音的义项是:① 中间。② 一定的空间或时间里。③ 一间屋子;房间。④ 房屋的最小单位。

jiàn 音的义项是:① 空隙。② 嫌隙;隔阂。③ 隔开;不连接。④ 挑拨使人不和;离间。⑤ 拔去或锄去(多余的苗)。

通过以"间"为构词语素的合成词来说明"间"的不同义项,就可以准确简洁地确定其义项,如:"一定的空间或时间里"义解释为"空间的间"或"时间的间";"不连接,隔开"义说成"间断的间";"挑拨使人不和"义解释为"离间的间"等。

二、词语释义法

词语释义法就是根据词语意义的特点和人们对词语的认知和交际目的,正确、明白、简练地解释词语意义的方法,既要合乎事实和科学,也要通俗易懂,还要简明扼要。

(一) 逻辑定义释义法

运用逻辑学中邻近的属和种差来释义的方法,主要适用于解释学科术语和普通名词。如:

作家:从事文学创作有成就的人。
数学:研究现实世界的空间形式和数量关系的学科。
绿肥:把植物的嫩茎叶翻压在地里,经过发酵分解而成的肥料。

在定义中,被定义概念"作家、数学、绿肥"分别以"人、学科、肥料"为邻近的属概念,而以其余词语为"种差"。

(二) 互训反训释义法

运用与被解释词具有同义、近义或反义关系的词语来释义的方法,包括互训和反训。

1. 互训就是同义近义释义法。如：
(1) 今语词解释古语词。炫目：耀眼。
　　　　　　　　　　　　稽首：磕头。
(2) 普通话解释方言词。写字楼：〈方〉办公室。
　　　　　　　　　　　　眯瞪：〈方〉小睡。
(3) 通用词解释书面语。永诀：〈书〉永别。
　　　　　　　　　　　　叹惋：〈书〉叹惜。
(4) 通用词解释口语词。戏台：〈口〉舞台。
　　　　　　　　　　　　现钱：〈口〉现款。
(5) 对被解释词的语素依次进行对等的同义近义解释。
炫弄：炫耀卖弄。　　　打印：打字油印。
佯攻：假装进攻。　　　祸根：祸事的根源。

2. 反训就是反义释义法。如：
碍眼：不顺眼。　　　　沉默：不说话。
动摇：不稳固;不坚定。　惨淡：不景气。

(三) 描写比喻释义法

通过描述、列举、形容、比喻的方式说明被解释词所指的事物、行为、性状与关系。如：

1. 描述事物。亲属：直系亲属或配偶。
2. 描述行为。蹿：向上或向前跳。
　　　　　　　扑：用力向前冲,使全身突然伏在物体上。
3. 描述性状。绿油油：形容浓绿而润泽。
　　　　　　　蹒跚：腿脚不便,走路缓慢、摇摆的样子。
4. 描述关系。父亲：有子女的男子,是子女的父亲。
　　　　　　　互相：表示彼此同样对待的关系。
5. 形容说明。铺天盖地：形容声势大,来势猛,到处都是。
6. 列举说明。红：像鲜血或石榴花的颜色。

甜：像糖和蜜的味道。

7. 比喻说明。旗手：比喻领导人或先行者。

热血：比喻为正义事业而献身的热情。

（四）补充论元释义法

通过补充与被解释词所指事物、行为和形状等有关的主体、对象、原因、目的、工具、方式、处所、领域等论元信息来释义的方法。

1. 补充主体信息。刺：尖的东西进入或穿过物体。下野：执政的人被迫下台。

2. 补充对象信息。参谒：进见尊敬的人；瞻仰尊敬的人的遗像、陵墓等。

3. 补充原因信息。垂涎：因想吃而流口水。

4. 补充目的信息。辩白：说明事实真相，用来消除误会或受到的指责。

5. 补充工具信息。抱：用手臂围住。摆渡：用船运载过河。

6. 补充方式信息。抢行：不按次序或交通规则抢先行进。标卖：标明价目，公开出卖。

7. 补充处所信息。落户：在他乡安家长期居住。

8. 补充领域信息。恶变：医学上指肿瘤由良性转变成恶性。

（五）附加信息释义法

附加与被解释词有关的时空信息、主观色彩、语法属性等相关信息来释义的方法。如：

1. 附加时空（时代、社区、语境等）信息

旗人：旧时称清代隶属八旗的人，特指满族。

青菜：〈方〉小白菜。

扼要：抓住要点（多指发言或写文章）。

顿首：磕头（多用于书信）。

2. 附加主观色彩(情态、语体)

嘴脸：面貌；表情或脸色(多含贬义)。

哭鼻子：〈口〉哭(含诙谐意)。

大方：〈书〉指专家学者；内行人。

寒舍：谦辞，对人称自己的家。

华翰：敬辞，称对方的书信。

挡驾：婉辞，谢绝来客访问。

3. 附加语法属性(用法、词性)

们：用在代词或指人的名词后面，表示复数。

呃：助词，用在句末，表示赞叹或惊异的语气。

当啷：象声词，金属器物磕碰的声音。

练习题

一、按照"语义场"理论，寻找"味觉"或"体育"同一语义场的词语。

二、用义素分析法分析下面词语。

1. 安排　安插　安顿　安放

2. 诞辰　生日　寿辰

3. 持　拿　执　秉　握　提

三、归纳下面一组复合词中"厚"的意义。

薄厚　得天独厚　憨厚　厚待　厚道　丰厚　肥厚　敦厚
厚度　厚此薄彼　厚重　厚望　厚礼　厚颜　厚谊　厚葬
厚遇　厚古薄今　宽厚　无可厚非　优厚　深厚　忠厚

四、用构词析义法分析下面词语。

生　宽　款　快　焦　红　导　搭

五、分析下列词的释义，指出它们运用了何种释义方式。

宏观：不涉及分子、原子、电子等内部结构或机制的。

宏旨：大旨。

宏论：见识广博的言论。

宏赡：（学识等）丰富。
洪水：河流因大雨或融雪而引起暴涨的水流，常常造成灾害。
洪峰：河流在涨水期间达到最高点的水位，也指涨达最高水位的洪水。
洪钟：大钟。
洪大：（声音等）大。
洪荒：混沌蒙昧的状态，借指太古时代。

六、比较下面每个词的两种释义，并做出评价。

1. 梯：A. 便利人上下的用具或设备，常见的是梯子、楼梯。
   B. 登高用的器具或设备。

2. 踢：A. 抬起腿用脚撞击。
   B. 用脚触击。

3. 猴：A. 哺乳动物，种类很多，形状略像人，身上有毛，灰色或褐色，有尾巴，行动灵活，好群居，口腔有储存食物的颊囊，以果实、野菜、鸟卵和昆虫为食物。通称猴子。
   B. 哺乳动物，种类很多。毛灰色或褐色，颜面和耳朵无毛，有尾巴，两颊有储存食物的颊囊。

4. 肌肉：A. 人和动物体的一种组织，由许多肌纤维集合组成，上面有神经纤维，在神经冲动的影响下收缩，引起器官的运动。可分为横纹肌、平滑肌和心肌三种。也叫筋肉。
   B. 人或动物体的组织之一，由许多肌纤维组成，具有收缩特性。

5. 礼教：A. 旧传统中束缚人的思想行动、有利于反动统治阶级的礼节和道德。
   B. 旧传统中束缚人的思想行动的礼节和道德。

6. 朝野：A. 旧时指朝廷和民间。现在用来指资本主义国家政府方面和非政府方面。
    B. 旧时指朝廷和民间。现在用来指政府方面和非政府方面。
七、用互训反训释义法解释下面词语。
诬蔑　吞没　徒然　透露
八、用描写比喻释义法解释下面词语。
低沉　归降　纵情　走向　悬腕　推选　选举

思考题

一、请找两本词典,按照相同的词条,找出不同的解释,并比较它们的优劣之处。

二、《现代汉语词典》是一部优秀的词典,但是在释义上也还存在着一些不足,你能够找出这样几个词条吗?

三、就《现代汉语词典》中使用的附加时空信息、主观色彩和语法属性等附加信息释义法,各找两个例词。

第五节　词汇的分类系统

> **教学提示**:掌握现代汉语词汇的形式和意义两种分类系统。1. 学会同义词的三种辨析方法。2. 掌握上位词、下位词和类义词的类型和鉴定标准。

词汇是所有词语的总和,每个词都包括形式和意义两个方面,形式是指语音形式和书写形式。因此,词汇的分类系统可以根据词与词在形式和意义上的关系进行分类。

根据形式,可以分出同音词、同形词、字母词;而根据意义的数量、异同和属种,可以分出单义词和多义词、同义词和反义词、上位词和下位词及类义词。

一、形式分类

（一）同音词

1. 同音词的类型

同音词是指语音形式（声母、韵母和声调）相同而意义完全不同的词。同音词包括两类：

（1）同音同形词：是指语音形式相同、书写形式也相同而意义不同的词。如：

米$_1$（大米、稻米）——米$_2$（长度单位）

仪表$_1$（人的外表）——仪表$_2$（测定温度、气压、电量、血压等的仪器）

（2）同音异形词：是指语音形式相同、书写形式和意义都不相同的词。如：

变幻——变换　　家境——佳境　　势力——视力

公式——公示　　石油——食油　　会议——会意

2. 同音词的类型

每一种语言都有相当数量的同音词，汉语的同音词主要有两类：

（1）词源不同发音偶合的同音词，是指在意义上毫无联系的同音词。有的是巧合，有的是语音变化，如：夹、加；有的是音译外来词借用汉字，如：米——大米、单位。既有同音同形词，如：别$_1$（动词，分开）——别$_2$（副词，不要），也有同音异形词，如：lǚxíng（履行、旅行）。

（2）词源相同词义分化而成的同音词，是指由词义分化而产生的在意义上曾有过联系，但如今已无法感觉到这种联系的同音同形词。如：好$_1$（好坏）——好$_2$（好冷）；副$_1$（正副）——副$_2$（一副眼镜）。

（二）同形词

同形词是指书写形式相同，语音形式和意义不同的词。根据语音形式的差异，主要包括四类：

1. 声母、韵母相同，声调不同。如：凉₁(liáng)水凉了——凉₂(liàng)凉杯水；种₁(zhǒng)选好种——种₂(zhòng)种小麦。

2. 声母相同，韵母不同或韵母声调不同。如：落₁(luò)叶子落了——落₂(là)落在后面；还₁(huán)还了书——还₂(hái)还没走。

3. 韵母相同，声母不同或声母声调不同。如：弹₁(tán)弹棉花——弹₂(dàn)弹药；调₁(diào)调走军队——调₂(tiáo)调速度。

4. 第一个音节相同，第二个音节有轻声与否的差别。如：精神₁(jīngshén)思维意识——精神₂(jīng·shen)有活力；地道₁(dìdào)地下通道——地道₂(dì·dao)真正的。

（三）字母词

字母词是指汉语中由拉丁字母、希腊字母等西文字母构成的或由它们与符号、数字或汉字混合构成的词。主要包括三类：

1. 英文字母词，包括英语词和英语首字母缩略词。如：Internet（互联网）、E-mail（电子邮件）、CD（激光唱盘）、VCD（激光压缩视盘）、WC（盥洗室、厕所）、EMS（邮政特快专递）、UFO（不明飞行物）、VIP（贵宾）、DIY（自己动手做）、DNA（遗传物质脱氧核糖核酸）、NBA（美国篮球协会）、X光、B超、ATM机、POS机、F1、3D、AA制、pH值、4S店等。

2. 汉语拼音字母缩略形式。如：GB（国家标准）、RMB（人民币）、HSK（汉语水平考试）等。

3. 以字母表形的字母词。如：T恤、S形、C状等。

字母词的大量出现主要有两个方面的原因：首先，从社会生活考虑，一是国际交流的日趋频繁；二是社会文化水平的普遍提高；三是计算机及其网络的普及运用。其次，从语言文字本身看，一是某些外来词语难以翻译，既难意译，也难音译，如DIY；二是字母词书写经济简便。适当引进少量字母词是可以的，不会危及汉语的主体地位，但必须控制并加以引导。

二、意义分类

(一) 单义词和多义词

1. 单义词是指一个语音形式只有一个意义的词。主要包括以下类型:

(1) 事物名词:衣服、手表、汽车、土地、杂志、电线、马路、狗。

(2) 专有名词:北京、纽约、唐朝、李白、联合国、世界卫生组织。

(3) 科学术语:电子、元音、函数、血压、针灸、激光、血型、期货。

(4) 称谓名称:父亲、母亲、哥哥、姐姐、舅舅、姑妈、儿子。

2. 多义词是指一个语音和书写形式有两个或两个以上既有联系又不相同的意义的词。多义词的一个意义也被称为一个义项,多义词的各个义项具有以下特点:一是固定性,不是因语境而产生的临时意义;二是关联性,不同的义项之间存在着一定的联系;三是区别性,各个义项保持着自己的特点。

(1) 多义词的类型

根据多义词所包含的义位和语素义情况,可以分成三种类型:

A. 所有义项都是词义的多义词。如:

白白:① 副 没有效果;徒然:瞎跑了一天,时间~浪费了。

② 副 无代价;无报偿:这些东西不能~送给你。

B. 有些义项是词义而有些是语素义的多义词。如:富:①②为词义,③④是语素义:

富:① 形 财产多(跟"贫、穷"相对):~裕|~有|~户|农村~了。

② 使变富:~国强兵|~民政策。

③ 资源;财产:~源|财~。

④ 丰富;多:~饶|~于养分。

C. 所有义项都是语素义的多义不成词语素。如:

危:① 危险;不安全(跟"安"相对):~急|~难|转~为安|居安思~。

② 使处于危险境地；损害：~害｜~及。
③ 指人快要死：临~｜病~。
④〈书〉高；高耸：~冠｜~檐。
⑤〈书〉端正；正直：正襟~坐｜~言正色。

（2）多义词义项的类型

A. 本义，是文献记载的词的最初意义。有些本义已经消失，一般词典不再列为义项。如："封"本义是"加土培育树木"，保留于"封殖此树"（《左传·昭公二年》）。有些本义作为语素义至今保留，只出现在合成词或固定结构中。如："汤"的本义是"热水"，保留在"扬汤止沸、赴汤蹈火"中。有些本义至今仍然是最常用最主要的基本义。

B. 基本义，就是词在现代最常用最主要的意义。如：

割：① 用刀截断。"犹未能操刀而使割也。"（《左传·襄公三十一年》《辞源》）
② 用刀截断：割腕｜麦子。（《现代汉语词典》第七版）

词的基本义都是词义义项，不能是语素义义项。在现代汉语词典中，基本义一般列为第一义项。如：

集：① 集合；聚集：汇~｜齐~｜~思广益｜惊喜交~。
② 集市：赶~。
③ 集子：诗~｜文~｜全~｜地图~。

C. 引申义。引申义是引申发展出来的意义，可以分为三种情况：

其一，从本义发展出来的引申义。如"板书"的引申义②是从本义①发展来的：

板书：① 动　在黑板上写字。
② 名　在黑板上写的字。

其二，从基本义发展出来的引申义。如："主席"的本义是"主持筵席"，基本义是"主持会议的人"，从这个基本义发展出"某些国家、国家机关、党派或团体某一级组织的最高领导职位的名称"这一引申义。

其三,从引申义发展出来的引申义。如"笔杆子"的引申义③是从引申义②来的,而②是从本义①来的:

笔杆子: 名 ① 笔的手拿部分。
② 指写文章的能力。
③ 指擅长写文章的人。

D. 比喻义,就是把词的比喻用法固定下来的意义。本义、基本义可以产生比喻义。"口"的本义和基本义是"人和动物进食发声的器官",发展出比喻义义项"出入通过的部位"。引申义也可产生比喻义。如"锄"的比喻义③是从引申义②来的,而②是从本义①引申出的:

锄: ① 名 松土和除草用的农具。
② 动 用锄松土和除草。
③ 铲除。

本义、基本义、引申义、比喻义是在历史发展过程中形成的。就一个词来说,这几个意义可以全有,也可以不完全具备,也可以某个意义有几个义项。它们在历史发展中有消有长,现存的意义就构成了一个多义词的几个义项。

(二) 同义词和反义词

1. 同义词

(1) 同义词的类型

同义词就是意义相同或相近的词。根据意义相同的程度,同义词可分成两类:等义词和近义词。

A. 等义词是指意义完全相同的词。

公尺——米	维生素——维他命	衣服——衣裳
计算机——电脑	妒忌——忌妒	互相——相互
热水瓶——暖壶	发动机——马达	

B. 近义词是指意义基本相同,但在意义、功能或色彩上存在细微差别的词。

妨碍——妨害   尊重——尊敬   消除——破除

表扬——表彰　　减弱——削弱　　美丽——漂亮
憧憬——向往　　讥讽——嘲笑

（2）同义词的辨析方法

A. 色彩分析法

第一，感情色彩的差异。主要是指褒义、贬义和中性三种感情色彩差异。如：

褒义：成效　果断　坚强　鼓动　爱护
贬义：后果　武断　顽固　煽动　庇护
中性：效果　决断　顽强　发动　保护

第二，语体色彩的差异。如：

口语和书面语：爸爸——父亲　　红火——热闹
　　　　　　　离婚——离异

方言和普通话：剃头——理发　　地瓜——红薯
　　　　　　　斧头——斧子

音译与意译词：镭射——激光　　休克——虚脱
　　　　　　　马达——发动机

B. 意义分析法

第一，范围大小的差异。前小后大，如：战术——战略、边境——边疆、时期——时代、战斗——战役——战争。范围从小到大反映出具有同义关系的个体名词与集合名词的差异，如：车——车辆、纸——纸张、河——河流、树——树木、花——花卉、书——书籍。

第二，语义轻重的差异。前轻后重，如：批评——批判、失望——绝望、轻视——藐视——蔑视——鄙视、良好——优良——优秀——优异。

第三，语义偏向的差异。有相当一部分同义词，两个语素中有一个相同，另一个不同，可以采用比较简便的"语素比较"，着重辨析不同的语素义间的语义偏向。例如：

周密：不仅紧密完备，而且周到、全面。如：考虑问题非常周密。

严密：不仅紧密完备，而且严格、没有疏漏。如：推理非常严密。

C. 功能分析法

第一，搭配对象的差异。例如：

	作用	才干	力量	传统	作风	民主
发挥	+	+	+	−	−	−
发扬	−	−	−	+	+	+

第二，词性功能的差异。例如：突然（形容词）——忽然（副词）、聪明（形容词）——智慧（名词）。

(3) 同义词的应用价值

A. 同义词能准确地反映出事物之间的细微差别，表达人们对客观事物的不同态度和感情色彩，可以使语言表达更为精确、严密。如：这不但是<u>杀害</u>，简直是<u>虐杀</u>。"杀害、虐杀"两个同义词，从轻到重递增，准确揭露了当局的凶残。

B. 在同一语境中选用不同的同义词，可避免用词重复，使语言生动而富于变化。如：从今<u>岁岁</u>断肠日，定是<u>年年</u>一月八。<u>单丝</u>不成线，<u>独木</u>不成林。

C. 在不同的交际场合挑选不同的同义词，可以形成不同的修辞色彩。如："飞碟"和"不明飞行物"相比，前者形象，后者科学严谨；"羡慕"和"眼馋"相较，后者生动风趣。

2. 反义词

(1) 反义词的类型

反义词就是属于同一范畴的意义相反或相对的一组词。根据反义词在意义上是相反的矛盾关系还是相对的反对关系，可以分成两类：

A. 绝对反义词：肯定一方必否定另一方，否定一方必肯定另一方，二者属于矛盾关系的绝对反义词。如：死——活、男——女、有——无、现象——本质、正确——错误。

B. 相对反义词：肯定一方必否定另一方，否定一方不一定肯定另一方，二者属于反对关系的相对反义词。如：黑——白、大——小、高——低、快乐——忧愁、高尚——卑鄙。

（2）反义词的鉴定标准

A. 必须属于同一范畴

构成反义关系的词语必须属于长度、重量、时间、处所、速度、颜色、面积、体积等相同的语义范畴，如"长、短"都表长度，"古、今"都表时间，"黑、白"都表颜色。

B. 必须属于同一词性

"聪明"和"傻子"、"愚蠢"和"智者"虽有反义性，但词性不同，不能构成一组反义词，构成反义关系的词语必须具有形容词、动词、名词等相同的词性，例如：

形容词：主观——客观　　高级——低级
　　　　片面——全面　　诚实——虚伪
动词：　扩大——缩小　　出席——缺席
　　　　前进——后退　　拥护——反对
名词：　和平——战争　　优点——缺点
　　　　高潮——低潮　　天堂——地狱

C. 必须基于义项构成反义关系

反义词的反义关系是以义项为基本单位的，不仅单义词之间的反义关系是以义项为基本单位。如：出现——消失、懒惰——勤劳，而且多义词的反义关系也是以义项为基本单位，因此，一个多义词就有可能构成若干组反义关系。例如："进步"有两个义项：一个是"（人或事物）向前发展，比原来好"，这个义项与"落后"构成反义关系；另一个义项是"适合时代要求，对社会发展起促进作用的"，这与"反动"构成反义关系。

（3）反义词的应用价值

A. 可以表示不同事物现象的对立，揭示矛盾，形成鲜明的对照,从而把事物的特点深刻地表现出来。如:为了<u>进攻</u>而<u>防御</u>,为了<u>前进</u>而<u>后退</u>,为了向<u>正面</u>而<u>侧面</u>,为了走<u>直路</u>而走<u>弯路</u>,是许多事物在发展过程中所不可避免的现象,何况军事运动。对偶修辞格常用反义词对举,如:满招损,谦受益。成语也经常用到反义词对举,如:阳奉阴违、厚今薄古、生离死别、深入浅出、眼高手低、横冲直撞、长吁短叹、同甘共苦、欢天喜地。

B. 可以表示同一事物现象在不同关系上的对立,揭示事物看似自相矛盾,实则"矛盾统一"的深刻哲理。例如:世界上最<u>快</u>而又最<u>慢</u>,最<u>久</u>而又最<u>短</u>,最易被人忽视而又最易令人后悔的,就是时间。

C. 可以表示事物现象的整体情况,通过反义词对举表示的"概括"或"不论什么情况"从而达到"浑括概指"的效果。如:<u>上</u>无片瓦遮身,<u>下</u>无立锥之地。而由反义词对举构成的双音词,其词义则是两个语素义表示整体。如:冷暖、轻重、始终、深浅、多少、得失等。

(三) 上位词与下位词以及类义词

1. 上位词与下位词

(1) 上位词、下位词的类型

上位词和下位词是指在意义上具有属种关系的一组词。在属种关系中,指称属概念的词是上位词,指称种概念的词是下位词。根据属种关系的严密程度,上下位词主要分两种类型:

A. 严格的基于科学分类的上下位词

$$\text{生物} \begin{cases} \text{动物} \\ \text{植物} \\ \text{微生物} \end{cases}$$

B. 非严格的基于日常运用的上下位词

有的是对严格的科学分类所作的简缩与变通。如:

有的是本来就没有严格的科学分类系统,只是按照人们一般的认知和习惯使用而形成的。如:

$$\text{相声}\begin{cases}\text{单口相声}\\\text{对口相声}\\\text{群口相声}\end{cases}$$

(2) 上位词、下位词的鉴定标准

A. 属加种差鉴定法。上下位词的属种关系可通过"下位词(种概念)是……的上位词(属概念)"的"属加种差定义法"鉴别出来,如:"气压计是<u>用以测量大气压力</u>的仪器",那么,"气压计"是下位词,而"仪器"就是上位词。

B. 类与子类鉴定法。上下位词的属种关系属于类与子类的关系,可以通过"下位词是上位词之一"来界定。如:"春天是季节<u>之一</u>",则"季节"是上位词,而"春天"是下位词。

C. 整分关系排除法。上下位词的属种关系不是整体与部分的关系,整分关系的表达式是"乙是甲的一部分",如:"陆地是地球的<u>一部分</u>",那么,"地球"与"陆地"就是整分关系,而非属种关系。

(3) 上下位词的作用

A. 表达认知的重要方式。上下位词的"下位词是……的上位词"是一种表达认识的重要方式,很容易形成"属加种差"式的科学定义,如:酵母菌是一种单细胞的微生物。

B. 形成构词的重要手段。词的上下位关系在构词中有重要作用,以某种事物现象为词根,加上某种修饰性限制性的语素,就会产生出很多下位词,如:车——汽车、火车、出租车、自行车、公交车、军车、货车、客车、校车……

C. 词汇系统性的重要表现。一种语言的上下位词具有相对性和系统性,如:"动物"相对于"生物"来说,是下位词,而相对于"牛、马、羊、狗"来说,又是上位词。而在不同语言中,上下位词的系统性有差异。如:汉语"红"的下位词有桃红、绯红、鲜红、橘红、猩红、粉红、枣红、血红等,而英语 red 的下位词是 pink(桃红)、scarlet(绯红、鲜红、浅红)、crimson(深红),汉语的"枣红、血红",英语用词组来表示 purplish red, blood red。

2. 类义词

(1) 类义词的类型

类义词是根据同一意义标准划分出来的属于同一上位词的一组下位词。根据同位关系的严密程度,类义词主要分两种类型:

首先,严格的基于科学分类的类义词。例如:季节包括"春天、夏天、秋天、冬天",即构成类义词。

其次,非严格的基于日常运用的类义词。

非严格的类义词往往具有强烈的文化特色和民族特征。如《尔雅》是一部按照义类编排的辞书,它根据形态特征把动物和植物分成与人们生活息息相关的"草、木、虫、鱼、鸟、兽"六大类,而把"金、木、水、火、土"看作世界的本源就与古代汉民族对世界构成的认识有关。

(2) 类义词的鉴定标准

A. 类义词划分必须同一标准。如:根据字数,小说分成长篇、中篇、短篇和微型具有类义关系的四类;而根据时间,小说分成古代、近代、现代、当代具有类义关系的四类。

B. 类义词之间必须互相排斥。文学体裁划分为小说、散文、诗歌、戏剧具有类义关系的四类,那么,这四类之间是互相排斥的。

练习题

一、下列有双关词的地方,哪些是利用同音词的联系,哪些是利用多义词的联系?

1. 雨里蜘蛛还结网,想晴唯有暗中丝。

2. 莫学篾箩千只眼,要学红烛一条心。

3. 一下吉普车,在迎接他的人们面前,专家滑了一跤,爬起来后,他情不自禁地摇臂大呼:"朋友们,我是为你们的北大荒而倾倒的!"

4. 你这个人什么都好,就是嘴快,水盆里扎猛子,也没个深浅。

二、改正下列句子中因音同而误的别字。

1. 人民须要你把工作坚持下去。

2. 快开学了,我准备好了学习用的必须品。

3. 我们必需出色地完成自己的任务。

4. 人的认识是主观对客观的反应。

5. 盖叫天系河北高阳县人,虽出身北方,却常居南方。

三、给下列各词找到适当的上位词、下位词和四个类义词。

1. 农民

2. 金属

3. 阅读

四、辨析下列各组同义词。

1. 侵占——侵犯　毛病——缺点
   海涵——原谅　谨慎——小心

2. 布匹——布　　鼓动——煽动
   局面——场面　轻视——鄙视

3. 保护——庇护　灾难——灾荒
   饭桶——废物　漂泊——流浪

4. 光临——来到　挂彩——负伤
   担任——担负　腐败——腐化

五、"干净"和"清洁"在什么意义上是同义词,在什么意义上不是同义词?

六、请按照"困难"的不同义项分别与其他词构成反义词。

七、指出下列成语中的同义词和反义词。

家喻户晓　七上八下　你追我赶　龙飞凤舞　死去活来
弃暗投明　取长补短　无独有偶　此起彼伏　横冲直撞
博古通今　东摇西摆　苦尽甘来　新陈代谢

思考题

一、所谓的"等义词"是否绝对等义？请举例做一些分析。

二、同音词和多义词的区别跟意义有密切的关系，你觉得应该怎么处理比较好？

三、类义词在中文信息处理中有什么作用？

四、有人认为"树木"跟"树"不属于同义词，你觉得怎么样？说说你的理由。

五、汉语中的字母词有越来越多的趋势，有人坚决反对，您是如何认识的？

第六节　词汇的来源系统

> 教学提示：重点掌握现代汉语词汇在时间和空间上的两大系统，能够根据不同类型的特点判断各种词语的不同来源。
> 1. 掌握传承词、古语词、新造词的定义与类型。2. 掌握方言词、社区词、行业词、外来词的定义与类型。

现代汉语作为现代汉民族使用的共同语，其词汇系统是一个动态的集合体。词汇的构成相当复杂，从时间维度看，有传承词、古语词、新造词；从空间维度看，有方言词、社区词、行业词、外来词。这些不同来源的词语有机地构成了庞大复杂的词汇系统。

一、传承词、古语词、新造词

（一）传承词

1. 传承词的界定和类型

传承词是指从古代、近代汉语词汇中流传下来而为现代汉语词汇所承接的词。传承词是现代汉语词汇的核心部分，属于基本词汇。传承词所指称的事物和现象从古至今都与人们的日常生活息息相关，具有较强的生命力。主要包括以下几类：

（1）表示时量和空间概念的词。如：年、月、日、春、夏、一、十、百、千、万、几、个、只、尺、第二、三月、初一、立春、秋分、东、南、中、上、左、前、远等。

（2）表示自然现象和事物的词。如：风、雨、雷、电、雪、云、天、地、土、山、水、河、人、牛、羊、马、鸡、鸭、猪、狗、鸟、鱼、花、草、树、庄稼、土地、人民等。

（3）表示生产和生活资料的词。如：刀、炮、犁、梁、楼、家、井、车、船、布、墙、碗、菜、肉、米、盐、床、书、画、笔、茶、仓库等。

（4）表示亲属、人称、指代的词。如：爷爷、父亲、母亲、妻子、哥哥、姐妹、兄弟、舅舅、儿女、子、女、朋友、我、你、他、自己、谁、什么、各、这、那等。

（5）表示人体部位和器官的词。如：身、头、首、心、手、足、脚、腿、趾、耳、口、鼻、面、唇、脸、牙、毛等。

（6）表示动作行为和变化的词。如：生、死、开、关、出、入、走、飞、落、坐、来、去、问、答、卧、睡、闻、想、念、忆、看、种、学、取、进攻、收割、饮食等。

（7）表示事物的性质状态的词。如：男、女、新、旧、大、小、高、低、长、短、粗、强、弱、胜、负、轻、重、优、劣、红、白、困难、强大、高尚、卑贱等。

（8）表示事物或行为关系的词。如：把、在、有、连、与、以、而、才、仅、就等。

2. 传承词的特点

（1）共时的普遍性。传承词是人们日常生活的基本词汇，范围广，频率高，不受使用主体的地域、性别、年龄、行业、阶层、文化、心理等社会因素的制约。

（2）历时的稳定性。从古至今传承词所指称事物现象的词义范围基本保持不变。

（3）构词的能产性。传承词能针对社会发展中出现的新事物、新现象构造新词。

（二）古语词

1. 古语词的界定和类型

古语词是指在古代、近代汉语中使用而现代汉语出于特殊需要偶尔使用的词语。根据指称事物的特点，主要包括两类：

（1）历史古语词。历史古语词所指称的事物和观念在历史上存在而现在已不存在了，其中，部分事物和观念以遗迹、文物或神话传说等形式保存着。历史古语词只在描述说明历史事物和观念的历史著作、文艺作品和特定语境中使用。如：古官职（宰相、司马）、古名字（后稷、精卫）、古典制（科举、门阀）、古器物（鼎、樽）等。

（2）文言古语词。文言古词语所指称的事物和观念在现实生活中依然存在，但古代和近代用文言词来表示，而现在用现代汉语词语来表示。因此，文言古语词一般有对应的现代汉语词语。如：首/头、卒/兵、勿/不、之/的、尚/还、乎/吗、皆/都、食/吃、遣/打发。

2. 古语词在现代社会中的作用

（1）具有特殊场合的指称作用，特别是涉及君主制国家的外交场合。如：陛下、王后、首相、公主、王子、王妃、大臣、殿下、阁下等。

（2）显示应用文体与文艺文体的不同语用效果。一是在贺电、唁电、重要声明等应用文体中具有庄重严肃、古朴典雅的效果，如唁电："获悉埃德加·斯诺先生不幸病逝，我谨向你表示沉痛的哀悼。"二是在文艺作品中具有诙谐幽默的效果，如："今日郊游，行在公路上,偶见一物,……性情缓慢,其色黄,其毛短,其肉肥,其味鲜,或蒸、或烤、或涮,取肥瘦肉爆之,其滋味特美,此何物也? 此乃黄牛也。"

(三) 新造词

新造词是指为指称新事物、新概念或新现象而创造的词语。新造词随着新事物的产生而产生,消失而消失。新词与旧词有一定的相对性。以1978的改革开放为起点,中国的政治、经济、文化和社会生活等发生了急剧变化,出现了大量新事物,因此出现了大量新造词。如:

(1) 经济领域:承包、合资、独资、台资、人治、法盲、展销、商调、房改、下岗、待业、复关、入关、世贸、个体户、关系户、责任田、保税区、软着陆、三角债

(2) 科技领域:互联网、硬件、软件、光盘、激光、扩容、液晶、光缆、电脑、内存、兼容、赤潮、数据库、中子弹、太空船、加速器、白色污染

(3) 文教领域:扩招、自考、函大、电大、夜大、函授、面授、助学、普法、学分制、保送生、定向生、内招生、外招生、推免生、代培生、特聘教授、长江学者

(4) 社会生活领域:上网、盗版、扫黄打非、清污、走穴、载体、手机、摆平、紧缺、春运、新秀、地铁、高铁、轻轨、立交桥、充电器、度假村、外星人、著作权

二、方言词、社区词、行业词、外来词

(一) 方言词

方言词是指来源于某一方言且仅限于该方言地域内使用的词语。北京方言词,如:憋糟(不宽敞通畅)、就筋(肢体久不活动而伸展不开,动作不灵);粤方言词,如:老窦(父亲)、好彩(好运);上海方言词,如:邪气(非常)、交关(许多);闽方言词,如:目珠(眼睛)、电光(电灯)。

根据交际的需要,现代汉语词汇会有选择地吸收部分方言词。当一个方言词可在全社会使用并稳定下来时,该方言词就进入到现代汉语词汇中。方言词成为现代汉语词汇的速度和数量,与该方言地域的政治、经济、文化、人口等因素密不可分。如:1978年以后,许多粤方言词进入现代汉语词汇中,如"酒楼、埋单、打的、曲奇、爆棚、炒鱿鱼、水货、打工",从而影响到了所对应的原有词语"饭店、结账、坐出租汽车、饼干、客满、解雇、走私货、干活"的使用范围和频次。

目前现代汉语的方言词分别来自不同的方言。如:

（1）北方方言:老爹、砸锅、拉倒、磕巴、念叨、装蒜、老油子、哥儿们、娘儿们等。

（2）西北方言:馍、手电、二流子等。

（3）西南方言:晓得、打摆子、耗子、名堂、搞等。

（4）吴方言:瘪三、蹩脚、把戏、货色、识相、噱头、龌龊、尴尬等。

（5）粤方言:叉烧、马蹄、腊肠、花市、冲凉、生猛、靓仔、牛仔裤、电饭煲等。

（二）社区词

社区词是指反映某一社区政治、经济、文化特点并只在该社区流通的特有词语。由于不同的政治制度、经济体制、文化教育和心理状态等,中国内地、香港特区、澳门特区、台湾地区以及不同的海外华人社区就会在政治、经济、文化、教育、生活等方面出现各不相同的事物、现象和观念,从而出现只在该社区使用的社区词。如:

（1）大陆社区词:低保、闪婚、动漫、双规、海选、圈钱、裸官、黑恶势力、权力寻租、人造美女、八荣八耻等。

（2）香港社区词:公屋、楼花、人蛇、见工、马经、影帝、影后、牛市、熊市、鱼市、义工、蓝领、白领、物业、非礼、色狼、作秀、反黑组、婚外情、草根阶层、两文三语等。

（3）澳门社区词:蓝票、入网、社屋、黑庄、牌官、荷官、饮可乐、行为纸、人情纸、蛊惑狗、打老虎等。

（4）台湾社区词：造势、扫街、扫票、固票、哭票、拜票、蓝营、绿营、泛蓝、泛绿、深蓝、深绿、浅蓝、浅绿、政治秀等。

（5）新加坡社区词：财路、客工、穷籍、鹰架、甘榜、劳资证、牛车水、防空所、康乐公厕、英勇基金等。

当然，有的社区词也会逐渐被现代汉语词汇所吸收，如香港社区词"影帝、影后、牛市、熊市、物业、色狼"等。

（三）行业词

行业词是指在不同学科专业和行业中使用的专门用语，是表达学科专业和行业概念的重要方式。

1. 专业术语

数学：质数、平方、立方、函数。

物理：赫兹、电子、浮力、电压。

经济：商品、资本、利润、投资。

生物：细胞、胚胎、变种、基因。

2. 行业用语

工业：冷焊、油压、模具、钻床。

教育：备课、函授、教案、教具。

经贸：促销、采购、盘点、营业。

随着人们文化知识水平的普遍提高以及跨学科和跨行业交流的增加，许多行业词逐渐泛化成普通的现代汉语词汇。如：医学领域的"手术、诊断、把脉"；体育领域的"底线、开局、红牌"；计算机学科的"硬件、软件"；物理学的"惯性、焦点、共鸣"等。

（四）外来词

1. 现代汉语外来词借入的历史时期与主要来源

外来词是指从外国语或外族语中连音带义吸收来的词语。在汉语发展史上，外来词的大规模借入主要有四个时期；一是借入西域诸国事物类词语的两汉时期;二是借入佛教词语的魏晋南北朝至唐宋时期;三是借入西方哲学、政治和科技词语的近代时期;四是全面借入外来词的改革开放时期。

现代汉语外来词主要来源于英语、日语、法语、俄语、德语以及境内少数民族语言。如:

英语:基因、B超、克隆、艾滋病

日语:料理、洗手间、写真、寿司

法语:香槟酒、芭蕾舞、幽默、咖啡

俄语:沙皇、拖拉机、伏特加、布拉吉

德语:盖世太保、毛瑟枪、纳粹

满语:萨其马、八角鼓、贝勒

维吾尔语:手鼓、可汗、喀什、坎儿井

藏语:哈达、堪布、喇嘛、锅庄

蒙古语:戈壁、敖包、马头琴、那达慕

哈萨克语:冬不拉

2. 现代汉语外来词的译借方式

(1) 单纯音译式。用汉字直接来译写外语词的读音。如:

巴士(bus)　的士(taxi)　克隆(clone)　沙龙(salon)

蒙太奇(montage)　雷达(radar)

(2) 音意混译式。即部分音译、部分意译。如:

新西兰(New Zealand)　华尔街(Wall street)

道林纸(Dowling paper)　摩托车(motorcycle)

迷你裙(miniskirt)　浪漫主义(Romanticism)

(3) 音意兼译式。即整体音译,同时兼顾意译。如:

基因(gene)　乌托邦(Utopia)　俱乐部(club)

维他命(vitamin)　可口可乐(cocacola)　佃农(tenant)

芒果(mango)　绷带(bandage)

(4) 音加语素式。即外来词是由音译部分和表示类名的汉语语素组成。如:

啤酒(beer)　　　霓虹灯(neon)　　　酒吧(bar)
艾滋病(AIDS)　　芭蕾舞(ballet)　　沙丁鱼(sardine)

（5）借音借形式。一是借自西方字母的词。如：OK、UFO、MBA、SOS、X 光、IC、CD、CT、DVD。二是借自日文汉字字形而非读音的词。如：经济、革命、保险、学士、文明、交通、教授、演绎、议会、干部、美术、组合、茶道、人选、手续、人气。

单纯的意译词并不是外来词，有些词语既有音译形式也有意译形式，但只有音译形式才是外来词。如：

音译外来词：马达　　休克　　吉他　　盘尼西林　　维他命
　　　　　　布拉吉

意译词：发动机　　虚脱　　六弦琴　　青霉素
　　　　维生素　　连衣裙

3. 外来词的发展趋势

大量外来词在汉语中会长期存在，特别是没有汉语意译词的外来词。如：苜蓿、芒果、啤酒、基因、麦当劳等；有时外来词与意译词也会长期并存。如：的士——出租汽车、拷贝——复印、巴士——公共汽车等。部分外来词会因被意译词取代而遭淘汰。如英语的 cement，曾被音译为：西门土、水门汀、士敏土、泗门汀、赛门脱、塞门脱、塞门德、塞门土等，现已被意译词"水泥"所取代。英语的 Telephone，曾被音译为：德利风、独律风、爹厘风、德律风等，现已被意译词"电话"所取代。来自俄语的音译词"布拉吉"业已被意译词"连衣裙"所取代。这种意译化趋势是汉语对外来词同化作用的结果。有些外来词的语素会汉语化而具有较强的构词能力。如：外来词"酒吧"中的语素"吧"可以形成：氧吧、书吧、茶吧、网吧、水吧、陶吧、迪吧等；外来词"的士"中的语素"的"可以形成：打的、面的、的哥、的姐等。

练习题

一、请举出五个来源于古代，而现在我们还在某些场合使用的传承词。

二、请举出五个来源于古代，现在只在特殊情况下才使用的古语词。

三、请指出下列新造词的特点。

超编　创汇　笑星　突破性　程序化　自学热　信息港
短平快　时间差　太极拳　艾滋病　汉堡包　麦当劳　面的
中巴　三通　超生　男士　国手　大龄　老外

四、试分析下列哪些方言词已经进入普通话词汇。

耗子（西南官话）　酒楼（粤语）　　隔色（北方方言）
埋单（粤语）　　　孤寒（粤方言）　忽悠（东北）
清汤（赣方言）　　拉倒（华北官话）尴尬（吴方言）
起腻（北京话）　　识相（吴方言）　手电（西北官话）

五、请举出五个来源于其他社区，而且已经进入普通话的社区词。

六、请举出五个来源于不同行业的词语。

七、外来词主要有"单纯音译式、音意混译式、音意兼译式、音加语素式和借音借形式"五种译借方式，请各举三例。

八、请鉴别下列词语，指出它们各自不同的来源。

社稷　暂停　迷你型　人才引进　太空水　创收　寒舍
恶手　香波　泡沫经济　大款　　　金丝鸟　空嫂　传销
招商引资　抵押贷款　智能卡　　信用卡　房市　试婚
比基尼　班师　　　　网虫　　　戈壁　　瓦斯　仔仔
师傅　千年虫　　　　灶披间　　信息高速公路

九、请以"啤酒"和"咖啡"为例，说明外来词中"啤"和"咖"已经汉语语素化了。

十、分析下面外来词的译借方式。

雷达　可可　伊妹儿　香槟酒　蒙太奇　乌托邦
引得　冬不拉　海洛因　鸦片烟　酒吧　　拷贝
浪漫　可兰经　伏特加　北爱尔兰　道林纸　巴士

十一、在外来词借用的过程中,有时候,会发生几种形式并存的情况。比如：英特尔(音译)、internet(直接借用)、互联网(意译);镭射(音译)、激光(意译),你认为哪种办法比较好?

十二、根据"酒吧"和"互联网",派生出若干新词,如：水吧、吧女;网民、网友,请再各举出三例。

十三、判断下面大陆社区词出现在什么历史时期,表现了什么样的时代特征。

大跃进　　支前　武工队　工宣队　文明戏　三陪小姐
追车族　　外向型经济　　关牛棚　保家卫国　卫星田
插队落户　文攻武斗　　　国格　　小康社会　经济特区

思考题

一、"家私""饮茶""光碟""手提电脑",这些词都是从粤方言(含香港方言)中引进的,但是,普通话里本来就有"家具""喝茶""光盘""笔记本电脑",你认为还有没有必要再引进? 为什么?

二、以自己的方言为例,谈谈方言词汇与普通话词汇相互影响的关系。

三、请各举六到十个香港、澳门、台湾地区特有的社区词,并说说其特点。

第七节　词汇的熟语系统

> **教学提示**：掌握现代汉语词汇的五大熟语系统。**1. 掌握熟语的特点。2. 掌握成语、谚语、歇后语、惯用语和习用语的特点和类型,并能据此判断某个词语的熟语类型。**

现代汉语的熟语系统,包括五大类：成语、谚语、歇后语、惯用语和习用语。

熟语的总特点：(1) 结构的定型性。熟语的构成成分及其结构关系是固定的，不能随意替换构成成分或改变结构关系。(2) 语义的整合性。熟语的意义不是构成成分意义的简单相加，而是在历史、比喻、语音等因素的作用下，使相互制约、相互依赖的各个构成成分的意义整合为一个新的完整意义。(3) 功能的多样性。熟语可以跟词一样按照一定的语法规则组织起来，并在句法功能上做主语、谓语、宾语、状语、定语、补语等句子成分。(4) 语用的民族性。熟语的形成和使用受民族文化传统的影响而在风格、情感、认知等方面带有汉民族的鲜明特征。

一、成语

(一) 成语的界定与特点

成语是人们从历史上传承下来并长期使用的结构凝固、意义精辟且具有民族特点的熟语。成语是熟语中最重要的一种，主要有四个特点。

1. 历史的传承性。大多数成语源自神话寓言、历史故事、诗文语句或口头俗语，具有历史的传承性。如：

(1) 神话寓言

精卫填海(《山海经·北山经》)　愚公移山(《列子·汤问》)

亡羊补牢(《战国策·楚策》)　　画蛇添足(《战国策·齐策》)

(2) 历史故事

四面楚歌(《史记·项羽本纪》)

纸上谈兵(《史记·廉颇蔺相如列传》)

完璧归赵(《史记·廉颇蔺相如列传》)

望梅止渴(《世说新语·假谲》)

(3) 诗文语句

进退维谷(《诗经·大雅·桑柔》)

困兽犹斗(《左传·宣公十二年》)

文质彬彬(《论语·雍也》)

学而不厌(《论语·述而》)

(4) 口头俗语

七嘴八舌、三心二意、乱七八糟、说三道四、千方百计、头重脚轻、指手画脚

2. 结构的凝固性。成语结构的凝固性主要表现在成语字数、构成成分和结构关系的固定性上。

(1) 成语字数固定。绝大多数成语是四字格,如:狐假虎威、叶公好龙、指鹿为马、滥竽充数、一衣带水、杯弓蛇影、先礼后兵、落井下石等。有些四字格成语是通过省略部分词语而来的,如:一言(当)九鼎、车(如)水马(如)龙、朝(事)秦暮(事)楚等。有少量成语多于四个字。如:坐山观虎斗、物以稀为贵、风马牛不相及、五十步笑百步、此地无银三百两、青出于蓝而胜于蓝。

(2) 构成成分固定。成语的构成成分通常不能改换。如:"有的放矢"不能改为"有的放箭";"削足适履"不能改为"削足适鞋";"任重道远"不能改为"任重路远"。不过,少数成语在历史发展中由于个别字的意义比较生僻而改为容易理解的字。如"揠苗助长"改为"拔苗助长","覆车之鉴"改为"前车之鉴"。有的成语可临时改动某个字而起到一定的修辞作用。如:有的放矢——无的放矢、两全其美——三全其美、抛砖引玉——抛玉引砖等。

(3) 结构关系固定。成语的结构关系和次序不能随便改变。如:"亡羊补牢"不能改为"补牢亡羊";"杀鸡儆猴"不能改为"儆猴杀鸡"。不过,也有少量成语可以更换次序而意义不变。如:正大光明——光明正大、背井离乡——离乡背井、得意洋洋——洋洋得意等。

3. 意义的整体性。成语的意义绝大多数不能从构成成分的意义引导出来,而是在各个成分表面意义的基础上经过整合、概括、引申而得出的新的整体意义。可分成三类:

(1) 少数成语的整体意义是成语的语素义直接相加而形成的。如:汗流浃背、无稽之谈、面红耳赤、既往不咎、救死扶伤、安居乐业、

以理服人等。

（2）部分成语的整体意义是人为赋予和约定俗成的意义。如：高山流水（指知音难遇或乐曲高妙）、石破天惊（形容事情或文章议论新奇惊人）、风声鹤唳（形容惊慌疑惧）等。

（3）大多数成语的整体意义是比喻义。如：水落石出：字面义是"水落下露出石头"，而比喻义是"真相完全暴露"。同类型的还有：狐假虎威、叶公好龙、破釜沉舟、立竿见影、大海捞针、对牛弹琴、悬崖勒马等。

4. 习用的民族性。一种语言的成语在形成和使用上往往与该民族的历史背景、自然环境、经济生活、文化传统、风俗习惯、思维方式和心理状态等息息相关，因此，具有很强的民族性。这可以通过汉语成语对应英语的不同表现形式看出来，如：如履薄冰——tread on eggs（如履鸡蛋）、雨后春笋——appear like mushrooms（雨后蘑菇）、如坐针毡——sit on thorns（如坐荆棘）、袖手旁观——look on with folded arms（抱臂旁观）。

（二）成语的结构类型和关系类型

就成语的内部构成来说，部分成语属于短语结构，部分成语属于复句关系，属于短语结构的成语主要分为七种结构类型：主谓、述宾、述补、偏正、兼语、连动和联合。而属于复句关系的成语可以分成四类：目的、因果、转折、连贯。

1. 成语的结构类型

（1）主谓关系。如：夜郎自大、面目可憎、锋芒毕露、风度翩翩、老马识途

（2）述宾关系。如：平分秋色、震撼人心、好为人师、草菅人命、横扫千军

（3）述补关系。如：寄人篱下、重于泰山、囿于成见、风靡一时、含笑九泉

（4）偏正关系。如：近水楼台、世外桃源、扶摇直上、参差不齐、

雨后春笋

(5) 兼语关系。如：指鹿为马、认贼作父、调虎离山、请君入瓮、引狼入室

(6) 连动关系。如：先礼后兵、画蛇添足、开门见山、见风使舵、过河拆桥

(7) 联合关系。如：龙飞凤舞、天翻地覆、藏头露尾、老奸巨猾、颠沛流离

2. 成语的关系类型

(1) 目的关系。如：削足适履、守株待兔、杀一儆百、吹毛求疵、抛砖引玉

(2) 因果关系。如：药到病除、水滴石穿、曲高和寡、水落石出、打草惊蛇

(3) 转折关系。如：有眼无珠、不翼而飞、不寒而栗、得鱼忘筌、异曲同工

(4) 连贯关系。如：一蹴而就、水到渠成、一呼百应、投桃报李、闻鸡起舞

二、谚语

(一) 谚语的界定与类型

谚语是民间基于深刻的社会生活经验提炼出来的通俗、上口、精练、形象而有一定警示或教育意义的熟语。谚语是人民智慧的结晶，能以浅显的语言表达深刻的道理。根据谚语所反映的内容，谚语主要包括六种类型：

1. 农业谚语。如：瑞雪兆丰年；清明前后，种瓜种豆；庄稼一枝花，全靠肥当家；小燕来，抽蒜薹，大雁来，拔棉柴；冬天麦盖三层被，来年枕着馒头睡。

2. 气象谚语。如：一年之计在于春；青蛙乱叫，大雨来到；一场春雨一场暖，一场秋雨一场寒；一九二九不出手，三九四九冰上走。

3. 规诫谚语。如：清官难断家务事；留得青山在，不怕没柴烧；

种瓜得瓜,种豆得豆;敬酒不吃吃罚酒;跑得了和尚,跑不了庙;有理走遍天下,无理寸步难行。

4. 常识谚语。如:摸着石头过河;情人眼里出西施;不怕不识货,就怕货比货;三个臭皮匠,顶个诸葛亮;三百六十行,行行出状元。

5. 讽颂谚语。如:天下乌鸦一般黑;不打落水狗,提防咬一口;黑心做财主,杀心做皇帝;富人四季穿衣,穷人衣穿四季。

6. 风土谚语。如:上有天堂,下有苏杭;泰山看山,曲阜看古;苏州不断菜,杭州不断笋;济南趵突泉,美名天下传;东北有三宝:人参、貂皮、乌拉草。

(二) 谚语与成语的区别

1. 字数形式差异。在字数上,绝大多数成语是四个字,而谚语则不受字数限制。在形式上,成语比较定型,而谚语往往有多种表现形式。如:三个臭皮匠,顶个诸葛亮。还有许多变体:三个臭皮匠,赛过诸葛亮/胜过一个诸葛亮/合个诸葛亮/变成诸葛亮。

2. 句法功能差异。在逻辑上,成语一般表示的是概念,而谚语表示的则是命题和推理,所以,在句法上,成语相当于词,一般可做句子成分,而谚语多数作为引用语而独立成句。成语作状语:中国人并不准备守株待兔地等着别人送脑袋上门。谚语作引用语:"早穿皮袄午穿纱,围住火炉吃西瓜。"这对我们沙漠生活是一个真实写照。

3. 语体风格差异。成语一般书面语性强,谚语因民间口耳相传而口语性强。如:

成 语	谚 语
一丘之貉	天下乌鸦一般黑
见异思迁	这山望着那山高
饮水思源	喝水不忘挖井人

三、歇后语

（一）歇后语的界定与类型

歇后语是指在人们口语中流传的由像谜面和谜底的前后两部分组成的通俗、风趣、形象而带有隐语性质的熟语。前一部分是比喻或说出一个事物，类似于谜语的"谜面"，而后一部分则是解释说明，类似于"谜底"，前后有停顿间歇，后一部分有时不说出来，让人猜想其含义，所以称为歇后语。根据歇后语前后两部分的关系以及后一部分与歇后语真实意义的关系，可以分成两类：

1. 喻意类。前一部分是形象比喻，后一部分则解释比喻的意义，二者形成喻意关系。有的解释直指歇后语的本意，称为直指类；有的解释则喻指歇后语的本意，称为喻指类。

（1）直指类

前一部分（形象比喻）	后一部分直指歇后语的本意
黄鼠狼给鸡拜年	没安好心
高射炮打蚊子	大材小用
老牛追兔子	有劲使不上

（2）喻指类

前一部分（形象比喻）	后一部分（解释）	喻指歇后语的本意
哑巴吃黄连	有苦说不出	比喻有难言之隐
孔雀的尾巴	翘得太高了	比喻特别骄傲
棉花耳朵	根子软	比喻容易被说动或迷惑

2. 谐音类。前一部分是描述形象，后一部分通过谐音双关说明歇后语的本意。

前一部分	后一部分	谐音双关说明本意
小葱拌豆腐	一青二白	一清二白
飞机上挂暖壶	高水瓶	高水平
腊月里的萝卜	冻了心了	动了心了

（二）歇后语形象材料的主要来源

1. 神话传说。如：姜太公钓鱼——愿者上钩、牛郎织女相会——一年一次、阎王爷下请帖——没有好事、八仙过海——各显神通。

2. 历史故事。如：刘备摔孩子——收买人心、徐庶进曹营——一言不发、梁山的军师——吴（无）用、梅兰芳唱霸王别姬——拿手好戏。

3. 虚拟形象。如：王八吃秤砣——铁了心了、屎壳郎戴花——臭美、兔子逗老鹰——没事找事、蚂蚁戴眼镜——脸面不小。

4. 日常现象。如：带刺的鲜花——好看不好摘、木耳炒豆腐——黑白分明、小保姆带钥匙——当家不做主、老太太搬家——什么都拿。

四、惯用语

（一）惯用语的界定和结构类型

惯用语是群众口头创造并通过修辞手段准确、生动、形象、概括地揭示某些社会现象和某种行为的熟语。从结构上看，典型的惯用语以三音节的动宾结构为主，也有部分偏正短语，少数主谓短语。如：

1. 动宾结构。如：背黑锅、唱对台戏、唱双簧、炒鱿鱼、吃闭门羹、吃老本、吃小灶、穿小鞋、吹牛皮、打官腔、打水漂、打退堂鼓、打游击、戴高帽、吊胃口、灌迷魂汤、挤牙膏、开绿灯、拉后腿、摸老虎屁股、磨洋工、拍马屁、跑龙套、碰钉子、泼冷水、敲边鼓、踢皮球、捅马蜂窝、挖墙脚、走后门、走过场、钻空子。

2. 偏正结构。如：白眼狼、变色龙、大红人、地头蛇、定心丸、豆腐渣工程、高姿态、鬼门关、空架子、护身符、糊涂虫、烂摊子、老狐狸、老皇历、老油条、领头羊、马后炮、门外汉、墙头草、丧家犬、台柱子、替罪羊、铁公鸡、铁将军、纸老虎、香饽饽、阎王殿、一亩三分地、一锤子买卖。

3. 主谓结构。如：鬼画符、满堂红、窝里斗、一刀切。

（二）惯用语的意义

惯用语的整体意义不是其构成成分简单相加的意义，而是通过比喻、借代、夸张、比拟等手法所表达的修辞意义。如：

走过场：比喻敷衍了事。

揭不开锅：借代指没有粮食或没有伙食钱。

泼脏水：比喻把坏名声强加给人。

马后炮：比喻事后再出主意。

五、习用语

习用语指口语中常用的一些习惯用语，形式不拘但基本固定，意义固化而有趣。我们不能从字面意思去理解，因为在长期口语使用中，它已经形成了某种特定的意义，但是跟成语、谚语、歇后语和惯用语有所不同。例如：

巴不得(非常希望)、不像话(说话做事不符合要求)、不好意思(对不起)、大不了(做出最坏的估计)、二话没说(什么话都不说就去干了)、好说话(容易商量或被说服)、留了一手(有所保留，以防万一)、闹半天(花费好多时间)、说一套做一套(言行不一致)、想一出是一出(想到什么就做什么)、意思意思(送点小礼物以表示自己的心意)

练习题

一、解释下列成语中加点的语素。

1. 流言蜚语 2. 拨乱反正 3. 矢口否认 4. 光明磊落

5．戎马倥偬　6．功亏一篑　7．色厉内荏　8．无人问津
9．名闻遐迩　10．短兵相接　11．引人入胜　12．一如既往

二、分析下列成语所用的特殊语法手段。

1．汗马功劳　2．不耻下问　3．日新月异　4．不蔓不枝
5．不可理喻　6．是古非今

三、分析下列成语的结构类型。

过河拆桥　生龙活虎　梁上君子　令人生畏　风度翩翩
为非作歹　侃侃而谈　身败名裂　饱经风霜　突飞猛进

四、改正下列成语中的错别字。

1．坚如盘石　2．如法泡制　3．礼上往来　4．即往不咎
5．相形见拙　6．妄费心机　7．莫中一是　8．怨天由人
9．走头无路　10．一枕黄粱　11．挺而走险　12．遗笑大方

五、下面所列，哪些是成语、谚语、歇后语、惯用语、习用语？请加区分。

1．当面锣,对面鼓　　　　　　2．既来之,则安之
3．成亦萧何,败亦萧何　　　　4．莫须有
5．一日三笑,不用吃药　　　　6．醉翁之意不在酒
7．打铁先要本身硬　　　　　　8．翘尾巴
9．言必信,行必果　　　　　　10．兔子急了还咬人
11．过了这个村就没这个店了　　12．兔子尾巴
13．捏一把汗
14．武大郎开店——比我高的全不要
15．看你说的　　　　　　　　16．不好意思

六、请补出下列歇后语的后半段，并指出属于哪一类型。

灯蛾扑火——?　　　　　　猪鼻子插葱——?
徐庶进曹营——?　　　　　猪八戒喝磨刀水——?
丈二的金刚——?　　　　　纸糊的琵琶——?
马路上的电线杆——?　　　老九的弟弟——?
哑巴吃馄饨——?　　　　　蛤蟆跳井——?

大海捞针——？　　　　八月的石榴——？
擀面杖吹火——？　　　老鼠爬秤钩——？
王八吃秤砣——？

思考题

一、广告语中常常改造成语来宣传商品，例如"随心所浴"（热水器）、"油备无患"（清凉油）、"一见钟琴"（钢琴）、"百文不如一键"（电脑）、"默默无蚊"（蚊香）、"痔者必得"（药物），你认为这样做好不好？为什么？

二、试比较中外成语或谚语，谈谈汉语熟语的文化特色和修辞特色。

三、理论上应该如何区分成语、谚语和惯用语？为什么有一些熟语，如"兵贵神速""马不停蹄"的归属，各家会存在不同的看法？

四、惯用语之外还设立一个习用语，你认为有无必要？

第八节　词汇的发展与规范

> 教学提示：掌握现代汉语词汇规范的必要性。1. 重点解决异形词、异读词、生造词、误用词的规范问题。2. 掌握词汇规范意识与动态观念的互动关系。

现代汉语词汇规范的必要性体现在两个方面：一是词汇系统存在着不规范现象。比如：异形词、异读词。二是词汇使用中存在着不规范现象。比如：生造词、误用词。此外，旧词的消亡、新词的产生，词汇是不断发展变化的，因此，我们必须具有动态发展观，处理好规范意识与动态观念的互动关系。

一、词汇系统的规范

(一) 异形词

异形词是指语义相同或相近,而词的书写形式和语音形式不同的词。书写形式不同的词主要分为三类:同素颠倒词、异形等义词、异形外来词。

1. 同素颠倒词:语素相同而词序相反的异形词。可以分成三个小类:

(1) 取 A 弃 B 类:A 形词保留下来,而 B 形词则逐渐退出或消亡。

A	B	A	B	A	B	A	B
蔬菜——菜蔬		士兵——兵士		健康——康健		直率——率直	
凌驾——驾凌		介绍——绍介		寻找——找寻		词语——语词	

(2) AB 并存类:A 形词和 B 形词目前都在使用,尚未决定取舍,还需做调查研究。

A	B	A	B	A	B	A	B
响声——声响		讲演——演讲		力气——气力		忌妒——妒忌	
伤感——感伤		山河——河山		离别——别离		代替——替代	

(3) AB 分工类:A 形词和 B 形词有一定分工。

A	B	A	B	A	B
裁剪——剪裁		路线——线路		负担——担负	
发挥——挥发		感情——情感		计算——算计	

2. 异形等义词:一个语素位置和字形相同,另一个语素位置相同而字形不同的异形词。

(1) 取 A 弃 B 类:根据从俗、从简、明确的原则而取 A 形词而弃 B 形词。

A	B	A	B	A	B	A	B
思维——思惟		保姆——保母		人才——人材		噩梦——恶梦	
吩咐——分付		盯梢——钉梢		原配——元配		筹码——筹马	

（2）AB 分工类：A 形词和 B 形词实际上已有分工，因而能够保留下来。

A	B	A	B	A	B	A	B
师傅——师父		工夫——功夫		融化——熔化		统帅——统率	

3. 异形外来词：因不同方法或地区的引进而书写形式和发音形式都不同的异形外来词。

（1）引进方法差异类：因音译或意译而造成的差异，现在意译词优于音译词。

音译	意译	音译	意译	音译	意译	音译	意译
德律风——电话		布拉吉——连衣裙		镭射——激光		水门汀——水泥	
太妃——奶糖		维他命——维生素		幽浮——飞碟		盘尼西林——青霉素	

（2）引进地区差异类：即使都是音译，因不同地区的引进而造成外源词字形的差异。

英语	大陆	香港	英语	大陆	香港	英语	大陆	香港
AIDS	艾滋病	爱滋病	Ounce	盎司	安士	Hollywood	好莱坞	荷里活
Sofa	沙发	梳化	Salad	色拉	沙律	Sandwich	三明治	三文治

（二）异读词

1. 异读词是指意义和书写形式都相同而读音形式不同的词。如：

汲(jí)(jī)　谁(shuí)(shéi)　熟(shú)(shóu)　教室(jiàoshì)(jiàoshǐ)

2. 造成异读词的原因，主要有以下几个方面：

(1) 读书音(文读)和口语音(白读)的分歧。如"暴露"的"暴"，文读是 pù，白读是 bào；"血"文读 xuè，白读 xiě。

(2) 方言读音的影响。如"揩油"的"揩"读成 kā 和 kāi 两个读音，前者是受吴语的影响。同样，"卡片"的"卡"也有 kǎ 和 qiǎ 两个读音。

(3) 古代汉语多音字沿用至今。如："臭"在古代是多音多义字，表示一切气味则"尺救切"，读 chòu；表用鼻子闻则"许救切"读 xiù。

(4) 语音的自然发展。北京话"危险"的"危"、"期望"的"期"、"帆船"的"帆"，旧读阳平，今读阴平。

(5) 讹读的影响。有些异读是误读造成的。如"械"读 jiè，"畸"读 qí，"酵"读 xiào，都是照半边字读错了字音，但长期通行，正误并存，形成异读。

3. 规范异读词读音的三个原则：

(1) 合并原则。如"指"在"指甲、指示、手指头"里原来分别读成阴平、上声和阳平，现一律读上声 zhǐ。

(2) 从俗原则。如"事迹、成绩"中的"迹、绩"原来都读 jī，现在改为群众习惯的 jì，"啥"原来读 shà，现改为 shá。

(3) 区别原则。主要是区别文白异读。如"血"在"血压、血脂、血浆、血债、心血、血染的风采"中文读为 xuè，在"流血了、输了 200 cc 的血"中白读为 xiě，另外，"削、剥、谁"等也都需要分清文白异读。

二、词汇使用的规范

(一) 生造词

生造词是指一些个人为了标新立异而不遵循造词规律任意拼

凑语素造出来的词义含糊不清的词语。生造词既没有指称新事物和新概念,也没有表达社会变革和社会心理的特殊效果。生造词的形成方式主要包括:任意简缩、随意破词、随便拼凑。

1. 任意简缩

短语常常基于语言的精简原则而简缩为双音节,这些简缩多数已经或趋于定型。根据定型程度可分三类:一是基本上可以作为一个词来使用的,如(1);二是可感觉到短语的特点的,如(2);三是只能在一定的语境下使用的,如(3)。但有些任意简缩的生造词意义模糊不清,则需要加以规范,如(4)。

(1) 衣架(衣服架子)　　　高中(高级中学)
　　 科技(科学技术)　　　超市(超级市场)
(2) 调研(调查研究)　　　环保(环境保护)
　　 节能(节约能源)　　　家电(家用电器)
(3) 挖潜(挖掘潜力)　　　审干(审查干部)
　　 国企(国有企业)　　　苏制(苏联制造)
(4) 教质(教学质量)　　　容色(容貌颜色)
　　 狡奸(狡猾奸诈)　　　生救(生产自救)

2. 随意破词

运用词语时可能会因为破坏词义的整体性或结构的完整性而导致破词现象,随意破词主要包括三类:

(1) 插入词语的破词

a. 彭莉巫婆一样的语言方式,让耿林认认真真地后了一次悔。

b. "对号入座"酿成了数不清的冤假错案,真可谓荒天下之大唐。

(2) 添加实词的破词

a. 中东地区,多年的民族冲突、领土纠纷和战火不断,使地区各国无数生灵涂炭。

b. 春起之苗,其长势一般较好,但如果违背其生长规律做出"拔苗助长"的蠢事,那就可想而知其后果了。

(3) 添加虚词的破词

a. 人民大会堂的灯火辉煌,显得更加雄伟壮丽。

b. 医生正襟危坐在椅子里,显得非常冷静和威严的样子。

3. 随便拼凑

个别人会任意拼凑语素而生造出意义不明的词语。由于这些词表义不明,有碍交际,属于规范化的对象。如:

纷投(纷纷参加)　　熟巧(熟能生巧)

惨凄(悲惨凄凉)　　清僧(清教徒)

(二) **误用词**

误用词是指词语本身没有问题,而由于使用者对词义及其色彩义的理解有误或受词形或字音的影响而造成搭配不当的词语。如:

a. 招生对象为应届高中毕业生和同等学历、年龄在25周岁以下的优秀退役军人。

b. 母亲年轻时有一头丰满的黑发,面容清秀,心灵手巧。

c. 要说其是史实的话,必需拿出史料为据,揣测之词是难以服人的。

d. 在这个厂里,他是敢于摔了铁饭碗,而干个体的始作俑者。

a中的"学历"应该为"学力";b中的"丰满"应该用"浓密";c中的"必需"应该用"必须";d中的"始作俑者"是贬义词,指开始用俑殉葬的人,比喻首开恶例的人,应该改为"第一人"。

三、规范意识与动态观念

从总体上看,词汇的规范是相对的,而词汇的发展变化却是绝对的,因此,我们必须运用动态发展的眼光看待词汇的规范。比如:卖萌、给力等新词语,从开始出现到进入普通话词汇就是在不断使用中从不规范到逐渐被接受再到规范认可的过程,当然,有些生造词也会因为使用频次很低而逐渐退出历史舞台。

练习题

一、鉴别下列词语哪些是生造词,哪些是新词语。

主页　　体掂　　酸雨　　涉跋　　集资　　激活　　哑静　　减排
记忆库　房奴　　刚始　　同步　　绿化　　网络　　楞生　　硬件
怪怨　　零距离　反馈　　房改　　行施　　手机　　若果　　征婚
走红　　急义　　彩电

二、请指出下面例句中的生造词。

1. 这个问题一直缠萦在他的脑间。
2. 她终将成为世界游坛的巨人。
3. 汗水从帽子底下淌流满脸。
4. 孩子们稚幼天真的歌声打动了他。他心里禁不住一阵绞震。
5. 给人以无层的远思和遐想。

思考题

一、既然词汇处在不断的变动之中,那么还要不要提倡规范?如何处理词汇的规范与动态观念的关系?

二、假如仿照"女篮、女足、女排"的格式,在文章中把"女子跳水、女子手球"简缩为"女跳、女手",是否可以理解、接受?

参考文献

武占坤,王勤.现代汉语词汇概论[M].呼和浩特:内蒙古人民出版社,1983.

刘叔新.汉语描写词汇学[M].北京:商务印书馆,1990.

贾彦德.汉语语义学[M].北京:北京大学出版社,1992.

吕冀平.当前我国语言文字的规范化问题[M].上海:上海教育出版社,1999.

张志毅,张庆云.词汇语义学[M].北京:商务印书馆,2001.

符淮青.现代汉语词汇(增订本)[M].北京:北京大学出版社,2004.

周　荐.汉语词汇结构论[M].上海：上海辞书出版社,2004.

温端政.汉语语汇学[M].北京：商务印书馆,2005.

符淮青.词义的分析和描写[M].北京：外语教学与研究出版社,2006.

苏新春.汉语词义学(第二版)[M].北京：外语教学与研究出版社,2007.

周　荐.汉语词汇趣说[M].广州：暨南大学出版社,2011.

第四章　语　　法

第一节　现代汉语语法概述

> 教学提示：掌握汉语语法的总特点和四个主要特点。了解汉语语法学派的基本观点。

语言的主体由语音、词汇、语法三大部分构成：语音是语言的物质外壳，词汇是语言的建筑材料，**语法是语言的构造规则**。语音和文字分别是语言的口头和书面表达形式。有了语法，才能够把词语组织成合格的句子，人们才能够进行交际。词语好比水泥、钢筋等建筑材料，语法是建造理念、规则和方法，因此语法是语言不可缺少的有机组成部分。

世界上任何语言都是有语法的，没有语法的语言是不存在的。例如有"弟弟""很""聪明"这么三个单词，从理论上讲可以有六种组合，但是只有"弟弟很聪明"这一种排列组合才是合法的。可见，词语的组合绝不是任意的，如果符合规则，句子就合法，否则就不合法。**制约着句子组合合法性的规则就是**"**语法**"。

一、汉语语法的主要特点

语法包括意义和形式两部分，两者相互依存、制约、互动。语法意义必须运用一定的语法形式表现出来，以英语、法语、俄语为代表的"综合语"，跟汉语属于不同的语言类型。前者主要依赖于形态变化;后者为"分析语",主要特点是:**不依赖严格意义的形态变化,而借助于虚词、语序、句式、重叠、框式结构、韵律等语法手段来表示语法关系和语法意义**。这里不存在谁优谁劣的问题,只是各自的取舍不同,特点不同。现代汉语这一总特点具体表现为以下四个方面。

(一)虚词的运用对语法结构和语法意义有重要作用

汉语里的虚词特别丰富,作用也特别重要,主要显示各种语法意义,其作用相当于印欧语的形态变化。

1. 某些语法结构,有无虚词,结构关系以及语义会发生很大的变化。例如:

(1) 爸爸妈妈/生物历史——爸爸的妈妈/生物的历史(联合—偏正)

(2) 鲁迅先生/他们部队——鲁迅的先生/他们的部队(同位—偏正)

(3) 修改书稿/解决问题——修改的书稿/解决的问题(述宾—偏正)

有没有结构助词"的",不仅结构关系变了,语义也变了。

2. 某些语法结构,添加了某个虚词后,结构关系没变,但语义发生了变化。例如:

(1) 美国朋友/诗人风度——美国的朋友/诗人的风度

(2) 北京大学/上海宾馆——北京的大学/上海的宾馆

(3) 十斤鲤鱼/十支香烟——十斤的鲤鱼/十支的香烟

"美国朋友"是指美国人,而"美国的朋友"却一定不是美国人。有"的"没"的"都构成偏正结构,但意思却有明显区别。

3. 某些语法结构,加不加虚词,结构关系以及语义关系似乎没有什么不同,但在语用意义上产生差异。例如:

(1) 中国文化——中国的文化   木头椅子——木头的椅子

(2) 漂亮衣服——漂亮的衣服   典型事例——典型的事例

加不加结构助词"的",都是偏正结构,语法意义似乎也基本相同。但是,没有"的",定语强调"属性";有"的",强调"分类"。

(二) 语序的变化对语法结构和语法意义起重大影响

"名词+动词/形容词"构成"主谓结构",词序一变化,"动词+名词"就构成了"述宾结构","形容词+名词"就构成了偏正结构。例如:

(1) 我们理解(主谓关系)——理解我们(述宾关系)
(2) 衣服干净(主谓关系)——干净衣服(偏正关系)

又如"形容词+动词"构成偏正结构,反过来"动词+形容词"就构成了"述补结构"。例如:

(3) 紧握(偏正关系)——握紧(述补关系)
(4) 快走(偏正关系)——走快(述补关系)

关于语序变化这一语法手段,实际上有三类不同层面的情况:

1. 语用的语序变化:指语言交际使用时的临时移位,基本语义和结构关系都没有变化,只是增加了一些语用意义,这属于句子的一种动态变化。例如:

(1) 你快走吧!——快走吧,你!
(2) 他也许已经去日本了。——他已经去日本了,也许。

2. 词语的语序变化:词语的次序替换,没有引起语法结构关系的变化,但是语义却有明显区别。表面上只是词语替换,实际上是词语在句法结构中的语义角色发生了变化。例如:

(1) 猫捉老鼠。——老鼠捉猫。
(2) 他们班不都是中国人。——他们班都不是中国人。

3. 语法的语序变化:词语次序变化了,结构关系和语义也跟着都变了。这才真正属于语法上的语序变化。例如:

(1) 人来了。(主语"人"代表已知信息)——来人了。(宾语"人"代表未知信息)
(2) 三十岁才结婚。(认为太晚了)——结婚才三十岁。(认为太早了)

（三）汉语的词类和句子成分不存在简单的一一对应的关系

在印欧语里，词类和句法成分之间往往存在着一种简单的对应关系，大多是一对一，少数是一对二。比如：

名词——主语或宾语　　动词——谓语

形容词——定语或表语　副词——状语

在汉语里，词类跟句法成分之间的关系就比较复杂，除了副词基本上只能作状语，属于一对一之外，其余的都是一对多，即一种词类可以作多种句法成分。例如：

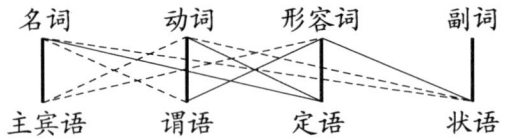

印欧语的词类基本上属于"性格演员"，专门擅长于演某种角色，不能演其他角色；而汉语的词类则是"多功能演员"，除了主要扮演某种角色之外，还可以扮演多种角色。要特别注意两点：

第一，汉语词类往往是多功能的，但有主角与配角的区别。粗线表示该词类的主要功能，细线是次要功能，虚线是局部功能。比如汉语的名词，主要充当主语和宾语，但是，它也常常作定语，有条件的充当谓语或状语：

(1) 木头椅子、石油工人、美国地理（作定语）

(2) 今天阴天、明天春节了、你傻瓜（作谓语）

(3) 历史地看问题、现在出发、露台远眺（作状语）

同样，动词主要充当谓语，但是有相当数量的动词可以充当其他成分：

(1) 报名手续、化装舞会、节约标兵（作定语）

(2) 走是可以的、他喜欢走、他同意修理（作主语或宾语）

(3) 联合开发、公开宣布、同情地说（作状语）

第二,名词作定语,或者动词作主语、宾语,不能看作它们的词性分别变为形容词、名词了。名词还是名词,动词还是动词。道理很简单,因为这里的名词仍保留着名词的功能特点,动词仍保留着动词的功能特点。

(四)短语结构跟句子结构以及词的结构基本一致

跟英语比较,英语的句子结构跟短语的结构有明显区别,英语句子的谓语部分都必须有一个限定动词,而短语里是不允许有限定动词的,如果要出现动词,就必须采用动词不定式或动名词的形式。例如:

(1) He flies a plane. (他开飞机。)
(2) To fly a plane is easy. (开飞机容易。)
(3) Flying a plane is easy. (开飞机容易。)

但是,汉语的动词在任何句法位置,形式都不变。因此,汉语的一个自由短语,给予它一定的语调,在某个语境里出现,就可以成为一个句子。反过来,一个句子,如果去掉语调,脱离了语境,它就是一个短语。例如:

(4) 他走了。/我知道他走了。/他走了的消息很快传开了。

例(4)中三个"他走了"形式完全一样,但是,前者是一个句子;后两者只是一个充当宾语或定语的主谓短语。当然,短语跟句子是不同层次的语言单位,特别是黏着短语,即使给它语调也不能独立成句。

二、语法学的种类

对某种语言的语法进行研究的学问,就构成了语法学。语法学有很多种类,不同的语法学体现了人们对语法不同的认识。根据不同的语法理论,形成不同的语法学流派。

(一)传统语法

它又称为"规范语法"或"学校语法",在教育界的影响是根深蒂固的。其特点主要是分为词法和句法两大部分,并以词法为主。划分词类主要依据形态变化,如果缺乏形态变化,就主要根据该词语充当什么句子成分或者干脆依赖于意义。语法规则被看作一种规范和标准,要求学习者予以遵守。

(二) 描写语法

又叫"结构主义语法",其理论的创始人为瑞士语言学家索绪尔(Saussure),后来发展为三个分支学派:布拉格学派、哥本哈根学派和美国描写语言学派。其中以后者影响最大,它的代表人物是美国的布龙菲尔德(Bloomfield)。其特点是区分语言和言语,认为语言学要研究的是语言;区分语言的共时和历时,认为最重要的是共时的客观记录和描写。语言是一个严密的结构系统,提出"组合关系"和"聚合关系"这两大结构关系。提出根据"分布"来划分词类的标准。提出"直接成分分析法"对句法结构进行层次分析。

(三) 形式语法

又叫"生成语法"(GB)。创始人是美国的乔姆斯基(Chomsky),他们认为:人脑好像一部电脑,有一种天生的能力,我们要研究的就是这种语言能力。强调建立适用于世界各种语言的"普遍语法",各种语言的差异只是"参数"不同而已。在该基础上建立起"语法规则系统":基础部分的基本规则是"重写规则",从深层结构到表层结构用的是"转换规则",对深层结构进行解释的是"语义规则",对表层结构进行解释的是"语音规则"。

(四) 功能语法

强调交际是语言的基本功能。国内影响最大的是系统功能语法,代表人物是英国语言学家韩礼德(Halliday)。他们把功能分为"概念功能""人际功能"和"语篇功能"。其特点是:语法研究的重心不是语言结构本身,而是言语活动。语言结构不是任意的,一切都可能在语言的使用中得到解释。以功能为基础,而不是以形式为基础。认为语言从本质上讲,是一个意义系统。每一类功能下面还可以分出若干个子功能系统。

(五) 语义语法

这是具有中国特色的语法理论,强调语法主要解决语法意义和结构形式的关系,是语义决定了形式,形式一旦固化,也会影响语义的表达。语法意义和语法形式是个双通道,从语法形式入手,就必须给予语法意义的解释,从语法意义入手就必须找到语法形式的多元验证。因此主张语义是语法研究的出发点和重点。这是中国几代学者一直坚持探索的道路,包括王力、吕叔湘、朱德熙等一大批学者。

除了以上所述最主要的几种之外,还有格语法、切夫语法、蒙太古语法、关系语法、接口语法、词汇功能语法以及认知语法、构式语法等。

练习题

一、汉语语法的总特点是什么?举例说明汉语语法的四个主要特点。

二、请简单比较"的""地""得",说说用法上有什么区别。

三、请以"不怕辣""辣不怕"和"怕不辣"为例,说明汉语语法语序变化的特点。

四、汉语常常使用重叠手段,请分别试用动词、形容词、名词进行重叠,看看有何特点。

思考题

一、有人说,汉语没有语法只有修辞,你同意这一说法吗?

二、有人认为汉语语法是"意合语法",而英语语法是"形合语法",谈谈你的看法。

三、关于汉语语法总特点的流行说法是:"缺乏严格意义的形态变化",你同意这种说法吗?

第二节 词类系统及其鉴别方法

> **教学提示**:了解现代汉语的词类系统,掌握三类典型实词、四类典型虚词、七类半实半虚词的特点,能够运用功能分析法来确定每个词的词性,并注意词类的活用。

词的语法类别叫词类,不同的词类在形态、意义和功能等方面都表现出一些区别性的特点。划分词类的目的是说明语言的构造规则。例如:

国家独立/经济发展(主谓短语)

独立国家(偏正短语)/发展经济(述宾短语)

"国家"和"经济"是名词,"独立"是不及物动词,"发展"是及物动词,不同类别的词,用不同的顺序,会组成不同类型的短语。

一、汉语的词类及其划分标准

(一)划类标准

划分词类的标准主要有三个:

第一,形态标准。这应该是最简单、最明显,也最可靠的标准。在一些形态丰富的语言里,一个词属于什么词类,往往由词法上的形式标记或句法上的形式变化来表示,这就叫作形态,它包括:

1. 形态标志。比如俄语名词词尾有:-а、-я、-ие;

2. 形态变化。比如英语形容词的比较级和最高级是在原式后加-er 或者-est。

汉语只有极少数词有形态标志,如以后缀 "-子、-儿、-头、-者、-家、-性"等结尾的词是名词;以后缀"化"结尾的词"绿化、美化、大众化、专业化"等是动词;以前缀"可"开头的词"可笑、可爱、可恨、可悲"等多为形容词。但问题是绝大多数的词没有这类标志,而且即使有一些,也是局部的,不严格的。

汉语的形态变化也很少,比如名词可以后加"们"表示不定量的复数,但不是所有名词都能加,只有指人名词可以加,而且常常还可以不加仍然表示复数。动词加"了、着、过"等助词表示时态,也许可以看作是一种广义形态,但也不是所有的动词都可以带时态助词。双音节形容词可以按照 AABB 方式重叠,例如:漂漂亮亮、大大方方、干干净净,但是还有许多形容词不能重叠,例如:美丽、严肃;也有的形容词则按照 ABAB 方式重叠,例如:雪白雪白、火红火红、笔直笔直。

这些形态标志和形态变化,虽然对汉语词类的划分有一些帮助,但是由于缺乏普遍性,也没有强制性,所以只能够作为辅助标准。

第二,意义标准。词语,特别是实词,都是有具体意义的,这些意义可以帮助我们快捷地确定一个词的词性。因为相同词类的词往往具有相类似的语义特征,因而在一般情况下辨别词性的时候,往往首先想到的是词的意义。比如一个词如果表示事物的名称,多数会看做名词;如果表示动作,一般会判定为动词;如果表示事物的性质,常会被看作形容词。再如当我们确定一个兼类词的词性时,也可以借助于词义,如"领导"有两个词性,指人时是名词,指行为时是动词。但是,意义往往是模糊的,很难作为一种可以严格操作的标准,因此要科学地划分词类,必须有一个严格的明确的鉴别标准和可操作的方法。

意义的作用也是有限的,特别是意义相同或类似而句法作用不同时,意义反而会产生误导。例如"忽然",表示"来得迅速而又出乎意料";"突然",表示"在短促时间里发生,出乎意外"。这两个词的意义几乎一样,似乎应该属于同一词类,其实不然。因为"忽然"只能够作状语,而"突然"除了作状语之外,还可以作补语(他来得突然)、定语(突然事件),也可以受副词"很"的修饰(很突然)。因此,"忽然"是副词,"突然"则为形容词。意义上同类的,语法上不一定也同类,例如"金、银"和"铜、铁、锡"都表示金属,但却不是一个词类,"铜、铁、锡"可以单说,而"金、银"却不能单说,必须说成"金子、银子";数量短语可以修饰"铜、铁、锡",却不能修饰"金、银"。这说明"金、银"是区别词,"铜、铁、锡"是名词。可见,意义只能是划分词类的参考标准。

第三,功能标准。**所谓语法功能是指词的组合能力,即能够跟哪些词组合,不能跟哪些词组合**。组合能力首先指一个词能否与其他的词组合成短语,如果可以组合,以什么顺序组合,组合以后表示什么结构关系。如"好"可以跟"很"组合成"很好",且组合的顺序固定。但"同学"就不能跟"很"组合,"很同学""同学很"都不成话。组合能力也包括作句法成分的能力,即能否作主语、谓语、宾语、定语、状语和补语这六大成分中的一个或几个;如果能够作句法成分,那么还要看经常作什么成分,不能作什么成分。

总而言之,汉语的词类划分,主要依靠功能标准,这是比较可靠、比较有效的标准。形态标准只能作为辅助标准,而且形态也只是语法功能的一种标志,说到底,还是功能在起决定性作用。意义可以作为参考标准,在一般情况下优先帮助判断。

（二）实词与虚词

现代汉语通常分为 14 个词类。词类是一个有层次的系统。汉语词类划分的标准是:**能充当句法成分的词是实词,不能充当句法成分的词是虚词**。但是这两大类词还有几个重要的区别性特征:

1. 开放/封闭。实词的数量基本上是开放的,虚词则是可数的,有限的,不会轻易增加或减少,所以又叫"封闭"类。

2. 自由/黏着。实词可以自由运用,虚词不能单独成句,不能单独回答问题,必须黏附在实词前后才能发挥作用。如"早饭你吃了没有?"可以回答"吃了",但不能只回答"了"。

3. 不定位/定位。大部分实词在结构组合时的位置是不固定的,可以在前,也可以在后。而虚词跟其他实词组合时的位置相对固定,有的只能在前,例如介词"对于、自从",连词"因为、即使";有的只能在后,例如助词"了、着",语气词"呢、吗"。

因此,10类实词可再分为"典型实词(主体词)"与"半实半虚词(辅助词)",前者包括名词、动词、形容词3类,特点是开放、数量众多。"辅助词",包括数词、量词、代词、区别词、副词、叹词、拟声词7类,特点是相对封闭,定位、黏着。虚词4类。包括介词、连词、助词、语气词。

主体词是典型实词,辅助词兼有实词与虚词的某些特点,也可叫作"半实半虚词",主要表示语法意义,和典型虚词一起可称为"广义虚词"。

二、汉语三类主体词

组成这个大千世界的三大要素:事物与概念、动作与行为、性质与状态,分别由名词、动词、形容词来指称,从而构成主体词。

(一) 名词

名词的语法特点是:

① 大多可以受数量短语的修饰。主要充当主语、宾语和定语,决不能作补语,除了少数名词,一般不能作状语。② 不能受否定副词"不"的修饰。③ 一般不能重叠。

名词的特殊小类:

1. 方位词。方位词一般附着在其他名词之后,表示处所。方位词分为单纯方位词、合成方位词和特殊方位词三类。单纯方位词有14个:上、下、前、后、左、右、里、外、东、西、南、北、内、中。合成方位词有两类:一是在单纯方位词后边加上"边""面""头"构成;二是在单纯方位词前面加上"以""之"构成。

	~边	~面	~头	以~	之~
上	上边	上面	上头	以上	之上
下	下边	下面	下头	以下	之下
前	前边	前面	前头	以前	之前
后	后边	后面	后头	以后	之后
左	左边	左面			
右	右边	右面			
里	里边	里面	里头		
外	外边	外面	外头	以外	之外
东	东边	东面	东头	以东	之东
西	西边	西面	西头	以西	之西
南	南边	南面	南头	以南	之南
北	北边	北面	北头	以北	之北
内				以内	之内
中					之中

单纯方位词如单用,要对举时才行,例如"上有天堂,下有苏杭""内有贤妻,外有好友"。由"边""面""头"构成的合成方位词可以独立使用,由"以""之"构成的合成方位词除了少数(以上、以下、以前、以后)可以独立使用外,一般必须跟名词组合成方位短语后才能使用。

特殊方位词有四类:一是由单纯方位词相互组合而成,例如:东南、东北、西南、西北;二是由正反义的方位词构成,例如:前后、左右、上下、里外;三是单纯方位词跟别的语素组合而成,例如:南方、北方、东方、西方、当中、中间、其中、背后、跟前、面前、内部、外部;四是"边""面""头"跟别的语素组合而成,例如:这边、那边、旁边、这面、那面、对面、这头、那头。

2. 处所词。处所词有三小类:

(1)能够独立使用的方位词。

(2)表示处所的名词,例如:附近、近处、远处、高处、低处、明处、暗处、周围等。

（3）表示地名、机构的名词，例如：亚洲、中国、北京、北京大学、商店、邮局等。

处所词的语法特点是：（1）能用在动词"在""到"或"往"的后面作宾语。（2）能用"哪儿"提问。（3）能用"这儿""那儿"指代。

表示地名、机构的名词具有二重性：既是一般名词，又是处所名词。例如"邮局有一辆车"，可以理解为邮局这个机构拥有一辆车，也可以理解为邮局里停着一辆车。

3. 时间词。时间词有：现在、过去、将来、未来、现代、古代、从前、以前、以往、以后、今后、后来、最近、今年、去年、前年、明年、往年、今天、昨天、明天、后天、刚才、平时、平日、往常等。

时间词的语法特点是：（1）能用在动词"在""到""等到"的后面作宾语。（2）能用"什么时候"提问。（3）能用"这个时候""那个时候"指代。

（二）动词

动词的语法特点是：

（1）主要作谓语。（2）及物动词能带宾语。（3）能受否定副词"不"修饰。除了心理动词、能愿动词，通常不能受程度副词"很"修饰。（4）动作动词多数能够重叠。（5）大多数动词可以带时态助词"了、着、过"等。

动词是一个比较复杂的类，可以从各种不同的角度进行分类。

1. 按照能不能带宾语进行分类

（1）及物动词：**只要能带宾语，不管带的是受事宾语、施事宾语还是处所宾语，都是及物动词**。例如：吃、喝、拿、摸、打、来、去、走、坐、跑、取得、推广、发扬、选举、团结、修改、搜集、尊敬、服从、免得、惯于、进行、禁止、开展等。

（2）不及物动词：**不能带任何宾语的动词是不及物动词**。例如：游行、呕吐、接吻、鼓掌、散步、迟到、转弯、奔跑、前进、起身、躲藏、发抖、休息、休养、接头、恋爱等。

凡是能够带宾语,即使只能带施事宾语或者处所宾语,也应该归为及物动词,例如"来了一个人""回武汉"。有的动词不同的义项应该归入不同小类,例如"她笑了"的"笑"表示"露出愉快的表情",为不及物动词;"她笑你"的"笑"表示"讥讽",为及物动词。

2. 传统上,按照意义并且参考功能可以分为八类

(1)动作动词,例如:打、吃、走、说、保卫、打扫、调查、整理。

(2)使令动词,例如:请、派、叫、逼、要求。

(3)心理动词,例如:想、爱、恨、妒忌、羡慕、了解、相信。

(4)存现动词,例如:有、在、增加、减少。

(5)趋向动词,例如:来、去、上来、下去、回来、过去。

(6)能愿动词,例如:肯、敢、能、会、能够、可以。

(7)判断动词,例如:是、如、叫、姓、等于。

(8)形式动词,例如:加以、给以、予以、致以。

3. 动词的特殊小类

(1)趋向动词。趋向动词有两个小类:单纯趋向动词和复合趋向动词。单纯趋向动词主要有10个:"来、去"以及"上、下、进、出、回、过、起、开"。复合趋向动词由"来""去"分别与其他8个单纯趋向动词组合而成。

	上	下	进	出	回	过	起	开
来	上来	下来	进来	出来	回来	过来	起来	开来
去	上去	下去	进去	出去	回去	过去		开去

趋向动词除了可以单独作谓语,往往是用在另一个动词后作补语,表示动作的趋向,例如:跑上、飞进、走回、越过、揭开;滑下来、撤出来、拿回去、接过去。有的语义已经虚化,例如:想起来、说下去。

（2）能愿动词。能愿动词也叫助动词，表示可能、必要或意愿。只能带动词性宾语，可以构成"不 V 不"格式。

A. 表示可能：能、可、会、能够、可能、可以。

B. 表示必要：得(děi)、应、该、应该、应当。

C. 表示意愿：愿、想、要、肯、敢。

（三）形容词

形容词的语法特点是：① 多数能够受否定副词"不"和程度副词"很"的修饰。② 常作谓语、定语和补语。③ 通常不能带宾语（变化类除外）。④ 部分形容词能够重叠。

1. 性质形容词

性质形容词指能够前加"很"的形容词，单音节如：大、小、多、少、高、低、长、短、好、坏。双音节如：强壮、细致、干净、热闹、整齐、成熟、正确。单音节形容词重叠口语中经常儿化，双音节形容词的重叠方式是 AB→AABB，如"干净→干干净净"。

2. 状态形容词

也叫形容词的生动形式，表示程度比较高，因而前面通常不能再加"很"，使用时后面一般要加"的"，可比较自由地充当谓语、补语和状语。状态形容词主要有五类：

（1）性质形容词的重叠式，如：AA(儿)和 AABB。

（2）单音节性质形容词前面加一个表示程度的语素：雪白、血红、金黄、冰冷、冰凉、笔直、飞快、火热、通红、死沉、稀烂、喷香。

（3）单音节性质形容词及少数单音节名词加上重叠后缀：慢腾腾、湿淋淋、乱糟糟、红彤彤、绿油油、冷冰冰/血淋淋、汗津津、水灵灵、毛茸茸、泪汪汪、雾蒙蒙。

（4）单音节性质形容词(少数名词)后面加上三个非重叠音节，往往带有贬义：黑不溜秋、灰不溜丢、酸不溜丢、傻里呱叽、黑咕隆咚。

（5）双音节形容词的一种贬义变式：马里马虎、邋里邋遢、流里流气、糊里糊涂。

三、汉语七类辅助词

（一）数词

数词表示数目和次序。表示数目的是基数词，表示次序的是序数词。

1. 基数词。包括：

（1）系数词：一、二、三、四、五、六、七、八、九、十、两。

（2）位数词：十、百、千、万、亿。

系数词可以单用表示十以内的数目，也可与位数词组合成复合基数词表示较大的数目，如：二十、三百、四千、五万、六亿。位数词一般不单用表示数目，只有当其前面的系数为"一"时，"一"有时可以省略，如：百岁老人、千年古树、万人大会。"十"既是系数词，如：十个人；又是位数词，如：三十。作为系数词，"十"只能与"万、亿"这两个位数词组合。

2. 序数词。现代汉语典型的序数词由系数词或复合基数词前加助词"第"构成，例如：

第一、第二……第十、第十一、第三十、第一百零一……

此外还有以下两种表示次序的方式：

（1）直接由基数词表示，例如：

三层、五组、七行、八列、一百页、两千年，这时就可能有歧义，其中的数词既可以表示数目，也可以表示次序。

（2）用"甲、乙、丙、丁"等汉语天干名称或"A、B、C、D"等英文字母来表示。

（二）量词

量词的语法特点是不单独使用，而是先跟数词组合成为数量短语，或者跟指示代词组成指量短语。

1. 名量词。表示人或事物的单位。

(1) 个体量词。主要指称单个事物：个、位、只、头、口、匹、件、条、根、颗、本、台、辆、页。其中"个"是通用量词。

(2) 集合量词。指称集体事物：双、对、打(dá)、副、套、帮、群、队、排。个别量词指称不定量事物：些、点。

(3) 度量词。表示度量衡的单位，包括长度、重量、体积、时间、货币等：厘、分、寸、尺、丈、里、石(dàn)、斗(dǒu)、升、斤、两、钱、米、亩、克、吨、元、角、分、秒、分（分钟）、公里、公斤。

(4) 借用量词。主要由名词充当，直接出现在数词或指示代词之后：一架子书、两口袋面、这床被子、那箱子衣服。

2. 动量词。表示动作的次数：次、回、下、番、通、气、阵、遍、趟、顿、场$_1$(cháng)、场$_2$(chǎng)、把。

借用的动量词包括五类：(1) 时间量词：年、月、日、小时、钟点、分钟、秒钟；(2) 器官量词：看一眼、踢一脚、打两拳；(3) 工具量词：砍一刀、放一枪、敲一棍子；(4) 伴随量词：唱一曲、走一步、喊一声；(5) 同形量词：看一看、走一走、敲一敲、摸一摸。

(三) 代词

代词是具有替代和指示作用的词。

1. 人称代词。指代人或事物名称的词：我、咱、你、您、他、她、它、我们、咱们、你们、他们、人家、别人、自己、自个儿、大家、大伙儿。

人称代词主要用来指称人，只有"它"用来指物。"我、咱、我们"是第一人称代词，代表说话一方。"咱们"一般包括说话人和听话人双方，属于"包括式"。"我们"一般只指说话人一方，属于"排除式"。如果只用"我们"，也可以兼指听说双方。

2. 指示代词。用来指示和区别人或事物的代词。分为近指和远指：

"这"类表近指：这儿、这里、这边、这么、这会儿、这样、这么样、这些、这么些。

"那"类表远指：那儿、那里、那边、那么、那会儿、那样、那么样、那些、那么些。

3. 疑问代词。用来表示疑惑并提出问题的代词：谁、什么、哪、哪儿、哪里、多会儿、几、多少、怎么、怎么样、怎样。

代词实际上并不是按照语法功能划分出来的词类，只是在"指代"这一点上有共同点。有的代词相当于名词，例如：谁、我、你、他、这、那；有的代词相当于动词或形容词，例如：这样、那样、怎样。有的代词相当于副词，例如：这么、那么、怎么。也有的代词相当于数词，例如：几、多少。还有是兼类的，例如：什么、哪儿。

代词可以活用。比如疑问代词不表示疑问。人称代词和指示代词也可以活用。例如：

（1）谁有事都找他帮忙。（任指）

（2）怎么方便怎么做。（承指）

（3）不知道他去了哪儿。（虚指）

（4）什么张三李四，我都不认识。（例指）

（四）区别词

区别词不能作谓语，也不能作主语或宾语，也不能受"很"或数量短语修饰。单独只能作定语：金项链、男同志、雄激素、正处长、木本植物、活期存折。还可以构成"的"字结构：女的、素的、次要的、上等的、中性的。

1. 单音节：金、银、男、女、正、副、单、双、雌、雄、公、母、荤、素。

2. 双音节：双边、多边、木本、草本、简装、精装、彩色、黑白、首要、次要、有偿、无偿、公立、私立、军用、民用、万能、西式、中式、男式、女式、老式、旧式、新式、洋式、大型、中型、良性、急性、慢性、上等、中等、下等、高档、中档、低档、超级、特级、中级、初级、远程、中程、长期、短期。

3. 多音节：流线型、综合性、多功能、多渠道

（五）副词

只能作状语的是副词，极少数表程度的还可作补语。

1. 描摹副词：稳步、大声、亲口、信手、亲眼、随身、当头、婉言、一心、特意、酌情、舍命、随时、趁机、私自、极力、特地、悄然。

2. 评注副词：切、万、偏、竟、并、岂、倒、反、亏、似、正、可、也、又、还、才、就、难怪、难道、究竟、到底、简直、莫非、多亏、反正、显然、果然、也许、正好、好歹、甚至、大概、仿佛、千万、必须、的确、一定、不免、本来、越发。

3. 否定副词：不、没、勿、别、甭、休、非、莫、没有、不屑、不由、白白、徒然、枉然。

4. 时间副词：刚、才、就、正、将、老、总、正、便、已、在、曾、要、先、马上、顿时、立刻、然后、早就、已经、将要、一向、起先、从来、终于、刚刚、立即、仍然、当即、顿时、向来、从来、渐渐、时时、忽然。

5. 频率副词：还、常、连、渐、屡、频、老、通常、往常、老是、总是、终日、久久、久已、屡次、不断、陆续、常常、经常、往往、每每、不时、有时、时时、偶尔、一度、依次、渐次、相继、接连、频频。

6. 程度副词：很、极、太、挺、好、怪、最、顶、更、稍、略、非常、格外、特别、十分、极其、尤其、比较、更加、相当、稍微、略微、多么、越发、越加。

7. 范围副词：都、全、共、齐、净、只、仅、就、单、光、统统、一共、总共、几乎、一齐、一道、一概、一律、凡是、单单、仅仅、偏偏、大致、一概、大都、几乎、不但、至多、至少、另外、一道、一起、一同。

副词是个大杂烩，内部虚化程度不等。一些常用副词的语义相当复杂，个性也特别强。副词可作状语，应该为实词，但它的词汇意义往往也就是语法意义。

（六）拟声词

拟声词用来模拟自然界的声音：叭、嗖、呼、轰、当、咣、嘎、咪、喵、汪、喔、哞、呛/扑通、咕噜、咔嚓、轰隆、当啷、刷啦、咕咚、咣啷。拟声词可以单独成句，在句中主要作状语，重叠式加"的"，还可作谓语、补语和定语。

单音节和双音节的拟声词都可以重叠，例如：呼呼、汪汪/滴滴答答、滴答滴答。双音节拟声词还有一种**重叠变式**，四个音节构成交叉的双声叠韵关系。例如：滴里嘟噜、咪里麻啦、乒零乓啷、噼里啪啦、叽里咕噜、稀里哗啦。

（七）叹词

叹词用来表示说话人主观情态，主要显示态度、感情，也用作招呼应答。

表示感情态度的有：啊、唉、嗨、哟、呸、咦、呕、嗯、切、哎呀、哎哟。

表示招呼应答的有：啊、喂、欸、哼、嗯。

叹词一般不进入句子结构，往往独立成句，或看作独立成分。有时也可以作谓语或定语，重叠以后也可以作状语。

四、词的跨类现象

一个语音和文字形式相同的词可能表现出两类词的语法功能，这包括以下四种情况：

1. **兼类**：一个词在不同语境中，具有 A 和 B 两类词的语法功能，意义上又有密切的联系，兼属两类。

兼属名词和动词：锁、锄、锯、病、伤、药、电、漆、锈、网、尿/教练、指导、指挥、代表、领导、参谋、翻译、编辑、报告。

兼属名词和形容词：圆、尖、红、美/平常、累赘、方便、困难、错误、麻烦、秘密、热情、威风、内行、外行、经济、科学。

兼属动词和形容词：热、冷、饿、破/端正、巩固、集中、坦白、负责、确定、肯定、密切、严密、统一、公开、明确、严肃。

兼属区别词和副词：长期、无限、基本、临时、高速、额外、永久、主要。

兼属动词和介词：在、对、给、到、向、朝、跟、同、比。

兼属连词和介词：和、跟、同、因为、为了。

2. **同音**：两个词同音又同形，而语法功能分别属于 A 和 B 两类词，但意义上没有什么联系。一是意义上毫无联系，包括历史上的联系，完全是两个偶然同音同形的词，例如"伏"是动词，又是表示电压单位的量词，意义没有关联。又如：喂（动词、叹词）、足（名词、形容词）、花（名词、动词）、会（名词、动词）。二是在历史上可能存在意义上的联系，但是在现代汉语中已看不出这种联系了，这也应该看作同音词，如"张"，可以是动词，如"张口"，也可以是量词，如"一张纸"。再如：雪（名词、动词）、火（名词、形容词）、痛（动词、副词）、硬（形容词、副词）等。

3. **活用**：某个词属于 A 类，临时由于表达的特殊需要，而被用作 B 类词：

（1）别太近视眼了。（活用为形容词）

（2）他比女人还女人。（活用为形容词）

4. **借用**：某个词通常被看作 A 类，但在词汇意义基本不变的情况下可以临时"借用"为 B 类，而且这种用法是全社会公认的。如工具量词：一桶油、三车煤、画一笔、打两巴掌。

练习题

一、指出下列词的词性。

软件 多媒体 开心 未来 架次 酷 以前 平淡 俺 再三 既然 股票 明晃晃 等于 愿意 网络 丢 蜡黄 风趣 已 想法 至于 慢性 谁 这么 袖珍 偷偷

二、区别下面带黑线的同形词，指出它们各自的词性。

1. 弟弟<u>比</u>他小三岁——你<u>比</u>不上他

2. 你<u>让</u>妹妹一点儿——他<u>让</u>老师批评了一下
3. 这孩子<u>好</u>聪明——这是个<u>好</u>孩子
4. 墙壁挺<u>白</u>的——他<u>白</u>来了一趟
5. 说<u>到</u>曹操——曹操就<u>到</u>
6. 你美国去过<u>没有</u>——一下雪,这里就<u>没有</u>烧的

三、在括号里填入合适的词,并指出属于什么词类,以及什么小类。

1. 我的(　　)个战友来了。
2. 他去过三(　　)上海。
3. 我不(　　)这种事。
4. 青年们要到(　　)去。
5. 桌子(　　)有什么?
6. 他刚刚走(　　)顶楼。
7. 他会干这种事(　　)?
8. 这个人非常(　　)。

四、标明下列各组词的词性。

坚决——决心　　可爱——热爱　　荣誉——光荣
企图——意图　　答案——答应　　气愤——气魄
批语——批示　　残杀——残忍　　诱饵——诱惑
兴奋——兴趣　　安心——担心　　道歉——抱歉
安慰——欣慰　　感激——感动　　愉快——高兴

五、注明下列句中带黑线词的词性。

1. 我们马上<u>开始</u>这项工作。
2. 你说<u>应该</u>朝什么方面考虑?
3. 对这个学生的经历,老师们都很<u>了解</u>。
4. 三十岁<u>以上</u>的教师都可以享受休假。
5. 新老同学<u>开始</u>都需要出操。

六、鉴别下列带黑线的词,哪些是形容词,哪些是副词。

1. 这里风景<u>的确</u>不错/这里风景<u>确实</u>不错

2. 长久没有好处／永远没有好处

七、举例说明下列词的语法功能,指出它们的特殊性是什么,并谈谈对它们词性的看法。

高速　临时　共同　非法　主要　基本　永久　自动

八、下列词是否是兼类词,如果是,指出兼属什么词类。

铁　左　忙　打　犁　在　清楚　热情　动作　建筑　丰富

九、下列各句中"去"的词性是否相同,为什么?

1. 你去吧。
2. 别让他去了。
3. 他不同意去。
4. 去是对的。
5. 不去也好。
6. 去不去都行。

思考题

一、划分词类时形态标准和功能标准有什么区别?

二、你认为词类首先划分为"实词"和"虚词"两大类有没有价值? 典型实词、典型虚词之间,还分出"半实半虚词",有没有必要?

三、有人把副词归入虚词,也有人归为实词,请你做一简评。

第三节　虚词特点及其辨析方法

> **教学提示**:掌握虚词的特点,重点能够多角度地对其语义和用法进行辨析。

一、汉语虚词的特点

汉语的形态变化不仅稀少,而且并不起主导作用,多数语法意义主要依赖于虚词来承担。在典型实词与典型虚词之间,存在一个中间过渡地带,特点是封闭、定位、黏着,在词汇意义之外,还表示种种语法意义。而且使用频率非常高,是句法结构不可或缺的成分。例如:

(1) 站起来、坐起来(真的起来了,接近实词)

爬起来、跳起来(可能起来了,也可能表示动作开始,接近虚词)

热起来了、胖起来了(不仅表示开始,还表示程度增加,虚词)

说起来还是老乡、写起来不太顺手(不仅表示开始,还表示尝试义,虚词)

汉语虚词数量特别多,如果把半实半虚的"辅助词"也算进来,即按照广义虚词来计算可能有一千六百多个。汉语的语法意义主要是依赖于虚词来承担的,相当精细、丰富、有趣。试比较:

(2) 你明天去哦!(提醒、催促,口气温和)

你明天去呗!(建议,无所谓)

你明天去吧!(应允,提醒)

你明天去啊!(建议,催促)

二、典型虚词类别

(一) 介词

引进跟谓词有关的对象,跟名词组合成介词短语,主要作状语,也可以作补语:

(从)北京来　(对)他有利　(比)他聪明　坐(在)椅子上　走(向)世界

1. 所构成的介词短语表示跟动作有关的受事、施事、伴随、对象等:把、被、让、叫、给、比、跟、同、和、论、关于、对于。

2. 所构成的介词短语表示动作的方式、工具、材料、目的等:照、依、据、凭、靠、用、以、根据、按照、遵照、通过、为了。

3. 所构成的介词短语表示动作的处所、时间等:在、于、当、临、趁、到、自、从、由、打、向、朝、住、沿、顺。

(二) 连词

把两个词、短语、分句或句子连接起来,以显示二者的语义关系:

(1) 小张和小李都来了。(并列关系)
(2) 小张或小李谁都行。(选择关系)
(3) 因为你要说,所以我才听。(原因与结果关系)
(4) 如果你想说,那么我就听。(假设与推论关系)

1. 只连接词和短语的有:和、跟、同、与、及、或。
2. 只连接分句和句子的有:即使、既然、尽管、宁可、要么、如果、虽然、只要、否则、但是、所以、因此。
3. 既能连接词或短语,又能连接分句或句子的有:并、并且、而、而且、或者、还是、只有、因为、由于、无论。

(三) 助词

黏着在词或短语上面,表示某种附加意义,如附着在后面的一律读轻声。

1. 结构助词:的、地、得

"的"主要作用有两个:

(1) 定语的标志:伟大的祖国、生产的经验、战胜困难的勇气。
(2) 附加在实词或短语后面构成"的"字短语,语法功能相当于名词:父亲的、写书的、他写的、大型的。

"的"还有一些特殊的构成准定语的用法:别生我的气、昨天进的城。

"地"是状语的标志。动词或动词短语、名词或名词短语作状语往往要加"地":本能地跳起来、赞成地说、充满深情地望着。

"得"是补语的标志:搬得动搬不动、跑得很快、开展得轰轰烈烈。

2. 时态助词：了、着、过

"了"用在动词或形容词后面，表示动作的完成或状态、变化的实现：走了三天、看了两本、短了一截、富了千万家。

"着"用在动词后面，表示动作进行或状态持续：唱着、写着、飞着、睡着、躺着。也用在部分单音节形容词后面表示性状的持续：忙着、亮着、空着、凉着。

"过"用于动词或形容词后面，表示经历过某种动作或变化：说过、来过、吃过、穷过、年轻过、彷徨过。

3. 其他助词：似的（一样）、所、给、看、来、把、们、第、初、等、等等

"似的（一样）"是比况助词，用在比喻句中喻体的后面，经常和"跟""像"搭配使用：像花儿似的、跟玩儿一样。

"所"的作用有两个：一是跟介词"被""为"照应，用在动词前构成被字句：被我所发现、为人所不齿。二是用在及物动词前，构成名词性短语，表示动词的受事：所见（见到的东西）、所闻（听到的东西）。

"给"用于被字句或把字句中主要动词前，与前面的介词照应：被他给骗了、让风给刮走了、把他给气坏了。

"看"用于重叠式动词后，表示尝试：说说看、试试看、研究研究看、商量商量看。

"来"用在"十"或末位为"十"的多位数之后，表示概数。一般表示略多于数词所表示的数量：十来个人、四十来岁；也可表示略多或略少于这个数目：五百来人、一万来人。

"把"用在"百、千、万"后面表示约数，显示说话人认为数量不大：百把人、千把斤粮食、万把块钱。

"们"用在指人的名词或短语后面，表示不定量的多数：同学们、老师和学生们、父老乡亲们。动物、植物，甚至事物在拟人手法中也可以用"们"：金鱼们、小花儿们、石头们。当名词前面有确定数量词时不能再用"们"。

"第""初"用在序数词之前,表示次序:第一、第二、初一、初二。但是"初"只限于"十"之内才能用。

"等"有两种用法:第一,表示列举未尽:我国有北京、上海等四个直辖市;第二,表示对以上所列举的总计:我国有北京、上海、天津、重庆等四个直辖市。

"等等"只表示列举未尽,不能用在专用名词之后,后面也不能再有名词:今年校运会的比赛项目有田径、游泳、射击、体操等等。如果表示还有许多没有列举,可以重复使用:我们买了不少水果,西瓜、苹果、葡萄,等等,等等。

(四)语气词

现代汉语里有 22 个语气词,其中 12 个是主要的:啊(呀/哇/哪/啦)、啦、吧(罢)、吗、呢(呐)、呗、嘛、喽、哟(唷)、哦、了、的。其他还有:哩、哈、来着、着呢;算了、行了、好了、得了、罢了、而已。特点是永远附着在某一个独立句子的末尾,永远黏着、后附、轻声。显示说话人特定的语气,表达特殊的主观感情,从而对听话人施加影响。

1. 表陈述语气。"了"表示一种变化的新情况的出现,"呢"表示提醒,"来着"表示刚刚发生过,"着呢"表示对事实的确认。

(1)下雨了。(刚才还没下)

(2)领导还没有研究呢。(请你特别注意)

(3)他刚才还在这儿来着。(怎么转眼就没影儿了?)

(4)他说话厉害着呢。(你可不知道)

2. 表疑问语气。"啊"可用于各类问句,表示惊疑,并有缓和语气的作用;"呢"只能用在特指问、选择问和正反问句末,表示深究;"吗"和"吧"都只能用在是非疑问句末,"吗"表示怀疑的程度比较大,疑大于信;"吧"表示怀疑的程度比较小,信大于疑。

(1)你是警察啊?/谁是警察啊?

(2)这事到底是谁干的呢?(特指问)

(3) 今天是星期三吗？（是非问）

(4) 今天是星期三吧？（是非问）

3. 表祈使语气。"吧"口气比较缓和，有商量的意味；"啊"在肯定祈使句中有催促的意味，在否定祈使句中有强调劝阻的意味。

(1) 事情很急，请你跑一趟吧。

(2) 你还磨蹭什么，快写呀！

(3) 你千万可别这样想啊！

4. 表感叹语气。主要是"啊"，"呀、哇、哪"都是"啊"的语音变体。例如：

(1) 好漂亮啊！　　　(2) 多么蓝的天哪！

语气词也可以出现在句中，主要用在主语之后，起显示"话题"的作用，并引起对下文的注意；也可以用在列举、举例的成分以及表示假设的成分之后。例如：

(1) 这本书(呢、吧、么)，我是看过了。

(2) 你要说怕吃苦吧，怕受累吧，那倒不是。

三、虚词语义解释的定位框架

虚词的语义比较难掌握，辨析虚词词义需要掌握一定的方法，最重要的就在于尽可能地给出每个义项具体的语言制约条件，即指出该虚词在某个特定语境中必然表达什么样的意义，实现什么样的功能。换言之，义项的解释只是第一步，建立"定位框架"才是我们的最终目标，"框架"就是指出现该虚词义项的语言环境、语言条件。

（一）语音框架

包括音节的异读、轻重音、语调升降变化等。比如轻读和重读，就构成不同的框架。例如关于副词"别"的区分。

1. 用于祈使句，表示否定性意愿，祈求、阻止、禁止。动词语义都属于可控的。句子的重音在"别"上面。例如：

你别哆嗦。哆嗦什么呀！

2. 用于猜测句,否定性意愿的猜测。句子的重音不能在"别"上面,而是在动词上。猜测自己不愿意发生的事情可能已经发生,或者显示说话人不希望发生某件事情的意愿。主要由非可控动词(地震/海啸/下雨/刮风)构成,不能单用,必须构成一个短语,或至少在动词后面带上个"了"。例如:

(1)(房子晃得那么厉害,)别地震了。
(2)可别结婚了!

可控动词也可以进入"别 VP 了"构式,但可能产生歧义。"别结婚了"有两种意思:一是禁止;二是猜测。两者的区别主要有两点:① 句子重音在"别"上是"猜测",在动词上则为"阻止"。② 表示猜测的"别"可以改写成"别是……"。

(二)词汇框架

主要看哪些词语可以同现,哪些词语不能同现,例如是非疑问句的语气词"吗"与"吧"的区分,前者可以与"难道"同现构成反问句,后者不行;后者可以跟"八成/大概"一起同现,形成估测句,而前者不能同现。例如:

(1)今天难道是星期天吗?/*今天难道是星期天吧?
(2)*这儿离车站大概有五里地吗?/这儿离车站大概有五里地吧?

(三)句法框架

即该虚词出现在句中的前言后语的结构条件制约。比如副词"才"。

1. 凡是数量词或者表示时间、程度的词语,只要出现在"才"的后面,直接被"才"修饰,或者充当被"才"修饰的动词短语的一部分,全句则主观认定"数量少、时间早、年龄小、范围窄、程度浅"。例如:

(1)打扮好了,一共才花了两块二毛钱。(数量少)
(2)现在才不过五点钟,快天亮了。(时间早)

2. 凡是数量词或者表示时间、程度的词语,出现在"才"的前面,全句则表示主观认定"数量多、时间晚、年龄大、范围宽、程度深"。例如:

(1)一百多人才拉动这辆车。(数量多)

(2)十二点他才睡觉。(时间晚)

(四)语境框架

考察该虚词使用时的上下文关系,包括社会地位的尊卑、性别差异、指人还是指事情等。比如"淡然",表示不在意,不热衷,不放在心上;不当作一回事。在跟人的行为组合时,主要倾向褒义,形容人处理事情的一种比较超脱、不在意的神态。但是在修饰事件、情况时,引申为平平淡淡、不起波澜、没有引发热烈反响的情况,则倾向于贬义。例如:

(1)她平静而淡然地面对着这一切,默默地为着自己的目标而努力。

(2)于名于利,他就是这般淡然处之。

(3)这项活动淡然告终实在令人遗憾。

(4)到80年代后半期,可乐型饮料已在饮料市场上淡然褪色。

(五)认知框架

有时必须借助于人的背景知识和推理水平,进行多步推导才能得出正确的结论。例如:

老韩是数学家,他太太也很聪明。

数学家应该智商很高,当然属于聪明人,所以用副词"也",跟"很聪明"构成类同关系。

(六)情态框架

包括褒贬、爱憎、讽刺、估测、禁止、夸张等。例如程度副词"太"。

1. "太"修饰贬义形容词,表示特别不好,过分不好,全部贬义。例如:

(1) 这儿太寂寞了,缺热闹。

2. 凡是"太"修饰中性形容词,描写的是一种客观属性,过了头,就属于反常,有贬义倾向。例如:

(2) 你穿这样的不合适,显得太年轻了。

3. 凡是"太"修饰褒义形容词,会产生歧解。可能表示程度超常的高,带有夸张口吻,褒义。也可能表示程度过头,意思是"过犹不及",显示讽刺意味,贬义。例如:

(3) 他呀,实在是太聪明了。

四、近义虚词的比较

(一) 注意各自使用的条件限制

例如"常常"和"往往"都表示"经常性发生"。"往往"表示根据以往的经验,在某种条件下,具有带规律性的动作行为,因此,无条件的或将来时的都不能用"往往";"常常"则没有这一限制。

(1) 每逢假期,他常常去旅游。/每逢假期,他往往去旅游。(有规律)

(2) 他常常去图书馆看书。/＊他往往去图书馆看书。(无条件)

(3) 以后,请你常常到这里来玩。/＊以后,请你往往到这里来玩。(将来时)

(二) 强调的语义倾向不同

近义虚词有时可以互换,但是我们要特别注意互换的条件制约,不可能是无条件的。比较副词"总"与"老",当表示动作行为或事件发生的频率高,或重复出现,两者可以互换。例如:

(1) 你不要总(老)想着这件事,我不着急。

(2) 妈是气糊涂了! 总(老)说爸爸已经被他们弄死了!

"总"强调动作或状态的结果性、无例外性;"老"强调的是动作的不变性、持续性。"总"常与"每""无论/不管"等遍指性成分共现,而"老"不能与这样的遍指性成分共现。例如:

(1) 每次去总(＊老)不会空着手回来。

(2) 无论是字句、段落、篇章,总(＊老)要经过再三斟酌、推敲。

如果在"名+总是/有+名"或与"要、会"等助动词连用时,都表示无论情况如何,归根结底,结果不出所料,必然如此,总共合计,这时"总"也不能换成"老"。例如:

(1) 校园总(＊老)是校园,不能把校园当场市场。

(2) 来回一趟总(＊老)得七八天吧!

(三) 关注客观事态与主观情态的区别

比如"简直"与"几乎",都表示无限接近于某种情况,可以互换,尤其是用于夸张性的比喻。例如:

(1) 简直(几乎)比登天还难。

(2) 简直(几乎)是家常便饭。

但是前者主观夸张意味浓,后者客观评价色彩强。更为重要的是"简直"还有两个义项,表示"类似性"与"一致性",这时就不能跟"几乎"互换。例如:

(3) 简直(＊几乎)是小小的图书馆。

(4) 北京的秋天简直(＊几乎)美极了。

反之,"几乎"表示将近发生或实现却没发生或实现,也不能换为"简直"。例如:

(5) 生了场大病,几乎(＊简直)瘫痪。

(6) 事情几乎(＊简直)办成了。

练习题

一、区别下列句子中的"的"(助词/语气词)、"了"(助词/语气词)、"一样"(形容词/助词)的词性。

1. 这辆车是他的
2. 他是个当老师的。
3. 这本书是他借来的。
4. 他买了书就回家了。
5. 妹妹已经是大学生了。
6. 开饭了,吃了再走吧。
7. 脸色跟纸一样。
8. 这支笔跟那支笔一样。
9. 他跟孩子一样。

二、指出下列句中有下划线的词的词性。

1. 我跟领导反映过你和他的意见。
2. 他在部队的时候很遵守纪律。
3. 我们要端正自己的学习态度。
4. 在中国家庭中,彩色电视机拥有率很高。
5. 慢慢说,别着急。
6. 工作干不完,他是不会休息的。
7. 啊,澳门,你经历了几百年与母亲隔绝的痛苦岁月!
8. 你忘记了自己的身份了吗?
9. 身体比过去瘦了,但学问比过去多了。
10. 勤劳智慧的中国人民正在以百倍的热情建设自己的国家。

三、给下列句中的 de 注上汉字,并指出这些汉字代表的词所起的语法作用。

学 de 好 de 是应该帮助学 de 差 de 尽快 de 赶上来 de。

四、以下每组中的两个副词、介词或连词,指出它们在用法上的区别。

马上:眼看　　从:自从　　向:朝　　哪怕:不管
或者:还是　　只有:除非　　极:极为　　分外:格外

思考题

一、根据下面四个例句,比较副词"千万"和"万万"在意义和用法上有什么区别。

1. 你千万不可粗心大意!/你万万不可粗心大意!
2. 你千万要小心!／＊你万万要小心!
3. 他万万想不到。／＊他千万想不到。

二、比较助词"了"和"着"的异同点:

1. 墙上挂了一幅画。　2. 墙上挂着一幅画。

三、请比较副词"一直"和"始终"。

四、请比较副词"充其量"和"怪不得"。

第四节　短语及层次分析法

> 教学提示:了解现代汉语各类短语,包括词组和结构的特点及作用,并掌握层次分析法的三个原则:结构原则、功能原则和意义原则,能够准确分析各类复杂短语的层次关系。

由两个或两个以上单词构成的句法结构单位叫短语。它是在语义上能逐层贯通,在结构上能逐层搭配起来的没有句调的一组词。短语有两类:

1. 实词与实词按照一定的结构方式组合起来的短语叫"词组"。短语(词组),主要根据各组成成分的词性、组合方式及其所形成的语法关系来分类,包括:偏正词组、述宾词组、述补词组、联合词组、主谓词组、同位词组、兼语词组和连谓词组等八类。

2. 实词与实词的非结构组合以及实词与虚词的组合叫"结构"。短语(结构),一是实词与实词的组合:量词结构、方位结构;二是实词与虚词的组合:介词结构、"的"字结构。

一、短语(词组)

(一) 偏正词组

偏正词组前面的成分修饰、限定后面的成分,前面是修饰语,后面是中心语。

定心词组:定语由形容词、名词、量词结构充当时,不一定要用"的",而由各类词组充当时,通常都要用"的":

木头房子(质料)　　新书(性质)　　高高的个子(状态)
绍兴黄酒(产地)　　三只鸟(数量)　　写字的桌子(用途)

状心词组:状语由副词以及时间、处所名词充当时,通常不用"地";而由形容词、动词、名词以及各类词组充当时,一般要借助于"地"来连接。

状语主要描写动作的变化或情状的变化,或者从时间、处所、范围、对象、目的等方面进行限制。例如:

描写性状语:仔细研究、热烈祝贺、激动地说、兴奋地回答

限制性状语:十分激烈、已经结束、立刻动身、从今天起

注意:名词或名词性词语前面的修饰语一般应该是定语;谓词(动词或形容词)或谓词性词语前面的修饰语一般应该是状语。名词或人称代词作修饰语(带"的"),不管它的中心语是动词还是形容词,一般应该是定语;副词作修饰语,不管它的中心语是名词还是量词结构,一般应该是状语:

定心短语:群众的支持/温度的下降/他们的精明/夜晚的温柔

状心短语:才星期三/刚五个人/就我们

(二) 述宾词组

述宾词组,前后是支配与被支配、关涉与被关涉的关系。述语主要由及物动词充当,宾语一般是体词或体词性短语,也可以是谓词、谓词性短语或主谓词组。及物动词主要有五类:

1. 体宾动词:只能带体词性宾语的及物动词:吃、吸、摸、拉、

抱、砸、捉、拣、踩、追、偷、换、取得、发扬、团结、搜集、服从、调动、搜捕、出现。

2. 谓宾动词：只能带谓词性宾语的及物动词：进行、禁止、受到、觉得、感到、认为、主张、建议、结束、继续、可以、应该、敢于、值得。

3. 兼宾动词：既能带体词性宾语，也能带谓词性宾语的及物动词。如：看、听、问、学、爱、答应、邀请、帮助、批准、承认、限制、保证、研究、喜欢、知道、相信。

4. 双宾动词：能够带双宾语的动词，有的表示"给予义"：送、给、卖、递、嫁、扔、交；有的表示"取得义"：取、买、拿、偷、娶。有的表示"认定义"：告诉、回答、教、问。

5. 黏宾动词：单独不能使用，必须永远带着宾语。例如：具有、属于、成为、懒得、企图。

（三）述补词组

述补词组前后是补充与被补充的关系。根据带不带标志"得"的情况，补语可以分为几类：

1. 数量补语：不能带"得"，由量词结构说明动作的次数或动作延续的时间：

敲了三下/回来一趟/睡了半小时

2. 情态补语：必须带"得"，说明动作或有关事物的状态：

说得上气不接下气/气得脸都发青/激动得说不出话来

3. 结果补语：不带"得"，表示动作的结果：

长大/变小/说好/说清楚/洗干净/听懂/学会/取走/说完

4. 趋向补语：不带"得"，表示动作的趋向。例如：

跳上/拉下/跑进去/爬出去/开回来/翻过去

5. 可能补语：结果补语和趋向补语的中间插入"得/不"，表示可能性或不可能性：

长得（不）大/听得（不）懂/学得（不）会/做得（不）到

跳得(不)上/拉得(不)下/爬得(不)出去
6. 程度补语：补语是副词构成，表示程度。例如：
喜欢极了/好得很

（四）联合词组

联合词组由两个或两个以上成分组成，构成并列、承接、选择或者递进等关系。例如：
(1) 学校和工厂/北京、上海、广州(并列关系)
(2) 讨论并通过(承接关系)
(3) 升学或就业(选择关系)
(4) 积极而且热情(递进关系)

联合词组的构成，既可以是词与词的联合，也可以是词组与词组的联合，还可以是词与词组的联合，在语义上都必须是相近的或同类型的。为了显示层次、分清主次等需要，并列关系的联合短语，也经常使用连词来连接有关的成分，例如：
(5) 爸爸妈妈和哥哥姐姐(显示辈分层次)
(6) 各国驻华使节及其他外宾(分清内容主次)

（五）主谓词组

主谓词组，前后有被陈述和陈述的关系。主谓词组的谓语主要有三种情况：
1. 动词性谓语：天下雨了
2. 形容词性谓语：行为端正
3. 名词性谓语：今天星期三

（六）同位词组

同位词组前后成分所指内容相同，在句子中充当同一个句法成分，意义上构成复指关系。
1. 通名与专名：首都北京/京剧《空城计》/鲁迅先生

2. 别称与本称：春城昆明/宝岛台湾/智多星吴用
3. 数量短语构成：夫妻二人/祖孙三代/语法修辞两门
4. 人称代词构成：我们自己/你们几位/他们夫妇/我张老三
5. 指示代词构成：星期一这天/他这个人/2016那年/香港那个城市

同位短语两个成分之间一定不能插入"的"，只能插入诸如"这……"一类的结构。如只能说"'山'这个字"，不能说"'山'的字"。

（七）连谓词组

连谓词组表示连续的几个动作。所有的动作都是由主语所代表的主体发出来的，而且动作都具有前后的顺序。

1. 表示前后动作，后者是前者的目的：
上街买菜/进城看戏/坐下来学习
2. 肯定与否定两方面说明一个动作：
拉着手不放/站着不走
3. 由动词"来""去"跟其他动词构成：
来骑马/去上班/查资料来/游泳去
4. 由动词"给"跟其他动词构成：
送一本书给他/买了辆车给我
5. 由动词"有""没有"跟其他动词构成：
有希望去日本/有话慢慢说/有病不能来
6. 前面动词的受事宾语也是后面动词的受事：
倒杯茶喝/买本书看

（八）兼语词组

兼语词组是由一个述宾词组跟一个主谓词组套叠而成，述宾词组的宾语兼任主谓词组的主语。典型兼语词组的谓语动词往往带有使动性：

请他来/使祖国富强/派你去西安/选班长做代表/有人敲门

构成兼语词组的使令动词主要有:"使、请、派、选、催、逼、劝、让、叫、称、留、求、要、喊、命令、动员、发动、组织、号召、通知、鼓舞、鼓励、激励、领导、指导、禁止、阻止"等;此外,"有""没有"以及某些动词性词语也能够构成兼语词组。

二、短语(结构)

(一)量词结构

量词结构是指量词在后跟其他词语组合而成的结构:

1. 数量结构:一个、三次
2. 指量结构:这本、那个
3. 疑量结构:哪条、几趟

量词结构的三个小类可以相互组合成比较复杂的结构。常见的有以下几种:

第一,数量结构和指量结构组合。例如:

这本 + 三本 → 这三本   每次 + 两次 → 每两次

第二,数量结构和疑量结构组合。例如:

哪题 + 四题 → 哪四题   哪回 + 几回 → 哪几回

(二)方位结构

方位结构是指方位词在后跟其他词语组合而成的结构,通常表示处所、时间或范围意义;如果方位词是"上""中""下",还可表示方面、条件或过程等意义:

(1) 山坡前/森林中/教室里(表处所)
(2) 晚饭后/手术前/学期中(表时间)
(3) 杂志上/世界上/计划中(表范围)
(4) 理论上/口头上/思想上(表方面)
(5) 改革中/讨论中/会谈中(表过程)
(6) (在……的)领导下/帮助下(表条件)

方位结构通常由名词性词语组成,也可以由谓词性词语组成。例如:"工作以前"(动词)"平凡之中"(形容词)"采购年货之外"(述宾词组)"女儿出嫁之后"(主谓词组)等。

(三) 介词结构

介词结构是指介词在前跟其他词语组合而成的结构,主要作用是引进跟动作有关的对象,包括时间、处所、范围、施事、受事、工具、对象、目的、原因等:

(1) 在1918年/于今年秋天(表时间)
(2) 在教室里/在飞机上(表处所)
(3) 对系主任/对于这个问题(表对象)
(4) 按条件/依照规定(表方式)
(5) 把帽子/将大门(表受事)
(6) 被老师/叫警察(表施事)
(7) 用空调/用刀子(表工具)
(8) 比他们/比昨天(表比较)
(9) 为学校/为了前途(表目的)
(10) 由于天气/因为他(表原因)

介词结构的后一成分通常由名词性词语充当,也可以由谓词性词语充当,例如:"对劳动"(动词)"由弱小"(形容词)"为完成任务"(述宾词组)"经大家讨论"(主谓词组)等。

(四) "的"字结构

"的"字结构由结构助词"的"附加在其他词语之后构成,主要作用是使谓词性成分转化为名词性成分,同时在语义上也起转指作用。例如:

(1) 红的/漂亮的(形容词性词语加"的")
(2) 吃的/开汽车的/叶子上长刺的(动词性词语加"的")
(3) 我们的/木头的(名词性词语加"的")

"的"字结构的前一成分如果是名词性词语,加上"的"以后,词性没有改变,但意义变了,"我"不等于"我的","玻璃"不等于"玻璃的";前一成分如果是谓词性成分,加上"的"以后,词性变成名词性的了,语义也改变了:

(1) 游泳的/开车的/坐在主席台上的(施事)
(2) 新买的/小孩儿画的/从图书馆借来的(受事)
(3) 我向他请教过的/我借给他钱的(与事)
(4) 吃药的/装书的/我开大门的(工具)

三、层次分析法

两个单词构成的短语只可能是一个层次,所以不需要进行层次分析,但是如果有三个以上的单词在两个以上层次上进行组合,就需要进行层次分析,分析句法结构层次的方法就叫作"层次分析法"。这是句法分析最基本,也是最有效的方法之一。

(一) 句法结构的层次

1. 线形排列与结构层次

我们平时说话,只能一个词语一个词语说出来,发音时也只能一个音素一个音素发出来,书写时当然也只能一个字一个字写出来。**这种按照时间先后顺序说出或写出的形式,就叫作"线形排列"**。"线形排列"是表现出来的语言形式,但是在线形排列的背后,实际上还隐藏着一个层次关系。例如:

蓝蓝的天空上忽然出现了乌云
　　a　　b　c　d　e　　f

这些词并不是一次性组合在一起的,也不是按照线形排列组合在一起的,而是按照一定层次组合起来的。如上例的先后组合顺序是:[a(b+c)][d+(e+f)]。线形排列,我们凭借直觉就可以看出来,而"层次关系"则需要通过层次分析才能揭示出来。有时一种线形排列可能有几种不同的层次组合,表达不同的意思。例如:

(1) 咬死了猎人的狗
(2) A（咬死了）（猎人的狗）
(3) B［（咬死了）猎人的］狗

这种意思的不同反映了相同的线形排列的背后实际上有两种不同的层次结构关系。这跟我们观察下面三个立方体图形的情况是相类似的：

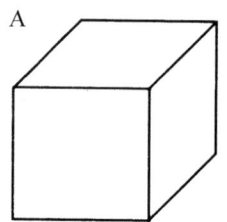 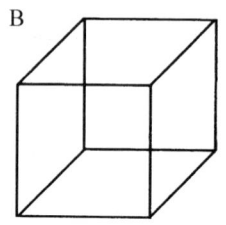 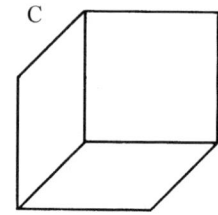

这实际上反映了"咬死了猎人的狗"是一个"同形歧义结构"，是由于层次不同而产生的歧义。所谓"层次"，是指一些句法单位在组合时所反映出来的不同的先后顺序。

2. 简单短语与复杂短语

短语按照它的内部结构层次，可以分为两类：

（1）简单短语，指两个或两个以上的词在一个层次上组合而成的短语：

中国历史　　开展工作　　打扫干净
行为端正　　语文数学外语　　积极热情大方

（2）复杂短语，指三个或三个以上的单词在两个以上层次上组合而成的短语：

中国历史图册　　开展环境保护工作　　把房间打扫干净
行为相当端正　　学习语文数学外语　　非常积极热情大方

（二）层次分析的三个原则

分析复杂短语结构层次关系的方法就叫作"层次分析法"。它的正式学名叫作"直接成分分析法"(简称 IC),这是由美国描写语言学家布龙菲尔德(L. Bloomfield)系统地运用到句法结构分析上来的,由于这种方法在分析时尽可能地采取二分(只有少数联合短语或连谓短语需要多分),所以,俗称"二分法"。**层次分析法的目的是揭示一个句法结构隐藏在线形排列背后的固有的层次结构关系**,其方法是逐层依次找出各层次的直接成分,并进一步说明直接成分之间的结构关系。层次分析时必须注意三大基本原则:

1. 结构原则

即切分得出来的两个部分都必须是合法的句法结构体。比如句法结构 A,切分为 A1 和 A2,那么,A1 和 A2,都应该是一个合法的词语或短语。例如:

按照 a 切分,"辆新车"不是一个合法的短语;按照 c 切分,"一辆新"也不是一个合法的短语;只有按照 b 切分,分出的"一辆"和"新车"都是合法的短语,所以这才是合理的。

2. 功能原则

如果句法结构 A 切分为 A1 和 A2,而且 A1 和 A2 都分别是一个合法的词语或短语,但是,A1 和 A2 还需要根据汉语句法的组合规律可以重新组合起来:

按照 a 切分,虽然"刚"与"买的书包"都是合法的,但是根据汉语的句法组合规则,副词是不能修饰名词的,因此,"刚"跟"买的书包"无法重新组合,所以 a 切分是错误的;按照 b 切分,由于"的书包"不是

个合法短语,所以 b 切分也是不对的;只有 c 切分,"刚买的"和"书包",既符合结构原则,也符合功能原则,这样的切分才是正确的。

3. 意义原则

即语义上要符合逻辑常理;否则,也是不可接受的。例如:

　　一　位　小　偷　的　辩　护　律　师
a _____　_____ ×
b _____　_____ √

表面看来,无论 a 切分,还是 b 切分,都可以,但是,汉语的量词"位"只用于尊称,用来修饰"小偷"是不适合的,不过可以修饰"律师",因此,a 切分是错误的,b 切分是准确的。

4. 三个原则的综合运用

层次分析的三个原则都需要遵守,但在实际运用时,往往是某一个原则起主要作用,当然有时候这三个原则也会综合起作用。在具体操作时,我们更多地凭借自己的语感。**语感,就是对语言运用是否准确和得当的一种直接的本能的感觉。**这种语感,是人们在使用语言的过程中,长期积累起来的知识和能力的一种集中反映。这就像"水感""球感""乐感"一样:

　　新　上　市　的　进　口　电　脑
a _____　_____ √
b _____　_____ ×
　　新　上　市　的　电　脑　功　能
a _____　_____ ×
b _____　_____ √×

对这两个短语进行层次分析的捷径,就是凭借自己的语感,判断"新上市"可以跟"电脑"搭配,但不能跟"进口"搭配;"新上市"不能跟"功能"搭配,但可以跟"电脑"搭配。这样,正确的层次切分就得出来了。

练习题

一、指出下列短语的类型:

1. 住了一年	2. 予以严厉批评	3. 洗刷干净
4. 知道底细	5. 阳光灿烂	6. 进来歇一下
7. 文化教育	8. 分析研究	9. 坚强无比
10. 他中等身材	11. 凯歌阵阵	12. 他去比较适合
13. 态度和蔼	14. 富裕起来	15. 硕果累累
16. 热爱家乡	17. 十分壮丽	18. 喜欢清静
19. 走了一个	20. 通知你所认识的	21. 坚持下去
22. 读了三遍	23. 吃得很饱	24. 病虫害防治
25. 我们大家	26. 有人找你	27. 你们几位
28. 互相支援	29. 船长老李	30. 活跃学术气氛
31. 独立思考	32. 禁止大声喧哗	33. 体育运动
34. 春秋两季	35. 研究水平	36. 高兴得很
37. "山"这个字	38. 进京告状	39. 写文章做演说
40. 无比坚强	41. 伟大事业	42. 鼓励他学好功课
43. 国庆节那天	44. 战斗英雄黄继光	45. 叫河水让路
46. 迅速发展	47. 痛快极了	48. 非常谦虚
49. 摔跤这种运动	50. 称她为师姐	51. 史密斯先生
52. 打电话报警	53. 请他做东	54. 有决心搞好工作
55. 出去闲逛	56. 使人聪明	

二、请指出哪些是主谓词组：

1. 今年虎年	2. 今年实现	3. 今天星期天
4. 中国的首都北京	5. 明年春节	6. 明天春节
7. 民歌四首	8. 中国民歌演唱会	9. 关心不够
10. 关心得不够		

三、指出哪些是动宾词组：

1. 繁荣市场	2. 繁荣景象	3. 举手表决
4. 给予处分	5. 奖励先进	6. 奖励基金
7. 加强领导	8. 正确领导	9. 看了四本
10. 看了高兴		

四、指出下列哪些是定心词组,哪些是状心词组:
1. 严肃态度　　2. 严肃纪律　　3. 纪律教育
4. 教育市民　　5. 市民情绪　　6. 情绪激动
7. 激动高呼　　8. 高呼口号　　9. 口号内容
10. 内容激烈　11. 激烈论辩　12. 论辩口才
13. 口才一流　14. 一流水平　15. 水平一般
16. 联合阵线

五、指出哪些是述补词组:
1. 考虑清楚　　2. 喜欢清静　　3. 朗读重要
4. 画得生动　　5. 觉得难受　　6. 泡得舒服
7. 泡着舒服　　8. 住了三人　　9. 住了三年
10. 住了心烦

六、指出哪些是联合词组:
1. 北京上海　　2. 首都北京　　3. 北京郊区
4. 描写解释　　5. 分析仔细　　6. 分析对象
7. 积极热情　　8. 积极参加　　9. 积极得很
10. 青出于蓝而胜于蓝

七、指出哪些是同位词组:
1. 明天清明　　2. 清明那天　　3. 首都北京
4. 山城重庆　　5. 深圳特区　　6. 首都地区
7. "汉"字　　　8. 方块汉字　　9. 刘胡兰烈士
10. 刘胡兰精神

八、指出哪些是连谓词组:
1. 来借书聊天　2. 坐下来谈生意　3. 坐汽车上山
4. 死而无憾　　5. 一卷起铺盖就回家 6. 坐着汽车上山
7. 分解提取　　8. 有亲戚在国外　9. 有权利享受到
10. 调到司令部当作战参谋

九、指出哪些是兼语词组:
1. 禁止闲人进入　　　　2. 开了门跑出去

3. 嫌弃这个单位奖金不多　　4. 禁止嬉笑打闹

5. 评出模范作榜样　　　　6. 要求全军上下步调一致

7. 希望明天会更好　　　　8. 有个亲戚在国外

9. 组织全市高校义务劳动　10. 是上级领导机关的果断决策

十、指出量词结构的小类：

1. 几十遍　　2. 这册书　　3. 开三枪　　4. 三棵树

5. 哪些人　　6. 每五人　　7. 八百块钱　8. 多少两

十一、指出下列方位结构所表示的语法意义：

1. 三十上下　2. 五十左右　3. 座位左右　4. 会场内外

5. 三点左右　6. 同学中间　7. 手术中　　8. 书本上

十二、指出哪些是介词结构：

1. 以民族英雄自居　2. 在家里读书　　3. 被坏人袭击

4. 朝东走去　　　　5. 自北京到上海　6. 将会场内外封锁

7. 走向自由民主　　8. 这样做是为了情谊

十三、把下列句子中的"的"字结构用____标示出来：

1. 要求于人的甚少，给予人的甚多。这就是松树的风格。

2. 边防检查站的马上会派有关人员去监察的。

3. 先进的要帮助落后的。

4. 这种稻草做成的工艺品是这些农民亲手扎的。

5. 这样做谁也不会觉得过分的。

6. 我们都识水性的。

7. 屋里静悄悄的。

8. 这班车下来的旅客要过渭河的，就不得不在车站旅馆住宿了。

十四、用层次分析法分析下列短语：

1. 希望参加去欧洲的旅行团

2. 派人通知老李来开会

3. 高兴得小王跳了起来

4. 弟弟的自行车撞了一下

5. 她能不能马上报到还是一个问题

6. 从大海上吹来湿润而新鲜的风

十五、下面的切分哪个才是正确的？请运用层次分析的三原则作出解释。

1. 割断中国的历史／割断皮带的刀子
2. 去了一趟美国／去了一层外壳
3. 小张看中的皮鞋／小张最好的皮鞋
4. 很解决问题／很喜欢唱歌
5. 直接回答问题／救了他的孩子
6. 没有买票的／越发显得精神

思考题

一、有人给"连谓词组"下了个排除式的定义：两个动词性词语连续出现，它们之间没有偏正、述宾、述补、主谓、联合、同位、兼语等关系，这就是连谓词组。你认为，这种办法好吗？为什么？

二、当表示时间的数量结构在动词后面出现时，不容易区分是宾语还是补语，例如"住了一年"和"等了一年"。你有什么好办法来区分吗？

三、有人主张"坐在椅子上"不要分析为介词结构作补语，而分析为"坐在"带方位结构作宾语。你以为如何？说明理由。

四、层次分析法对分化类似"修路""汽车医院""连校长都不认识""大衣裹得严严的"这样的歧义短语有作用吗？进而分析层次分析法的不足。

第五节 句型与句式

> **教学提示**：能够准确判断句子的句型和重点句式。1. 了解汉语单句的句型系统，能够判断常见的基本句型。2. 比较中心词分析法的优缺点以及跟层次分析法的区别。3. 熟悉汉语重要句式的特点和作用。

前后都有停顿,带有一定的语调,表示相对完整的意义,人们用来进行交际的基本语言单位就叫句子。句子是语言使用的基本单位,也是句法分析的重点之一。分析句子可以有三个角度:

第一,句型系统,即按照句子的结构模式划分出来的类型系统。
第二,句式系统,即按照句子的典型特征划分出来的类型系统。
第三,句类系统,即按照句子的语气功能划分出来的类型系统。

一、汉语句型系统

建立在句子的结构模式基础上的句型,不仅可以帮助我们分析成千上万个具体的句子,把它们纳入一定的框架,而且也可以解释无数个新的合法的句子是如何产生的,这对自然语言的信息处理以及对外国人进行汉语教学都具有重要意义。

(一)汉语单句句型

汉语的句子首先分为单句和复句。单句句型再分为主谓句和非主谓句两类。主谓句是由主谓短语构成的句子。

1. 动词性谓语句:其谓语由动词或动词性短语构成。
(1)动词谓语句:花开了。
(2)动宾谓语句:我们吃苹果。
(3)动补谓语句:汽车开走了。
(4)连谓谓语句:小王去上海买器材。
(5)兼语谓语句:医院派张医生值班。
(6)主谓谓语句:面包我吃光了。
2. 形容词性谓语句:谓语由形容词或形容词性短语构成。
(1)形容词谓语句:天气晴朗。
(2)形补谓语句:大楼上的霓虹灯亮得刺眼。
3. 名词性谓语句:名词性谓语句的谓语由名词或名词性短语构成。
(1)名词谓语句:今天星期天。

（2）数量谓语句：新来的厂长四十来岁。
（3）定心谓语句：这人好大的架子！

非主谓句是由单个词或者非主谓短语构成的。非主谓句不可能分析出主语和谓语来，所以不宜叫"无主句"。

1. 名词性非主谓句。例如：
（1）飞机！（名词）　　　　（2）好大的老鼠！（定心短语）
（3）老张和老李。（联合短语）（4）图书馆的。（"的"字短语）

2. 动词性非主谓句。例如：
（1）听！（动词）
（2）下雨了。（动宾短语）
（3）晒干了！（动补短语）
（4）请大家不要抽烟。（兼语短语）
（5）开着门睡觉。（连谓短语）

3. 形容词性非主谓句。例如：
（1）对！（形容词）　　　　（2）好极了！（动补短语）

4. 特殊非主谓句。例如：
（1）不！（否定副词）　　　（2）啊？（叹词）

（二）句型分析的原则和方法

进行句型分析时，我们只考虑句型成分以及句子的结构模式，所以必须首先排除一些不影响句型的因素。这些因素主要有以下几种：

1. 表示语气的因素不影响句型。换言之，不同的句类可能是同一个句型，而相同的句类可能是不同的句型。例如以下四个句子句类不同，句型却是相同的，都是动词谓语句：
（1）你来了。（陈述）　　　（2）你来吧！（祈使）
（3）你来吗？（疑问）　　　（4）你来了！（感叹）

2. 功能相同的词语互相替换不影响句型。例如：
（1）飞机打坦克。→坦克打飞机。（动宾谓语句）

(2) 弟弟来了。→妹妹去了。(动词谓语句)

3. 扩展一般不影响句型。句子的六大成分中,主语、谓语、宾语和补语都是句型成分,至于定语和状语,一般情况下,不影响句型的构成。例如下面两例前后句子属于相同的句型:

(1) 小花猫回来了。→邻居家的小花猫回来了。(动词谓语句)

(2) 他出国了。→他也许出国了。(动词谓语句)

扩展前后的短语语法功能相同,句型仍然都是。

4. 语用移位不影响句型。例如:

(1) 你丢掉了?→丢掉了,你?(动补谓语句)

(2) 我听说他好像回国了。→他好像回国了,我听说。(动宾谓语句)

5. 句子的特殊成分不影响句型。

(三) 句子特殊成分

句子的特殊成分是指独立成分与提示成分,共同特点是:第一,不参加句子的短语组合,所以不是句型成分。第二,附属于句子,但是不能独立成句。第三,在语义表达上有特殊作用。独立成分指在句子中临时插进一些习惯用语,目的是增强语言的表达色彩。这些习惯用语跟前后成分不发生短语上的联系,但是,在语义的表达上还是很重要的。独立成分的位置相当灵活,可以出现在句中、句首或句尾。最常见的位置是句中,所以又叫"插入语"。例如:

你看、你想、你听、你说(为了引起注意);看来、算起来、说不定(表示推测和估计);依我看、我看、我想(表明看法和态度);据说、听说(表示消息来源);总之、正如、再说(表示总结、举例、补充)。

提示成分跟句子中的某个指代词构成复指关系,或者跟句中的某个成分有总说和分说的意义关系。分为指代式和总分式两类,出现在句前或句后,并不参加句子的短语组合。例如:

(1) 青岛,这是一座美丽的海滨城市。

(2) 他最想了解的是你,我的老朋友小明。
(3) 他们夫妻俩,一个是司机,一个是售票员。
(4) 参加比赛的有三个队:中国队、美国队、日本队。

(四) 中心词分析法

1. 中心词分析法的特点

由于这种句子分析法用六大成分来命名,所以又叫"句子成分分析法"。两种名称,角度略有区别,其实质是相同的。

(1) 把主谓短语看作句子,而且认为句子总是由主谓短语组成的。因此,当主谓短语在句子中充当某个成分时,就叫作"小句"或"句子形式";而非主谓句,就叫作"无主句"。

(2) 碰到偏正短语时,首先找出它的中心语,碰到动宾短语或动补短语时,也要首先找出谓语中心词。即把主语和谓语看作句子的主干成分。

(3) 设立句子的六大成分,并且分为三个层面:主语、谓语是主要成分;宾语、补语是次要成分;定语和状语是附加成分。

(4) 每个实词都跟句子成分一一对上号,只承认联合短语和主谓短语可以直接充当句子成分。

2. 图解法

在长期语文教学过程中,还形成了一套中心词分析法的图解方法和相应的符号。例如:

(我们) 国家 ‖ [已经] 迎 〈来〉 了 | (一个)
　　定　　主　　　　状　　谓　补　　　　　定
(山花烂漫) 的 春天
　　定　　　　宾

中心词分析法进行分析时的步骤是:

第一步,用两根竖线首先把句子分为"主语部分"和"谓语部分"两大块。

第二步,再找出谓语中心词以及后面跟着的宾语和补语。

第三步,在主语部分找出主语中心语及其修饰的定语,在谓语部分找出谓语中心语及其修饰的状语。

第四步,宾语如果有定语修饰的话,继续寻找。如果主语或宾语的修饰语有好几个,则必须一一标明。

第五步,一些比较特殊的成分,例如"兼语""独立成分"和"复指成分",也有相应的符号。例如:

听说 校长 ‖ 请 新生 提 了(不少) 建议
　　 独　 　主　 　谓　 兼　 谓　 定　 宾

(五)中心词分析法与层次分析法的比较

1. 中心词分析法的优点

(1)方法简便,易于操作。一个句子,特别是一些比较长、短语比较复杂的句子,可以很快分出句子的主干和枝叶。从而便于提纲挈领,主次分明。

(2)有利于归纳句型,经过中心词分析法分析以后,句子的格局比较清楚了,因此可以归纳出汉语的句型系统,对语文教学有一定帮助。

(3)有利于修改病句,检查语法错误经常使用的"紧缩法",就是从"中心词分析法"演变而来的。

2. 中心词分析法的缺点

(1)缺乏"层次"观念。句子中所有的词语一举多分,致使句子内部的短语相当混乱。它的层次只是句子六大成分的层次,是固定不变的;不是句法短语真正的层次。

(2)缺乏"关系"观念。每个词语虽然都按照六大成分对号入座,但是,它们都是孤立的个体,不讲究词语与词语之间的关系。致使多个定语、多个状语,甚至多个宾语或补语在一个层面上出现。

(3)"联合短语"和"主谓短语"可以直接作句子成分,而其他短语却不行,必须以词的身份进入句子,致使句子成分有的是词,有的是短语,这在理论上就显得不一致。

(4) 由于强调寻找中心词,把修饰成分看作附加的,不重要的,致使在语义理解时,会出现偏误。例如:

(1) 他(不)是坏人　　　(2) 上海队(把天津队)打败了
(3) 他死了(爷爷)　　　(4) 哭(红)了眼睛

3. 层次分析法的优缺点

由于既讲层次,又讲关系,这就弥补了中心词分析法的不足。在分析短语结构或复句关系时,作用特别大。但是,它也有缺点,就是切分的手续有时候太繁琐,特别是碰到有些比较复杂的结构,往往很难把握全局。在碰到下列歧义结构时也无能为力:

开刀的是他父亲/鸡不吃了/鲁迅的书/大熊猫的杯子/他不吃饭

可见,层次分析法对揭示深层语义关系以及语用分析基本上是无效的。

二、汉语句式系统

句式是根据句子的某些典型特征划分出来的句子类型。它比较集中地体现了现代汉语句子的结构特点以及语义特色。

(1) 以谓语部分的特殊短语为标志,比如主谓谓语句、兼语谓语句、连谓谓语句、双宾语句、重动句等。

(2) 以句中出现某个特殊词语为标志,通常以介词或动词为主。比如把字句、被字句、对字句、连字句、比字句/是字句、有字句等。

(3) 以句子的特殊语义范畴为标志,比如存现句、比较句、被动句、受事主语句等。

(一) 主谓谓语句

主谓谓语句是由主谓短语充当谓语的句子。全句的主语相当于"话题",谓语相当于"述题"。为了叙述的方便,我们把全句的主

语叫作大主语,充当谓语的主谓短语的主语叫作小主语。根据大主语、小主语跟谓语动词的语义关系,可以分为四类:

1. 受事性主谓谓语句

大主语是小谓语中某个动词的受事,有时候也可以是与事或工具等,这类主谓谓语句大多可以通过大主语移位变换成一般的主谓句。例如:

(1) 这件事我没有听说过。→我没有听到过这件事。

(2) 这把刀我切肉。→我用这把刀切肉。

2. 领属性主谓谓语句

大主语和小主语之间有领属关系,或者是整体与部分的关系。领属性主谓谓语句可以在大小主语之间插入"的"字,变成一般主谓句。例如:

(1) 她普通话说得很不错。→她的普通话说得很不错。

(2) 我们班一半是南方人。→我们班的一半是南方人。

3. 关涉性主谓谓语句

大主语是大谓语关涉的某一方面的对象。这类句子,可以在大主语前面加上介词"对、对于、关于",形成句首状语,整个句子变成一般的主谓句。例如:

(1) 这孩子,我真没办法。→对这孩子,我真没办法。

(2) 天文学,我就知道有太阳和月亮。→关于天文学,我就知道有太阳和月亮。

4. 周遍性主谓谓语句

大主语是疑问代词的任指活用,或者是表示周遍性意义的词语。大主语跟小主语可以换位,而意义不变。例如:

(1) 什么他都不吃。→他什么都不吃。

(2) 任何困难我们都能克服。→我们任何困难都能克服。

(二) 双宾语句

双宾语句是一个动宾短语再带一个宾语的句子。紧靠动词的宾语叫作近宾语(又称间接宾语),不紧靠动词的宾语叫作远宾语(又称直接宾语)。例如:"朋友送我一本书""我问你两个问题"。构成双宾语句的动词大体上可以分为三类:

1. 具有"给予"义的动作动词,表示事物由甲传递给乙。比如:给、卖、送、赠、奖、发、递、输、交、还、赔、付、喂等。这些动词的后面大多可以添加"给"字。

(1) 卖他两幅画。→卖给他两幅画。

(2) 奖他三千元。→奖给他三千元。

2. 具有"取得"义的动作动词,表示事物由乙传递给甲。比如:取、买、娶、偷、抢、骗、赢、赚、要、扣、收等。这些动词后面一般不能添加"给"字。

(3) 买他一辆车。→﹡买给他一辆车。

(4) 收他一支笔。→﹡收给他一支笔。

3. 具有"认定"义的言语活动动词,表示抽象信息的传递,或是某种称呼、称号的认定、给予。比如:骂、夸、教、教导、问、询问、告诉、责怪、嘱咐、当、叫等。

(5) 告诉妻子要去打仗。

(6) 我叫他叔叔。

(三) 存现句

存现句是表示人或事物存在、出现或消失的句子。它的基本格式是"处所词+存现动词+事物"。例如:

(1) 大路上来了一队人马。(出现)

(2) 墙上挂着一幅画。(存在)

(3) 班里转走了一位同学。(消失)

1. 静态存在句

关键是句中的动词不表示实在的动作,或者不表示动作进行,只表示存在的方式,后面所跟的"着"表示状态的持续。例如:

(1) 张家庄有个张木匠。

（2）村子东面是一片麦田。
（3）桌上放着一个花瓶。

2. 动态存在句

句中的动词表示正在进行的动作,后面所跟的"着"表示动作的进行时态。例如：

（1）天空中盘旋着一架直升飞机。
（2）船头上飘扬着一面红旗。

3. 位移性隐现句

事物的出现或消失伴随着空间位置的变化,可在处所词语前加介词"从"。例如：

（1）外面走进来一个女人。→从外面走进来一个女人。
（2）窗户里飞走了一只鸟。→从窗户里飞走了一只鸟。

4. 非位移性隐现句

事物的出现或消失不直接涉及空间位置的变化,可在处所词语前加介词"在"。例如：

（1）脑海里浮现出一幅图画。→在脑海里浮现出一幅图画。
（2）书架上少了一本书。→在书架上少了一本书。

（四）把字句

介词"把"的作用是引进跟谓语动词密切相关的对象。"把"字和它的宾语构成把字短语,充当谓语动词的状语。把字句的语法意义是表示由于某种动作或原因的影响而产生某种结果或状态。因此,把字句的谓语短语部分必须是复杂的,不能是光杆动词。

1. 带补语：把事情搞得一团糟。
2. 带宾语；把老虎打断了一条腿。
3. 带状语；把毛衣往包里塞。
4. 带"了、着"：把苹果吃了。把盘子端着。

5. 动词重叠：把情况说说。

"把"的宾语主要是动作的受事，也可以是工具、处所、与事、使事乃至施事。关键是这必然是说话者最为关注的对象。例如：

（1）服务员不小心把茶杯打破了。（受事）

（2）把牙吃坏了。（工具）

（3）他把地面铺上了地砖。（处所）

（4）他骂女儿，结果把老婆骂哭了。（间接影响对象）

（5）小伙子一番话，把大娘乐得合不上嘴。（使事）

（五）被字句

介词"被"的作用主要是引进动词的施事。不过对施事必须做广义的理解。被字句表示被动的意义，所以说的往往是不如意的事情。例如：

（1）他被自行车撞了一下。

（2）衣服被雨淋湿了。

（3）太阳被大山遮住了。

不过，现在这类句式可以只表示被动，却不一定表示不如意的事情。例如：

（4）他被选为人民代表。

"被"的宾语有时由于动作的施事不可知或不必说出来，可以在句中不出现，"被"就直接用在动词前，这可以看作一种"施事省略"。例如：

（5）衣服被淋湿了。

1. 在书面语中，保留着"被……所""为……所"的文言格式。例如：

我们不能被花言巧语所迷惑。

2. "被"主要在书面语里使用，口语里常常用"叫、让、给"，有时还有"叫、让、被"跟"给"搭配使用的格式。例如：

（1）小鸡叫/让/给黄鼠狼咬死了。

(2) 老爷爷被/让/叫孙子给逗笑了。

把字句和被字句有许多特点是相似的,而且由于语义上的对应关系,句式之间经常可以互相变换。例如:

(1) 他把碗打破了。←→碗被他打破了。

(2) 美国队把巴西队打败了。←→巴西队被美国队打败了。

有时候,"被"字和"把"字可以出现在同一个句子里,即把字句和被字句融合了:

(3) 老梁被钉子把手扎破了。

练习题

一、指出下列动词性谓语句的基本句型,并且用中心词分析法进行句子分析。

1. 春天来了,花儿开了。

2. 我们学英语。

3. 弟弟送我两盒茶叶。

4. 同学们都表示同意。

5. 我不知道他已经回来了。

6. 马儿跑得飞快。

7. 他找了你三次。

8. 飞机在空中来回盘旋。

9. 我们进城看电影去。

10. 他这才吃饱了肚子。

11. 我们选他当班长。

12. 这把刀我切肉。

二、指出下列非主谓句的类型,并说明它们的用途。

1. 汽车!快上。

2. 简直太棒了!

3. 唉!这不能怪我呀。

4. 1998年夏天,波涛汹涌的长江岸边。

三、指出下列句子中的特殊成分，并指出属于哪一类特殊成分。

1. 桌子上放着两本杂志：《读者》，《家庭》。
2. 据说这个山洞里住过一个神仙。
3. 他的字，说老实话，实在太潦草了。
4. 黄河，它是我们中华民族的象征。

四、指出下面哪几句有特殊成分。

1. 你看，他们打架了吗？
2. 你看他们打架了吗？
3. 小张，干得仔细点！
4. 小张干得仔细点。

五、根据已经学过的句式类型，判断下列句子分别属于什么句式。

1. 发给他一件大衣。
2. 拍了他一下。
3. 叫黄蜂蜇了一下。
4. 将革命进行到底！
5. 西瓜一人一个。
6. 海上刮起了大风。
7. 问你一个问题。
8. 我心里不太痛快。
9. 把房间给整理一下。
10. 告诉我去天安门广场怎么走。

六、指出下列主谓谓语句的小类型。

1. 我们家乡经济很繁荣。
2. 这种矿石，开采的地方离我们老家不远。
3. 热爱科学的中学生我们是非常感兴趣的。
4. 这种小说我认为不太健康。
5. 在这里，我们谁都不认识。

6. 针灸技术我们医院已经提供了一整套资料。

7. 这部电影艺术水平不高。

8. 那次胜利我们已经记不清是第几次了。

七、判断下列存现句的类型，并说说各句在短语上的特点。

1. 山下一片好风光。

2. 大街上跑着一辆新车。

3. 门外是条小河。

4. 村里死了一条狗。

5. 小树长出了嫩芽。

思考题

一、有人主张层次分析法应该跟中心词分析法结合起来，你认为行不行？为什么？如果可以结合，你认为应该如何结合？试举例说明。

二、"什么他也不吃"，是主谓谓语句还是宾语提前句。说说你的看法，为什么？

三、具有"取得"义动词所构成的句子，比如"骗了他一笔钱"，有人认为不是双宾语句，而是偏正短语"他一笔钱"作宾语。你同意吗？为什么？

四、传统语法认为把字句的语法意义表示"处置"，你觉得准确吗？

第六节　句类及句子的动态变化

> 教学提示：重点是了解疑问句特点以及动态变化作用。1. 了解否定句式特点。2. 掌握疑问句的结构类型以及功能类型。3. 熟悉祈使句、感叹句的特点。4. 识别汉语句子在交际过程中的变化，包括移位、省略、插入和追补等。

一、句类系统

句类是句子按照不同语气功能划分出来的类型。一般分为陈述句、疑问句、祈使句和感叹句四类。每种句类在形式上有特殊的标志,在交际上也都有其特殊的功能。

(一)陈述句

1. 陈述句的语气词

陈述句用来陈述一个判断或说明一个事件。例如:

(1)北京是伟大祖国的首都。

(2)我从北京站一口气跑到王府井。

陈述句的语调平直,句尾略降,在书面上用句号表示停顿。陈述句可以带语气词,也可以不带语气词。不同的语气词用来表示不同的语气意义。例如:

(3)他答应我的。(表示确实如此)

(4)天下雨了。(表示情况有了新变化)

(5)我不愿意去嘛。(申明说话人的态度,强调事情显而易见)

(6)她不愿意去啊。(申明说话人的态度,但附加了一种提醒的意思)

(7)他血压有点儿高呢。(带有夸张的意味,把事情往大处说)

(8)他血压有点儿高罢了。(表示不过如此,把事情往小处说)

2. 陈述句的肯定形式与否定形式

陈述句有肯定和否定两种形式,肯定形式往往是无标志的,如果要显示强调,则常常用动词或副词"是"。例如:

(1)是他昨天到城里买了一本书。

(2)他是昨天到城里买了一本书。

(3)他昨天是到城里买了一本书。

(4)他昨天到城里是买了一本书。

(5)他昨天到城里买的是一本书。

否定词通常是副词,例如"不""未""别",但是"没有"是动词和副词的兼类。否定动词,用副词"没有";否定名词,用动词"没有"。

使用否定形式,需要注意几点:

第一,"不"和"没有"(没)都表示否定,但语义和用法有明显的区别:

(1)"不"往往表示主观意愿,"没有(没)"则表示客观情状。例如:

他不去英国,想去法国。——他没去英国,去了法国。

(2)"不"在时间上没有限制,"没有(没)"不能用于将来时。例如:

以前不干,现在不干,将来也不会干。——以前没干,现在也没干。——*将来也没干。

(3)"不"可以修饰动词和形容词,"没有(没)"原则上只能修饰动词。例如:

我不/没吃不干净的东西。——*我不吃没干净的东西。

(4)"不"可以跟几乎所有的助动词结合,"没有(没)"只能跟部分助动词结合。例如:

*他没会/肯/可以/应该/该去。

第二,异形同义格式。在一些习惯用法中,句子的肯定形式跟否定形式所表示的意义是相同的,但这样的格式不具备类推性。例如:

(1)好热闹=好不热闹　　(2)好容易=好不容易
(3)当心摔跤=当心别摔跤　(4)难免出错=难免不出错

第三,双重否定格式用来表示肯定的意思。例如:

(1)我的情况,你又不是不了解。

(2)从前线回来的人说到白求恩,没有一个不佩服,没有一个不为他的精神所感动。

例(1)的语气比单纯肯定要委婉,例(2)的语气比单纯肯定更强烈。

（二）疑问句

疑问句包括疑惑和询问双重意义。这就可能出现三种情况：既疑且问、疑而不问、问而不疑。疑问句内部小类在结构上也各具特色，在疑问信息、疑问焦点、疑问语气词以及疑问代词的使用上都很有特点。

1. 疑问句的结构类型

按照结构特点，疑问句可以分为是非问、特指问、选择问、正反问四类。

（1）是非问。是非问在结构上跟一般的陈述句相同，只要语调变为升调，或者带上疑问语气词，陈述句就变为疑问句。例如：

你去北京。↘→你去北京？↗→你去北京吗？↘

如果是非问句没有疑问语气词，语调必须上升。疑问语气词和升调在是非问句中二者必有其一。也就是说，疑问信息是由疑问语调或者疑问语气词承担的。升调是非问倾向于不可思议、不可理解、不以为然，具有否定性倾向；语气词是非问的重点是询问并要求回答。既用疑问语气词又用升调，带有强调意味。是非问全句构成疑问焦点。是非问所用的疑问语气词除了"吗"，还有"吧"和"啊"。例如：

你是老张吗？——你是老张吧？——你是老张啊？

用"吗"疑问程度比较强，属于"求知性"的，用"吧"的疑问程度比较弱，表示一种测度的语气，属于"求证性"的；"啊"带有惊疑的意味，但语气比较平和。是非问句不能用语气词"呢"。

（2）特指问。陈述句中的每一项都可用疑问代词来替换，从而构成特指问句。例如"他明天坐飞机去北京"这句话，可以分别用"谁""什么时候""怎么""干吗""去哪儿"来询问。疑问代词承担了特指问句的疑问信息，同时也形成了疑问焦点。

特指问如果用语气词，只能是"呢"，不能用"吗"或"吧"。如果一定要用"吗"或"吧"，特指问就变成了回声问，意思是：我没有听清楚，你是在问"什么什么"吗？

特指问还有两种特殊的简略格式，即在形式上没有疑问代词出现,但是句末用了疑问语气词"呢",而且要求有针对性的回答。

第一,"NP(名词性成分)+呢"。这种问句,一般是询问处所,也可以问其他情况,根据上文而定。例如:

你的手机呢?(=你的手机在哪儿呢?)

你去车站接人,那么我呢?(=我干什么呢?)

第二,"VP(谓词性成分)+呢"。句中的 VP 是动词性短语,询问假设性的后果。例如:

他不去呢?(=如果他不去,怎么办呢?)

要是他们不给钱呢?(=要是他们不给钱,那怎么办呢?)

(3)选择问。选择问句提出两种或几种选择项,希望听话人选择其中一项。选择问句如果用语气词,只能用"呢",不能用"吗"。例如:

你是去广州还是去深圳呢?

小姐来点什么?可乐?雪碧?椰汁?

(4)正反问

正反问句提出正反两个方面,希望对方选择一项,所以也可以说是一种特殊的选择问。正反问句语调可升也可降,如果用上语气词"呢",有"深究"的意思。例如:

你去不去广州呢?

里边有没有人?

2. 疑问句的功能类型

疑问句有不少特殊功能的用法。这主要是回声问、附加问、反问句、设问句等。

(1)回声问。针对上文全句或者某个词语进行询问,就叫回声问,也属于是非问。例如:

"不,不,我不信。""你不信?"

"我们打算明天去杭州。""杭州?"

(2)附加问。先提出个句子命题,再用简短的疑问形式附加在后面询问。例如:

他们搬家了,是不是?

你不知道,对吧?

(3) 反问句。反问句又叫反诘问,它是"无疑而问",即发问人心目中其实已有定见,只是在用问句形式表达自己对事情相反的看法,往往有不满、反驳的语气。肯定形式表示否定的意思,否定形式表示肯定意思。例如:

这件事他能不知道?(=他知道)

谁说我答应了啊?(=没答应)

(4) 设问句。设问句又叫自问自答句。发问人心目中实际上已经有了明确的意见,但并不直接把自己的看法说出来,而是先用一个问句引起对方的注意,然后再顺势引出自己的看法。例如:

人民币的信誉靠什么?靠稳定。

知道霍元甲吗?大侠,电视正演得红火呢!

(三) 祈使句

向听话人提出要求,希望他做什么或不做什么的句子叫祈使句。

1. 祈使句的肯定式与否定式

肯定形式的祈使句要求听话人做些什么,语气强烈的是命令句,委婉的是请求句。例如:

(1) 把犯人带上来!/你给我滚出去!

(2) 请出来吧。/千万当心哪。

否定形式的祈使句要求听话人不做什么。语气强烈的是禁止句,委婉的是劝阻句。例如:

(1) 禁止抽烟!/不准随地大小便!

(2) 您老就别去了。/千万别当回事儿。

2. 褒贬色彩的影响

一般地说,褒义色彩的词语,在祈使句中不用否定形式;贬义色彩的词语,在祈使句中不用肯定形式。例如:

	肯定形式	否定形式
褒义	要尊重别人！	*不要尊重别人！
贬义	*请随地吐痰！	不要随地吐痰！

这是符合语言使用者的一般心理的。说话人持肯定性评价的事情，一般不会要求别人不去做；而持否定性评价的事情，一般也不会要求别人去做。

（四）感叹句

感叹句是抒发强烈感情的句子，它大体上可以分为三类：

1. 直接用叹词构成的感叹句。例如：哎呀！哼！

2. 句中有明显标志，或用副词"多、多么、太、真、好"，或用语气词"啊"。例如：

(1) 多麻利的手脚！　　(2) 这人长得真魁梧！

(3) 好大的架子！　　　(4) 他是我们的恩人哪！

3. 句子形式在书面上跟一般的陈述句一样，但句尾用了感叹号；口语中语调是先升后降，并且音量加大。例如：

(1) 明天是星期天！　　(2) 爸爸回来了！

从抒发的感情看，可以有惊讶、快乐、悲哀、恐惧、愤怒、厌恶等，需要结合语境加以辨析。

二、句子的动态变化

句子在交际过程中，往往会根据实际情况做出一些调整，发生一些变化。句子这种动态变化，包括：移位、省略、插入和追补等。

（一）移位

通常情况下，汉语的语序是固定的，有时为了表情达意的需要，或由于脱口而出等原因，也可能改变这种语序。**这种改变句子常规语序，但句法结构不变，语义关系也基本不变的现象称为移位。**

例如:

这瓜甜不甜?→甜不甜,这瓜?
我以为一切都是天意。→一切都是天意,我以为。
我反正不想去!→我不想去,反正!
他要你快把材料送来。→快把材料送来,他要你。

其特点是:第一,移位句中被移位的两个部分可以还原,还原以后句子的意思不变。第二,移位句的语义重心在前置部分上,后置部分只是带有注释或补充的性质。第三,句末语气词一定要附加在前置部分的后面,而不能在后移部分之后出现。

(二) 省略

人们在运用语言时为了达到简洁的目的,在一定语境中常常省去一些成分,这就叫省略。省略必须符合三个条件:第一,是言语交际中由上下文或语境条件制约而造成的;第二,所省略的成分是确定无疑的,可以补回来的;第三,补出省略成分以后,句子的语义基本不变。

根据省略的语言环境,可以把省略分为承前省、蒙后省、对话省和自述省。

1. 承前省。被省略的词语已在上文出现过,省略后不会产生语言理解上的困难。例如:

(1) 老渔民长得高大结实,(　　)留着花白胡子。
(2) 他看看天,(　　)已经暗了。

2. 蒙后省。被省略的词语可以在下文中找到。例如:

(1) (　　)写完信,他就上床休息了。
(2) (　　)扛起铺盖,(　　)灭了灯,他奔了后院。

3. 对话省。在对话中,一些指称性的代词或者应承上文经常会省略。例如:

(1) "(　　)到哪儿去?""(　　)到教室去。"
(2) "你的意思呢?""我不知道(　　)。"

4. 自述省。说话人在写书信、日记、总结、述职报告或发言时,常将"我"省去。例如：

(1) 得知你考上大学,十分高兴。(写信)

(2) 看了这部影片,很受教育。(发言)

省略句与非主谓句是两种不同性质的句子,省略是在语言交际中出现的动态变化现象,非主谓句则属于句子的一种静态结构类型。两者关系是交叉的,即省略句可以是主谓句,也可以是非主谓句,反之,非主谓句可以省略,也可以不省略。例如：

(1)(一位同学在球场上打球,发现开始下雨了,喊了声：)下雨了！

(2)"昨天上海下雨了吗？""下雨了。"

同样是"下雨了",例(1)是非主谓句,它的结构是完整的,不必补上也无法确定补上什么。可是例(2)的"下雨了"则是"昨天上海下雨了"的省略形式。可见,判断一个句子是不是省略句,关键是要结合上下文以及语境来进行,一个孤立的脱离语境的句子,就无所谓省不省略。

(三) 插说

一般所谓的插说,实际上有两种：一是插入语,一是插说。前者是一些固定的习惯用语,属于句子的特殊成分；后者是临时组合起来的,属于句子的动态变化现象。**在说话过程中,临时想起了什么,而有意打断原来句子的结构,插入某些内容,对前文予以说明、补充或改正,这就是插说**。插说的形式标记,从口头来讲,主要是前后都有一定的语气停顿,书面上表现为破折号、括号、逗号,其中破折号最为常见。插说的类型有五种：

1. 说明型,对前文某个词语进行必要的注释或说明。例如：

我们三人——母亲和我和我的女人——用尽种种手段,想骗他不哭。

2. 补充型,对前文从不同的角度进行补充。例如：

人们常说——带着讽刺意味——山东人吃的多是不知葱之

美也。

3. 逻辑型,对前文从逻辑语义方面进行限制,包括条件、递进、选择、转折等。例如:

他已经买了一本书——而且是本新书——为什么还要再买一本呢?

4. 评述型,对前文表示评述性意见,有的还带一些感情色彩。例如:

他是在老婆——这么一个老婆!——手里讨饭吃!

5. 修正型,发现前文不够准确,或有错误,临时进行修正。例如:

在早先,除了洋布、粮食、洋油——现在叫煤油,其他东西很便宜。

(四) 追补

当话说出来以后,才发现不够完整、不够准确,甚至有错误,说话人马上追加补充,这就叫追补。追补主要有三种类型:

1. 补充型。

(1) 他都会,什么都会。

(2) 你通知了没有,下午开会?

2. 注释型。

(3) 他买了一本书,一本旧书。

(4) 这个要不要? 棉的。

3. 修正型。

(5) 他星期三才来的,哦,可能是星期四。

(6) 妈,我要告诉您一件事——不,我要跟您商量商量。

练习题

一、指出下列陈述句所带的语气词的作用。

1. 别担心,问题不会太大的。

第六节 句类及句子的动态变化

2. 一年到头,不知为他操多少心呢。
3. 你看,老师来了。
4. 我不想去嘛。
5. 不是大病,头疼脑热罢了。

二、在基本句义不变的前提下,把下列陈述句的肯定形式改为双重否定,双重否定改为肯定形式,并且说说语气上的区别。

1. 听了企业发展的远景规划,大家都感到信心百倍。
2. 作为教师,我们要关心每一个孩子。
3. 有些钱不能不花,但也得省着点。
4. 这件事,他不会不知道。

三、指出下列疑问句的结构类型。

1. 那本书你买了没有?
2. 明天会下雨吧?
3. 你的衣服呢?
4. 你到底想干吗?
5. 我们不去呢?
6. 我们是看电影,看话剧,还是看球赛?

四、指出下列疑问句的功能类型。

1. 难道你真的不打算出嫁?
2. 我劝你别胡思乱想了,好不好?
3. 为什么呢?就图多看几眼。
4. 你是在说他为什么不去吗?

五、请鉴别下列形容词(假设为 A),看看它们进入三个不同句法框架的情况。

形容词:客气、公平、热心、自满、努力、谦虚、急躁、胆小、小气、难过、争气。

框架:(1) A 一点儿! (2) 别不 A! (3) 别 A!

六、指出下列移位句的移位类型,并将其还原为正常语序的句子。

    1. 我鞠了个躬,给她。

    2. 下个月再试验一次,我提议。

    3. 时间过得真快,十一点了,都。

    4. 转来转去,看他急得。

    七、下列句子中省略了哪些词语?这些词语属于什么句法成分?

    1. 看着人家那样辛苦的劳动,老通宝觉得身上更加热了。

    2. 老栓看看灯笼,已经熄了。

    3. 他还说我表扬不得,一表扬,就翘尾巴,净给我吃辣的。

    4. 他看球比我打球的时候多。

    5. "这篇文章是谁写的?""刘华。"

    八、指出下列句子中的插语,并说明它们的作用。

    1. 这一车的货,少说也有五吨。

    2. 这件事你认为应该怎样处理?

    3. 这些书总共八十本,你来验收一下吧。

    4. 树上的小鸟,你听,叫得多好听!

    5. 说老实话,这次旅游我还真不想去。

思考题

    一、"双重否定"跟疑问句如何结合使用?"三重否定"有什么特殊功能?

    二、有人说"是非问句没有疑问焦点",你同意吗?为什么?

    三、"他沏了一壶茶,热热的。"与"他买了一本书,破的。"有人认为是定语后置,你同意吗?为什么?

    四、有人认为:一个句子,如果是省略句,就不可能是非主谓句;如果是非主谓句,也不可能是省略句。你同意这一种说法吗?为什么?

第七节　句法结构中的语义分析

> 教学提示：重点掌握句法结构中语义分析的方法。1. 语义角色分析法。2. 语义指向分析法。3. 语义特征分析法。4. 运用这些分析法来解释各种语言现象。

句法结构是句法形式和语义内容的统一体。对句法结构不仅要做形式分析，例如短语层次分析、句法关系分析、句型分析、句式分析、句类分析，更为重要的是还要做种种语义分析，主要是指语义角色、语义指向和语义特征三种分析法。

一、语义角色分析法

（一）句法关系和语义关系

在句法结构中，词语与词语之间不仅发生种种句法关系，而且发生种种语义关系。**语义关系是指隐藏在句法结构后面由该词语的语义范畴所建立起来的关系**。句法关系是句法关系，语义关系是语义关系，这两者可能一致，也可能不一致。例如：

(1) 小李吃了/苹果吃了　　(2) 吃饭了/来人了
(3) 鸡吃了。

例(1)是主谓关系，但从语义上看，"小李"跟"吃"是"施事——动作"关系，"苹果"跟"吃"是"动作——受事"关系。例(2)是述宾关系，从语义上看，"吃"和"饭"是"动作——受事"关系，"来"跟"人"是"施事——动作"关系。可见，主语不等于施事，宾语也不等于受事。所谓"施事""受事"实际上就是语义关系问题。一种句法结构关系，可能包含着多种语义关系，反之，一种语义关系也可能构成多种句法结构关系。所以例(3)"鸡吃了"是歧义的，鸡可能是施事，也可能是受事。

(二) 动词和名词语义关系的类别

句法分析的重点是动词跟名词性词语之间的语义关系,这也叫配价关系,或者格关系。在各种语义关系中,名词性成分担任了一定的语义角色,如"施事""受事""工具""方式"等,名词性词语经常担任的语义角色主要是:

1. 施事:指动作行为的发出者,也可用介词"被"(叫、让、给)引进。例如:

小牛在吃草/杯子被王华打碎了

2. 受事:指动作行为的承受者,也可用介词"把"(将)引进。例如:

小花猫逮住了一只大老鼠/他把书拿走了

3. 系事:指连系动词连接的对象。例如:

他是学生/陈伟成了一名画家

4. 与事:指动作行为的间接承受者,也可用介词"给"引进。例如:

他们送母校一幅油画/他还给我一支笔

5. 结果:指动作行为产生的结果。例如:

她在房间里打毛衣/我们学校盖了一幢教学大楼

6. 工具:指动作行为的凭借物,也可用介词"用"(拿)引进。例如:

你吃大碗,我吃小碗/王涛用毛笔在写字

7. 方式:指动作行为进行的方法、形式,也可用介词"以"(用)引进。例如:

明天考口试/他用蝶泳游完全程

8. 处所:指动作发生的处所或起点、终点,也可用介词"在"(从、到)引进。例如:

陈小玉去了师大/我住在二楼

9. 时间:指动作行为发生的时间,可用介词"在"(从、到)引进。例如:

他回家乡过春节/我的课请排在星期五

10. 目的：指动作行为发生的目的，可用介词"为"（为了）引进。例如：

他在筹备展览会/刘玲为考大学在复习

11. 原因：指动作行为发生的原因，也可用介词"因为"引进。例如：

他在外待了一个月避避风头/他爷爷因为肺病住了院

12. 材料：指动作行为所使用的材料，也可用介词"用"引进。例如：

他在给青菜浇水/地板用油漆涂了一层

13. 致使：指动作行为使动的对象，也可用介词"使"引进。例如：

我们要端正学习态度/我们要让孩子变得更加聪明

14. 对象：指动作的对象，也可用"对"（向）介词引进。例如：
他在教育孩子/向同学们表示感谢

（三）语义角色的解释力

名词语义角色实际上还有好多种，它可以跟动作直接组合，也可以靠介词引入，因此介词也叫作"格标记"。建立起语义关系的类型，就可以合理解释句法结构内部的复杂情况。动词同名词性词语之间的语义关系是由它们双方共同决定的，同一个动词，与不同的名词性词语搭配就可能产生不同的语义关系。例如：

(1) 吃面条（动作——受事）　　吃大碗（动作——工具）
　　吃食堂（动作——处所）　　吃大户（动作——依据）
　　吃包月（动作——方式）

(2) 妈妈在包衣服（施事——动作——受事）
　　他们在包饺子（施事——动作——结果）
　　外头包牛皮纸（处所——动作——材料）
　　礼品包小包（受事——动作——方式）

同一个名词性词语,与不同的谓词搭配也可能产生不同的语义关系。例如:
(3) 买毛衣(动作——受事)　　织毛衣(动作——结果)
(4) 打人(动作——受事)　　　来人(动作——施事)

(四) 名词和名词的语义关系

语义关系还包括名词跟名词的关系。例如:
1. 领属关系:我们的学校/弟弟的书包
2. 处属关系:天上的云彩/室外的温度
3. 时属关系:当时的情况/过去的历史
4. 从属关系:厂长的秘书/同学的妈妈
5. 隶属关系:兔子的尾巴/孔雀的羽毛
6. 含属关系:蔬菜的味道/妹妹的脾气
7. 质料关系:老虎皮的坐垫/杉木的扁担
8. 来源关系:中国的留学生/四川的榨菜
9. 种属关系:一等奖的奖励/四化的目标
10. 相关关系:李先生的消息/爱情的传说
11. 类属关系:金黄色的麦浪/人工的心脏
12. 比喻关系:金刚石的性格/历史的车轮

二、语义指向

(一) 句法结构和语义指向

语义指向是指句法结构中的某一成分跟其他成分之间在语义上的联系。这种语义联系同句法关系有时一致,有时不一致。例如:
(1) 月亮渐渐升起来了。　　(2) 妈妈高兴地点点头。

例(1)中的状语"渐渐"在句法上修饰谓语"升起来",在语义上描写"升起"的速度,在语法关系和语义关系上是一致的。例(2)中的状语"高兴"在语法上修饰谓语"点点头",但在语义上却指向主语,描写"妈妈"在发出点头动作时的心情,"高兴"的语法功能和语义指向就出现了背离的情况。语义指向分析的重点是分析在结构上没有直接组合关系的语法成分之间的语义联系,即非直接成分之间的语义联系。

(二) 语义指向的类型

1. 补语的语义指向

第一,前指动词。例如:

(1) 你砍快了,慢一点!　　(2) 我看完了《红楼梦》。

第二,前指主语。例如:

(3) 我砍累了。　　(4) 我学会了滑雪。

第三,后指宾语。例如:

(5) 我们砍光了树再休息。　　(6) 他一连发出界两个球。

第四,前指"把"的宾语。例如:

(7) 把刀都砍钝了。　　(8) 他把牙都吃坏了。

2. 状语的语义指向

第一,后指谓语中心语。例如:

(1) 血压急剧下降。　　(2) 我经常打乒乓球。

第二,前指主语。描写动作者在进行某一动作时的表情、姿态、心理状态等等。例如:

(3) 祥子青筋蹦跳地坐下。　　(4) 四凤胆怯地望着大海。

第三,后指宾语。例如:

(5) 花也很多,圆圆的排成一个圈,不很精神,倒也整齐。

(6) 七尺阔,十二尺深的工房楼下,横七竖八地躺满了十六七个"猪猡"。

第四,前指介词"把"的宾语。例如:

(7) 我把王群满意地打发走了。

(8) 师傅们把楼板纵横交错地堆放在一起。

3. 定语的语义指向

第一,后指中心语。例如:

(1) 他昨天买了件羊皮大衣。
(2) 我要好好地逛一逛美丽的西湖。
第二,前指主语。例如:
(3) 他做了一个惬意的梦。　　(4) 我过了一个愉快的暑假。
第三,前指谓语中心语。例如:
(5) 陈小平看了一天的书。
(6) 孙静在家等了一上午的电话。

(三) 语义指向的解释力

有些句法结构的情况比较复杂,语义指向可以合理解释句子成分之间的关系。例如:
(1) 王冕死了父亲。(王冕的父亲死了)
(2) 苹果吃了三个。(苹果中的三个吃了)
(3) 孩子被奶奶抱进了大门。([奶奶抱孩子]进了大门)
(4) 奶奶哭瞎了眼睛。(奶奶哭+奶奶的眼睛瞎了)
语义指向的分析可以帮助我们解释某些歧义现象。例如:
(5) 她又买了一件毛衣。
　　a. 我买了一件毛衣,她又买了一件毛衣。
　　b. 已借了一件毛衣,她又买了一件毛衣。
　　c. 已买了两件毛衣,她又买了一件毛衣。
　　d. 已买了一件皮衣,她又买了一件毛衣。

三、语义特征

(一) 词语搭配和语义特征

词与词在选择搭配时既有一定的语法限制,也有一定的语义限制。这种语义限制实际上就是词与词在语义成分上的适应性,如果没有这种语义的适应性,句法结构便不能组合起来。这种适应性,实际上就是语义特征在起作用。**词语中符合某种组合选择的有区别性特征的最小语义成分就是语义特征。**例如,"揉"这一动词要求与之搭配的受事词语必须具有[+固体][+柔软]这样的语义特征,"衣服""皮肤""面团"同时具有[+固体][+柔软]这两个语义特征,因此可以同"揉"这一动词搭配(揉衣服、揉皮肤、揉面团),但"泉水"不具备[+固体]语义特征,"石头"不具备[+柔软]语义特征,因此它们都不能与动词"揉"搭配(＊揉泉水、＊揉石头)。再比如,助词"着"表示动作或状态的持续,因此只有具有[+持续]语义特征的动词才能带助词"着"("唱着、跳着、听着"),而不具有[+持续]语义特征的动词不能带助词"着"(＊他报到着、＊会议开始着)。

(二) 句式构成和语义特征

不仅词与词的组合涉及语义特征的限制问题,某些句式的使用也涉及语义特征的限制。例如,"NP 了"句式中的"了"表示出现新的情况,它要求前面的 NP 必须具有[+推移性]特征,换言之,只有具有[+推移性]的 NP 才能进入"NP 了"句式。所谓具有[+推移性],是说 NP 表示的概念是由相对的概念推移而来的,有一个发展序列的存在。例如:

(1) 大孩子了,也该懂点礼貌!
(2) 军长了,不能随便表态!
(3) 都二十几岁的人了,做事要有头脑!
(4) 都 21 世纪了,观念还这么落后!

"大孩子""军长""二十几岁的人""21 世纪"都由前位概念推移而来,因此这些句子都能成立。不具备[+推移性]的 NP 无法进入"NP 了"句式:

(5) ＊孩子了,也该懂点礼貌!
(6) ＊人了,做事要有头脑!

(三) 语义特征的解释力

有些结构形式完全相同的句子却有不同的变换式,对这种现象可以从语义特征上加以解释。例如:

　　　　　　A　　　　　　　　B
　　　台上坐着主席团　　　台上唱着戏

这两组句子词语序列相同，内部的结构层次、结构关系也相同，但A组句子与B组句子的变换式却不相同：

(1) 台上坐着主席团→主席团坐在台上

(2) 台上坐着主席团→*台上正在坐着主席团

(3) 台上唱着戏→*戏唱在台上

(4) 台上唱着戏→台上正在唱着戏

A组句子表示"存在"，说明事物的位置，着眼点是空间；B组句子表示动作行为的持续，着眼点是时间。其主要原因就在于这两组句子中的动词具有不同的语义特征：

A组句子的动词"坐"等，都具有[+附着]这一语义特征，因此A组句子都具有"存在"的意义。B组句子的动词"唱"等，则不具备[+附着]这一特征，而具有[+进行]的意义。

通过语义特征分析，不仅可以较好地说明词语对词语、句式对词语的选择关系，而且可以比较合理地解释某些同形结构产生歧义的原因。例如：

　　(1) 倒了一杯水　　　　　　(2) 烧了一车炭

例(1)可以理解为"倒掉"或"倒上"，例(2)可以理解为"烧掉"或"烧得"，关键就在于动词的语义特征的不同："倒$_1$"和"烧$_1$"具有[+去掉]语义特征，"倒$_2$"和"烧$_2$"具有[+获得]的语义特征。不仅动词的语义特征很重要，名词的语义特征也同样重要。例如：

(3) 烧了一张纸→把一张纸烧了

(4) 烧了一壶水→*把一壶水烧了

同样是动词"烧"，但是跟"纸"组合，就只能够理解为"烧掉"，而且可以转换为把字句，因为"纸"具有[+可燃性]；如果跟"水"组合，就只能够理解为"烧得"，而且不能转换为把字句，因为"水"具有[-可燃性]。这是名词的语义特征制约了句子的语义。

练习题

一、指出下列语句中加"·"的名词性成分所担任的语义角色。

1. 售票处围满了人，大家都在挤电影票。
2. 昨天我买了一部词典。
3. 我家去年盖了一幢小楼。
4. 李老师退休时赠给学校图书馆一批书。
5. 他是跳舞明星，他会跳探戈。
6. 这个小店方便了周围的群众。
7. 食堂我吃不惯，我还是在家里吃。
8. 陈朗用红木打了一套家具。
9. 这件事他有他的想法。
10. 他对我说了许多大道理。

二、分析下列语句中加"·"的词语的语义指向。

1. 有一天，他在饭店里喝醉了酒。
2. 你干得太快了。
3. 老师傅手把手教会了两个徒弟。
4. 他在院子里深深地挖了一个坑，栽了一棵树。
5. 他把各种书籍杂乱无章地放在书架上。
6. 妈妈给儿子找了一件干净的内衣。
7. 我走了一大段冤枉路。
8. 我们忽然发现了老虎。
9. 这篇论文可把我写苦了。
10. 孙梅一听到这个消息慌慌张张地转身就走。

三、同样一个动词"考"，可以说：考大学、考研究生、考数学、考笔试、考五分，请分析它们的语义关系。

四、用层次分析法分化下列的歧义短语。

1. 关于熊猫的专题片
2. 新职工宿舍
3. 鲁迅和他的老师

4. 安排好工作
5. 看打篮球的孩子
6. 两个师大的学生

五、请运用语义指向的分析法分化下列歧义结构：
1. 他不吃面条。
2. 国王的脾气你也知道的。

思考题

一、请分析一下"今年又是一个丰收年"的语义指向。"又"指向哪里？

二、"厂里有一辆车"是歧义的，请用语义特征分析法解释其中的道理。

三、"老张有辆新车很得意""老张有条小狗很聪明"没有歧义，而"老张有个女儿很骄傲"则有歧义，请运用语义指向以及语义特征分析法作出解释。

四、我们可以说："谦虚点儿""老实点儿""灵活点儿"，但是，不能说："健康点儿""伟大点儿""高尚点儿"。为什么？试运用语义特征分析法作出解释。

第八节 歧义分析与认知解释

> 教学提示：了解汉语歧义格式的基本类型，能够运用层次分析、语义分析等方法分化歧义结构。熟悉认知解释的三个基本原则。

一、歧义分析

歧义现象是指一个语言片段可以作两种或两种以上的语义理解。歧义又叫作"同形"，一个着眼于内容，一个着眼于形式。歧义必须以同形作为前提,不同形就无所谓歧义。深入了解歧义现象,并且能够进行分化,将有助于我们加深对汉语句法结构复杂性、精细性的理解,关键是了解歧义的类型以及分化歧义的方法。

(一) 口头歧义与书面歧义

按照歧义现象存在的方式,可以先把它分为口头歧义和书面歧义。口头歧义主要是由同音词造成的。例如:

你 qīzhōng 考试考得怎么样?(期中/期终)

岸边停着一艘 yóulún。(游轮/油轮/邮轮)

书面歧义比较复杂。从歧义所产生的根源来分析,书面歧义首先可以分为词汇歧义和语法歧义。词汇歧义主要是由词的多义而引起的。例如:

他没有吃菜。(蔬菜/菜肴)

他已经走了两个小时了。(行走/离开)

我去上课。(讲课/听课)

车上多半儿是北大的学生。(超过半数/大概)

语法歧义,首先是不同词类以及词跟短语同形引起的。例如:

1. 词类不同。例如:

(1) 饭不热了。(形容词/动词)

(2) 他爬过那座山没有?(趋向动词/动态助词)

(3) 自行车没有锁。(副词/动词)

(4) 这篇文章你给我看看。(动词/介词)

2. 词和短语同形。例如:

(1) 刘英要煎饼。(名词,一种食品/动宾短语,指"把饼煎一煎")

(2) 存粮多一点好。(名词,指"储存的粮食"/动宾短语,指"储存粮食")

但是,语法歧义主要还是由于结构关系以及层次组合不同产生的。

（二）语法关系歧义

1. 动+名

动宾关系或为偏正关系。产生歧义的条件是：① 动词是及物动词,能够支配名词；② 动词能够修饰名词。例如：

学习文件　表演节目　代理厂长　修改方案(有歧义)
学习日语　表演杂技　收集材料　制造汽车(动宾关系)
学习园地　表演中心　建设高潮　休息场所(偏正关系)

2. $名_1$+$名_2$

联合关系或为偏正关系。产生歧义的条件是：①"$名_1$"与"$名_2$"并列,它们是表示同一义类的事物；②"$名_1$"可以修饰"$名_2$"。例如：

学校医院　生物历史　奶油面包(有歧义)
工人农民　语文数学　北京上海(联合关系)
教工宿舍　木头桌子　北京地图(偏正关系)

（三）层次不同歧义

1. 数量+$名_1$+$名_2$

产生歧义的条件是：①"数量"既能修饰"$名_1$",也能修饰"$名_2$"；②"$名_1$"能修饰"$名_2$"。例如：

两个学校的领导　　一个学生的建议(有歧义)
两所学校的领导　　一位学生的建议(数量+名｜名)
两位学校的领导　　一项学生的建议(数量｜名+名)

2. 形/$名_1$+$名_2$+$名_3$

产生歧义的条件是：①"$名_1$(或形)"可以修饰"$名_2$"和"$名_3$"；②"$名_2$"可以修饰"$名_3$"。例如：

非洲语言研究　　朝鲜战争小说(有歧义)
小说故事情节　　大敞篷汽车(名/形｜名+名)
地名语源词典　　老教师福利(名/形+名｜名)

(四) 关系与层次都不同的歧义

1. 动+名$_1$+的+名$_2$

动宾关系或为偏正关系。产生歧义的条件是：① "动"是及物动词，既能支配"名$_1$"，也能支配"名$_2$"；② "动+名$_1$"能修饰"名$_2$"。例如：

  撞倒弟弟的自行车 告别母校的学生（有歧义）
  撞倒路边的自行车 检查大楼的电梯（动宾关系）
  撞倒柱子的自行车 学习英语的条件（偏正关系）

2. 动+了+数量+的+名

产生歧义的条件是：① "数量"中的"量"应表示时量，"数量"能说明"动"的时间长度；② "数量"能修饰"名"。例如：

  运了一年的煤 砍了两个星期的柴（有歧义）
  生活了二十年的夫妻 死了三天的狗（偏正关系）
  花费了五年的工夫 走了三个小时的路（动宾关系）

3. 动+形+名

产生歧义的条件是：① "形"能补充说明"动"的结果；② "形"能修饰"名"。例如：

  放大照片 写好文章（有歧义）
  增大音量 查清问题（动［动补］宾关系）
  穿大棉袄 买新教材（动宾［偏正］关系）

4. 名$_1$+和+名$_2$+的+名$_3$

偏正关系或为联合关系，产生歧义的条件：① "名$_1$"能与"名$_2$"并列；② "名$_1$"能与"名$_2$+的+名$_3$"并列。可见，"名$_1$""名$_2$""名$_3$"应是表示同一义类的名词。例如：

  自行车和汽车的零件 牛肉和鱼的丸子（有歧义）
  哥哥和姐姐的房间 安徽和江苏的农产品（偏正关系）
  哥哥和远房的姐姐 安徽和东边的江苏（联合关系）

5. 关于/对+名$_1$+的+名$_2$

介宾关系或为偏正关系。产生歧义的条件是：① "关于/对"可以跟"名$_1$"构成介宾关系；② "关于/对"可以跟"名$_1$+的+名$_2$"构成介宾关系。例如：

关于鲁迅的杂文　　　对小陈的意见(有歧义)
关于道德的杂文　　　对商品的意见(偏正关系)
关于鲁迅的原名　　　对小陈的父亲(介宾关系)

(五) 语义组合歧义

1. 名$_1$+在+名$_2$+上/里+动+名$_3$

这一格式因语义指向不同而产生歧义，关键是"在名$_2$"的语义分别指向主语或宾语。

我在黑板上写字　　　弟弟在火车上贴海报(有歧义)
我在家里写字　　　　妈妈在飞机上看长江(名$_2$语义指向名$_1$)
我在轮胎里打气　　　赵军在鼻孔里滴药(名$_2$语义指向名$_3$)

2. 名+(不/没/没有)+动

这一格式因语义关系不同而产生歧义，关键是"名"是施事还是受事。

鸡不吃了　　　　小王没找到(有歧义)
孩子不吃了　　　小王没有来("名"是施事)
烤鸭不吃了　　　鞋子没找到("名"是受事)

3. 连+名+也/都+不/没有+动

这一格式因语义关系不同而产生歧义，关键是"名"是施事还是受事。

连厂长也不认识　　　连门卫都没看见(有歧义)
连厂长都没出席　　　连王老师都不会("名"是施事)
连荔枝都不认识　　　连茶都没喝("名"是受事)

4. 动+的+是+名

这一格式因语义关系不同而产生歧义："名"是施事或受事。

反对的是他　　　　　开刀的是他父亲(有歧义)
发明的是一位青年人　晕倒的是他父亲("名"是施事)

关心的是房子　　　购买的是笔记本("名"是受事)

(六) 歧义的消除

在言语交际中,真正能产生歧义的句子并不多见,这是因为我们可以运用一定的手段、利用一定的条件来消除歧义。消除歧义的手段大致有以下几种。

1. 利用语音

A. 轻声。轻声可以帮助区别词性和词义,有时还能区别不同的语法关系。例如:

(1) 他爬过山没有?　　　(2) 我想起来了。

例(1)"过"读去声(guò)是趋向动词,读轻声(·guo)是动态助词。

例(2)"起来"读 qǐlái,是趋向动词,与"想"构成动宾关系;读轻声·qilai,表示"开始"义,与"想"构成动补关系。

B. 重音。重音可以显示强调的重点,利用重音可以明确语法成分的语义指向。例如:

(1) ˈ他最喜欢游泳。　　　(2) 他最喜欢ˈ游泳。

C. 停顿。停顿可以起到显示结构层次的作用。例如:

(1) 没有穿破 | 的衣服　　　(2) 没有穿 | 破的衣服

(3) 没有 ‖ 穿破 | 的衣服

2. 改换词语或改变句式

A. 改换句法结构中的某个关键性词语,往往可以消除歧义。例如:

(1) a. 参加会议的有三个医院的领导。(有歧义)

　　b. 参加会议的有三所医院的领导。(无歧义)

　　c. 参加会议的有三位医院的领导。(无歧义)

B. 改变句法成分的次序,也可以消除歧义。例如:

(1) a. 安徽和江苏的部分地区遭受了水灾。(有歧义)

　　b. 江苏的部分地区和安徽遭受了水灾。(无歧义)

(2) a. 这个人谁都不认识。(有歧义)

　　　　b. 谁都不认识这个人。(无歧义)
　　C. 变换句式,以消除歧义。例如:
　(1) a. 台上摆着酒席→酒席摆在台上
　　　　b. 台上摆着酒席→台上正在摆着酒席
　3. 利用语境
　　A. 利用句子内部词语的语义制约,这样有歧义的短语一旦进入句子绝大多数就消除了歧义。例如:
　(1) a. 发现敌人的哨兵。(有歧义)
　　　　b. 他就是那位发现敌人的哨兵。(无歧义)
　　　　c. 我们在前方不远处发现敌人的哨兵。(无歧义)
　　B. 利用上下文的语义制约,这样也能够消除有歧义的句子。例如:
　(2) a. 鸡不吃了。(有歧义)
　　　　b. 鸡不吃了,钻到鸡窝里去了。(无歧义)
　　　　c. 鸡不吃了,我想吃鱼了。(无歧义)
　　C. 利用交际时具体语境的制约,包括说话时具体的对象、场景、身份等等,这些都对说话的内容起到了限制作用,例如:在饭店里,一位顾客对服务员说:"我要炒肉丝。"很显然,这句中的"炒肉丝"指的是一道菜。再如一个小学生背着书包出门时对奶奶说:"我去上课。"这话也不会产生误解,他奶奶绝对不会想到他这是去讲课。

二、句法语义的认知解释

　　语言活动受人类心理机制的制约,因此有许多普遍的规律,但由于语言类型上的差异,不同的语言也会表现出不同的特点。所以认知规律既有普遍性,也有特殊性。对语法现象和语法规律,我们不但要描写,还要解释。即不仅知其然,而且要知其所以然。不仅理解这是什么,而且知道这是为什么。这就需要对句法结构及其语义关系进行认知上的解释。认知解释,最重要的是三个方面。

(一) 原型范畴

科学研究,离不开分类,我们研究语法,就需要给词、短语、句子进行必要的分类。分类就需要有一定的可操作的标准。但是,我们所制定的标准,不论如何精细,如何准确,总是有些对象会发生问题。例如汉语里,名词和动词的界限似乎比较清楚,帽子、书包、树木、房子……都是名词,走、吃、打扫、敲打……都是动词。但是实际上还是有一些词语,很难归类,比如:

动宾	偏正1	偏正2
学习英语	学习园地	理论学习
演出话剧	演出人员	文艺演出

"学习、演出"等既可以带宾语,也可以修饰名词做定语,还可以接受名词修饰,后两者都是偏正短语。那么"学习"等到底是动词,是名词,还是名动词? 这说明,"帽子、书包"等是典型的名词,"走、吃"是典型的动词,而"学习、演出"等就不是典型的名词或动词。

在自然界,同样也存在这样的情况,麻雀、燕子是典型的鸟类,而鸵鸟、鸡、鸭就不是典型的鸟类。因此,我们在给语言成分或现象分类时,首先需要树立起"原型范畴",建立起核心的成员集合。**所谓原型范畴是指具有该类范畴典型属性和特点的成员的集合**。在原型和非原型之间没有不可逾越的鸿沟,从最典型成员到最不典型成员,按照典型程度的高低逐步过渡,从而形成一个连续统。

有部分名词,可以直接受动量词修饰,叫作"动量动态名词"。例如:

(1) 一阵雨　一阵风　一阵雪
(2) 一顿饭　一顿点心　一顿皮鞭
(3) 一场球赛　一场战争　一场京剧
(4) 一次宴会　一次灾难　一次机会

还有部分名词,可以带着"前""后",表示动态,叫作"时间动态名词"。例如:

(5) 雨前——雨后　球赛前——球赛后

(6) 饭前——饭后　战争前——战争后

还有部分名词,可以进入"正在……之中"的框架,叫作"进行动态名词"。例如:

(7) 球赛正在进行之中　　　(8) 战争正在进行之中
(9) 会议正在进行之中　　　(10) 手术正在进行之中

尽管"风、雨""战争、球赛"以及"会议、手术"等都是名词,但是它们的属性实际上还是跟一般的典型名词有区别。根据以上的分析,我们可以建立起一个名词动态性程度的连续统。

原型范畴的建立,可以帮助我们认清,以典型成员为核心,它的外围实际上排列着程度不等的非典型成员,这将有助于我们认识到在两个或几个典型集合之间存在着过渡地带。这样我们在给语法成分或者语法现象分类时就可以采取柔性处理,而不是刚性处理。

(二) 象似性原则

世界上事物与事物之间往往存在某种联系,其中很重要的一个联系就是象似性,即**两个事物之间,或者某部分外形,或者某种属性,或者某种特点比较相似,我们就把这种联系称为象似性关系**。我们在认识某个事物时,往往利用凸显的事物去认识比较隐蔽的事物,利用已知的事物去认识未知的事物。借助于象似性原则,我们主要采用了转喻和隐喻的方法。

转喻:依赖于 A 和 B 的临近性与关联性,把 A 看作相关的 B。属于同一个认知域的转指,用局部指称整体,用来源指称结果等。比如一个国家的首都往往是该国的政治、经济、文化中心,也是政府的所在地,所以,用首都来替代整个国家是个惯例,好比"国际上非常重视北京的声音",其中的"北京"实际上就是指代中国。再如:

(1) 我们去吃火锅。　　　　(2) 靠山吃山,靠水吃水。

"火锅"指代"火锅"里的食物。"山""水"指代依靠"山"和"水"所获得的食物。

**隐喻:利用具体、生动、常用、熟悉的概念来隐喻比较抽象、陌生、难以理解的概念。比如把利好的股市叫作"牛市",把不景气的股市叫作"熊市"。再比如有关军事的说法转述到一般工作中来:体育战线、科学堡垒、抗旱第一线、第三梯队等等。最明显的是把空间隐喻为时间。例如:

（3）冬天已经来临,春天还会远吗?

（4）五十左右的他在这里住了前后三十年。

"冬天""春天"都是时间概念,搭配的谓词却是"来临""会远吗"。"三十年""五十"是时段、年龄,搭配的却是方位词"左右""前后"。再比如:

（5）唱起来　　唱下去

"唱起来"的"起来"表面上是空间关系,表示的却是时间因素"开始";"唱下去"的"下去"表面上也是空间的移动,表示的却是时间的"持续"。

（三）图形与背景

我们感知两个事物之间的空间关系时,往往把一个事物 A 作为直接对象"图形",而把另外一个事物 B 当作"背景"。图形又叫"目的物",背景又叫"参照物"。图形的特点是:凸显的、较小的、居于中心位置的、可移动的、容易引起注意的、容易辨认的;而背景的特点是:不凸显的、较大的、居于边缘位置的、静态的、不容易引起注意、不容易辨认的。但是,两者也不是绝对,在一定条件下,可以转换,比如右图:

如果我们注意白色部分,就会看到一个花瓶,如果我们注意的是画线部分,就会看到两个面对面的人像。它们互为图形和背景。

我们观察事物,可以从图形到背景,也可以从背景到图形。这是两种不同的途径。例如:

(1) 亭子在湖中心。/人造湖在公园中央。(图形在前,再引出相应的背景)

(2) 湖中心有个亭子。/公园中央有个人造湖。(先引进背景,再出现图形)

通常存现句是"图形——背景",有字句是"背景——图形"。

图形与背景有的可以转换,有的不能转换。例如:

(1) 小学在超市的右边。——超市在小学的左边。

(2) 跳水台在游泳池左边。—— * 游泳池在跳水台右边。

(1) 可以转换,属于对称关系,图形与背景构成"互衬位置"。

(2) 不可以转换,属于不对称关系,图形与背景构成"单衬位置"。

汉语的结构组合实际上存在着背景往往先于图形出现的趋势。这也就是为什么偏正短语中,定语、状语总是在前,中心语总是在后的道理。偏正短语的排列往往是"背景——图形"。显然,认知语法为我们深入认识汉语语法的特点提供了有力的武器,它可以帮助我们解释种种语言现象。

练习题

一、指出下列语句产生歧义的原因。

1. 学生家长。
2. 保留意见。
3. 研究老舍的文章。
4. 部分被侵占的国家。
5. 厂里有三辆汽车。
6. 陈玲是前年生的孩子。
7. 我准备了一年的粮食。
8. 他们就订了五份杂志。
9. 我们小组讨论。

10. 钱华到这里工作才一个月,好多人还不认识。

11. 追得我满头是汗。

12. 他让老婆狠骂了一顿。

二、下面语句有的有歧义,有的没有歧义。有歧义的,请利用变换手法改变语句的形式来分化歧义。

1. 通知学生的条子。

2. 击溃了敌人的主力部队。

3. 他借了我十块钱。

4. 他哪儿都不去。

5. 做这种工作,老陈要考虑考虑。

6. 喜欢的是他的妹妹。

7. 他说那个没用。

8. 中东石油价格上涨了。

9. 小张不要了。

10. 我买了一本关于航海的书。

三、"不要打电话"可能有四种意思,分别由结构层次、结构关系的不同和词义的不同所引起,请予以分化。

四、下面的歧义是因为语义关系不同而引起的,请予以分化:相信的是傻瓜扮演的一位名演员。

五、男甲约会女乙,在中山公园左侧门见面,两人都去了,乙却怎么也找不到甲;后来乙约会甲,搭乘地铁,在中山公园前一站见面,结果,两人还是没有相聚。这到底为什么?从认知上进行解释。

六、量词"根"和"条",都可以跟某些名词组合,例如"绳子""棍子",但是有的却不行。粤语的"条",甚至于可以跟"村庄"组合,为什么? 说说这两个量词在认知上有何不同。

七、有关战争的许多词语,现在进入了我们的日常生活,请说明认知上是如何运用隐喻或者借喻的。例如:火力侦察、攻克堡垒、后勤、空降、主攻、制高点、游击战。

思考题

一、巧妙地运用歧义,可以产生特殊的艺术效果,你能够举一些例子吗?

二、歧义还有一种类型,即由于语境而引起的歧义,你能够举出一些例句来吗?

三、中国传统修辞学的比喻,跟认知语言学的隐喻、转喻有何相同之处?又有什么不同之处?

四、汉语词类的划分是个老大难问题,运用原型理论,从词类的连续统角度说说你对汉语词类划分的看法。

五、请从认知上说明为什么"差一点儿没 VP"格式会产生歧义:

他差一点儿摔倒了(没摔倒)　　他差一点儿没摔倒(没摔倒)
他差一点儿买着了(没买着)　　他差一点儿没买着(买着了)
他差一点儿结婚了(没结婚)　　他差一点儿没结婚(歧义)

第九节　复句与划线分析法

> **教学提示**:熟悉十种复句基本类型的特点,能够运用划线分析法分析多重复句,并且鉴别紧缩复句。

复句由两个或两个以上的分句构成,并且表示一定的逻辑语义关系。分句如果独立,就是单句,但是,单句并不等于分句。因此,**由两个或两个以上在意义上密切相关,结构上互不包含的分句所构成的语言单位,就叫复句**。

一、复句和单句的区别

分句的构造与一般单句的构造基本上是一致的,只是分句没有完全独立的语调,不能表达一个完整的意思。单句和复句的区别主要有三点:

1. 句法结构上互不包含

主谓短语是最适合充当分句的,但是并不是所有的主谓短语都是句子,它如果处于被别的句法结构包含的地位,就不是句子了。例如:

(1)谁去都一样。 (2)他记得你去年已经来过了。
(3)她身体很结实。 (4)我们要去英国的消息很快就传开了。

有的句子形式上好像是复句,但实际上只是单句中的一个成分。例如:

(5)我清楚地懂得,即使我不去他们也是会去的。
(6)内容好而且旋律美的歌曲是大家欢迎的。

"即使我不去他们也是会去的"以及"内容好而且旋律美"是所谓的"复句形式",在句中分别作宾语和定语。

2. 关联词语是重要的语法标志

所谓"关联词语",是指起关联作用的词和短语,它是识别复句类型的重要的标志。它主要有三类:第一,连词,它属于一种语法手段,而不是语法成分。第二,副词,它身兼两职,既作句法成分,又起关联作用,比如"只有……才……""只要……就……"中的"才"和"就"。第三,某些独立成分,往往由某些固定短语充当,比如"反之""总而言之"等。

逻辑意义是分句构成复句的基础。比如"久旱逢雨"跟"农民们挺高兴"之间在意义上有"原因——结果"关系,就有可能组合成一个复句,也就是说,分句之间在语义上有一定的选择性。分句与分句连接的手段,主要依靠关联词语和语序。**有一些复句不用任何关联词语,完全依靠语序以及前后分句的语义制约构成,这就叫"意合法"。**例如:

(1)警察迅速掏出手枪,那女人尖叫了一声。
(2)那女人尖叫了一声,警察迅速掏出手枪。
(3)老虎没有虎性就不吃人了,人没有人性就吃人了。
(4)教授拆开信,匆匆看了一眼,放进公文包里。

（5）十月初的一天，一位老和尚来到青龙寺，他就是二上庐山的弘一大师。

（6）潮州有个韩公祠，祠后有山曰韩山。

3. 停顿是分句与分句之间的重要的形式标志

单句内部，即使被语音停顿分隔成几个语段，这些语段也都处于被包含的地位，也就是说充当句法结构中的某个成分。因此要注意区分"句内停顿"和"句间停顿"，特别是句内在主语、带长宾语的动词、介词短语、方位短语后面的停顿。例如：

（1）那些刚进校的大一新生，都喜欢用这种又结实又便宜的书包。

（2）到了苏南以后，我们亲眼看见了中国农民创造的奇迹。

（3）我从来不曾忘记生我养我的白山黑水，疼我爱我的父老乡亲。

（4）我心里明白，这一切都是她给我造成的。

前两例停顿分别在主语、状语的后面，后两例的停顿分别在动词和宾语之间以及长宾语内部。

单句或复句的结尾一定要用句号、问号或感叹号，而分句与分句之间只能用逗号或分号。这也是鉴别某些单句和复句的重要特征，特别是用来鉴别联合短语与并列复句、连谓短语与连贯复句。例如：

（5）我们爱祖国爱人民爱和平。（联合短语作谓语）

（6）我们爱祖国，爱人民，爱和平。（并列复句）

（7）他走过去关上门。（连谓短语作谓语）

（8）他走过去，关上门。（连贯复句）

二、复句的类型

复句的构成，跟逻辑语义密切相关。这里主要涉及客观世界和主观世界两个层面。

作为客观世界，离不开两大基本要素："时间"与"空间"。时间是纵向的,构成了"顺承关系";空间是横向的,构成了"并列关系"。

在主观世界里,一个现象或一个事件可以作为认知的出发点,与另外一个现象或事件形成一定的语义联系。这个联系主要有两类:一是比较关系,人们在看待两个现象、事件,必然会进行比较,或者是"均衡",或者是"主次",这就构成了"平等关系"和"轻重关系"。二是事理关系,也就是两个现象、事件内在的逻辑事理关系,可能是符合事理的,也可能是违反事理的,这就构成了"顺理关系"和"违理关系"。

根据上述基本原则,我们把复句分为四个大类,十个小类:

A. 平等关系(A1 并列复句、A2 选择复句);B. 轻重关系(B1 递进复句、B2 补充复句);C. 顺理关系(C1 连贯复句、C2 因果复句、C3 条件复句、C4 目的复句);D. 违理关系(D1 转折复句、D2 让步复句)。

(一)并列复句

前行分句提出一件事情作为"标本",后续分句则相应提出在意义上并存、平行、或对立的事情,往往同时说明或描写几件事情,或同一事情的几个方面,这是并列复句。分句之间是"标事——并事"关系。

1. 共存型。表示相关的几种情况并存。例如:

(1)这些手编工艺品一些用来做礼品送人,一些拿到宫外的市场上换取日用品。

(2)联合国从大的方面说,是个国际大讲坛;从小的方面说,就是供一帮看上去挺体面的人练口才的地方。

2. 并行型。表示并行的事件同时发生。例如:

(1)外面下着小雨,咖啡屋里很冷清。

(2)一班从桥的这头过去,二班从桥的那头过来。

3. 相对相反型。表示两种相反或相对的情况。例如:

(1)新员工希望老员工"指导",而不是"指指点点"。

（2）中国人在青松翠柏上做了不少文章,俄罗斯人则与白桦树结下了不解之缘。

并列关系复句中使用的关联词语,单用的多用在后续分句中:"也""又""还""同样""同时"等;双用的有:"也……,也……""又……,又……""既……,又……""一来……,二来……""一边……,一边……",其中"是……,不是……""不是……,而是……"用在相反或相对的两个分句中;"而""相反""反之"用在具有相反相对关系的后一个分句中。

（二）选择复句

几个分句分别说出几个待选项,并表示可以从中进行选择,这是选择关系复句。前后分句是"选事——选事"的关系。

1. 取舍未定型。前后项关系是平等的。

A. 取舍任选式。几个分句说出若干待选项,但并未明确取哪一项舍哪一项,前后分句是"任取——任舍"关系,常用"或者……,或者……""要么……,要么……"的格式表示;"是……,还是……"用在取舍任选的疑问句中。例如：

（1）那些年轻的女人,或早早当上了新娘,或新娘的婚纱频频披挂更新不断。

（2）霍老先生当时到底是无力辨别真伪,还是无意辨别真伪呢?

B. 取舍必选式。即两个选择项强调的是某种周遍性,选择项虽然没确定,但是两项必选其一,关联词语为"不是……,就是……"。例如：

（3）桂花姐在家里不是帮助父母洗衣做饭,就是帮助哥嫂照看孩子。

（4）冬至以来,沿江一带不是下雨,就是下雪。

2. 取舍已定型。都以舍弃项来烘托选取项：

A. 先取后舍式。代表格式是"宁可……,也不……"。例如：

（1）宁可不用人,也不要用错人。
　　B. 先舍后取式。代表格式是"与其……,不如……"。例如：
（2）与其束手就擒,不如背水一战。

有些用"宁可……,也要……"连接的选择复句,看起来两项都是选取项,实际上"也要"分句是真正的选项,"宁可"分句是衬垫的选项,被舍弃的选项则隐含在话语中。这是"显取隐舍式"。例如：

（3）宁可自己忍饥受冻,也要让孩子们过得舒舒服服的。
（4）宁愿不戴这顶乌纱帽,也得把账目查个一清二楚。

（三）递进复句

前行分句提出一个情况,后续分句以此为基准,在数量、程度、范围、时间、功能或者其他方面更推进一层。前后分句是"基事——递事"关系。典型格式是"不但……,而且……"。关联词语还有"不仅""不单""不独""不只",以及"并""并且"等。副词"也""还""甚至"也常跟"不但"类词配合使用。例如：

（1）大别山区不但矿产很丰富,而且自然景色很美。
（2）黄金不只是一种名贵的金属,也是一种不需要翻译的万能语言。

递进复句有几个特殊类型：

1. 多重递进：表示多层递进,即把第一层的第二个分句作为基事分句,后面再出现一个递事分句,即把意思再推进一层。例如：

这里的跳蚤市场上的货物真是五花八门,而且价钱便宜,还常常能够发现精品。

2. 逆向递进：基事分句和递事分句都是否定结构,或都表示否定的意思。例如：

袁裕豪从此不但不再捕猎动物,还不许人随便进山砍树。

3. 反向递进：有的基事分句的意思是否定的,递事分句的意思却是肯定的,递事分句从肯定的方面把基事分句的意思推进一层。例如：

那些乞丐不但不害怕巡警抓,反倒希望被他们抓起来混两顿饱饭吃。

4. 让步递进:有的基事分句用让步方式提出一种情况,递事分句用反问句形式把基事分句的意思推进一层。例如:

平时尚且有这么高的上座率,何况节假日呢?

(四)补充复句

前行分句说出一个主要意思,后续分句对这个意思作一些追补、解说。分句之间是"主事——补事"关系。

1. 补句型。后续分句对前行分句全句的意思予以追补解说。后续分句的主语常由代词充当,指称前行分句。例如:

(1) 有的人常拿口吃患者开玩笑,这是把自己的欢乐建立在别人的痛苦上。

(2) 让孩子们回归自然,那也许是制止人类"退化"的唯一途径。

2. 补词型。后续分句对前行分句中某个词语的意思予以追补解说。例如:

(1) 惯于把梦当作人生的一部分来描写的,有两位大作家,一位叫冰心,一位叫巴金。

(2) "原谅"是儒家精神,"忘掉"是道家境界,两者都不容易。

例(1)是先总说,后分别追补;例(2)是先分说,后总说追补。

(五)连贯复句

前行分句首先陈述一种情况,后续分句随后陈述接着发生的另一种情况。分句之间是"先事——后事"关系。

1. 同事相继型。两个分句的主语相同,即同一个人或事物的动作行为相继发生。例如:

(1) 李医生掏出听诊器,把冰凉的听筒贴在我的胸脯上。

(2) 皮球在空中画了个漂亮的弧线,直入网窝。

2. 异事相继型。两个分句的主语不同,即不同的人或事物的动作行为相继发生。例如:

(1) 汽车鸣了两声喇叭,门就自动打开了。

(2) 将军做了个往下压的手势,人们顿时安静了下来。

连贯复句注重时间上的连续性,常用表示时间的词语标明事件行为的先后次序。双用的词语有"一……,就(便)……""刚……,就(便)……""首先……,然后……""开始……,接着……";单用的有"就""于是""接着""跟着"等词语,常用在后续分句中。

并列复句是齐头并进,雁行式,有时候次序可以互换而意义不变;连贯复句是相继进行,鱼贯式,由于时间上前后分明,一般不能换位。一个是横的并列,一个是纵的发展;一个着眼于空间,一个着眼于时间。

(六) 因果复句

前行分句说出原因,后续分句说出由此而产生的结果。分句之间是"原因——结果"关系。

1. 说明性因果。前句用已知的事实指出这是导致后句事实的原因,后句则引出某种必然的结果。例如:

(1) 这一阵子因为老是停电,所以蜡烛、煤油灯竟然畅销起来。

(2) 因为拉链对服装工业具有一种革命性的意义,所以被公认为是一百年来世界上最重要的发明之一。

"由于"跟"因为"都用于表示原因,不同的是"由于"常跟"因此""因而"搭配使用,"因为"常跟"所以"搭配使用。例如:

(3) 由于他在球场上有侮辱裁判的行为,因而受到禁赛三个月的处罚。

"因而""因此""从而""以致"等都可以单用在后续分句中表示结果。"以致"所引出的是不好的结果。例如:

(4) 这种变化引起血压升高,从而增加了心脏病发作和中风的危险性。

（5）美国人感到了欧元的威胁，以致在很长时间内对欧洲单一货币的进程保持着担忧和沉默。

2. 推论性因果。前行分句说出一个已经发生的情况，后续分句以此为前提，推断出一个应该发生的结果。"可见"可单独用在后续分句中，表示推论的结果。例如：

（1）既然主场客场都输了，就得承认我们确实技不如人。

（2）门把手上这么厚一层灰，可见他有些日子没回来住了。

（七）条件复句

前行分句说出某种条件，后续分句从该条件推出结果。分句之间是"条件——结果"关系。

1. 假设条件句。分句之间是"假设条件——结果"关系。代表格式是"如果/假如/要是……，那么/就……"。例如：

（1）如果我们走沪宁高速公路，那么可以提前一个小时赶到机场。

（2）我们要是没有金刚钻，也就不会揽这个瓷器活儿了。

有些假设复句用"如果说……，那么……"连接，两个分句提出两种说法，全句含有认同前行分句说法就得认同后续分句说法的意思。例如：

（3）如果说我们是跨世纪的一代，那么，我们在两个世纪都留下了坚实的足迹。

2. 特定条件句。

A. 充足条件句。前行分句说出的是充足条件，满足了这个条件，就会产生后续分句说出的结果，但也不排斥其他条件，分句之间是"充足条件——结果"关系。例如：

（1）只要有新药物出现，就会产生新的细菌变种。

（2）电视里只要一有消息，我就会坐下来看个究竟。

B. 必要条件句。前行分句说出的是必要条件，不满足这个条件，就不会产生后续分句说出的结果，分句之间是"必要条件——结果"关系。例如：

（3）只有把北门片的十多家小工厂全部迁走,才能彻底解决噪音污染问题。

（4）除非苏秋水当连长,才能带好这批以"小皇帝"为主体的新兵。

"只有"分句和"除非"分句提出的都是唯一条件,对其他条件有排斥性,不同的是"只有"分句从正面指定条件,"除非"分句从反面推断条件。

C. 周遍条件句。前行分句中使用具有周遍意义的形式提出某个范围内的所有条件,后续分句说出这个范围内的所有情况都只有一个相同的结果,分句之间是"所有条件——结果"关系。例如：

（5）无论是与基辛格对话,还是接受阿拉法特的反采访,她从来都没有怯场。

（6）不管你居住在美国、日本还是非洲、北极,收发电子邮件都只是几秒钟的事情。

（八）目的复句

一个分句说出目的,另一个分句说出为达到这一目的而发生的行为事件。分句之间是"目的——行为"关系。

1. 目的前置句。前行分句表示目的。例如：

（1）后来为了减轻母亲的经济负担,田汉考入了不收费的长沙师范学校。

（2）超级市场为方便顾客购物,都在入口处备有手推车和提篮。

2. 目的后置句。后续分句表示目的。例如：

（1）母亲随即搬到南京,以便时常去探望、鼓励他。

（2）赶快把出勤统计表报上来,财务处好制订奖金分配方案。

3. 目的回避句。后续分句出现不希望达到的目的。例如：

（1）他从不与同事一起吃饭看电影,以免无谓地请客花钱。

(2) 多带点矿泉水,省得临时再买。

（九）转折复句

前行分句先姑且承认某种客观事实作为让步,后续分句提出的结果却是违背常理的,与前一分句形成转折语义。两个分句之间是"事实——转折"关系。根据转折程度的深浅,转折复句可以分为两种:

1. 重转句。后续分句同前行分句的常态语义趋势之间有明显的相反相对关系,表达时使用成对的关联词语显示这种对立。有的还在后续分句中同时使用"但是"和"却"来强化这种相反或相对关系。例如:

(1) 虽然明知去了要吃苦,可她却偏要迎着苦头去。
(2) 那棵老苹果树虽然长得挺难看,可是结出来的果子却是又大又甜。

2. 轻转句。后续分句同前行分句常态语义趋势相反相对的程度浅一些,或者表达时不打算突出强调这种相反相对的关系。前句不用任何关联词语,只是在后续分句中单用"但是""只是""不过""却"等,后续分句起到某种追补修正的作用。例如:

(1) 红旗轿车已渐渐被国人淡忘了,可是,它在国际上的声威不减。
(2) 昨夜下了今年的第一场雪,不过到早晨全融化了。

（十）让步复句

前行分句先提出一种假设的事实,并姑且退让一步承认这个假设的真实性,后续分句提出的结果却是违背常理的,与前一分句形成转折语义。分句之间是"假设——转折"关系。例如:

(1) 即使你住在深山老林,也能感受到市场经济大潮的冲击。
(2) 情况纵然不更变坏,也不会有半点改善。

让步复句和转折复句相同点在于,后句跟前句相比,语义上都有转折的意思；不同点在于，让步复句的前句是假设的事实，转折复句的前句是真实的事实。跟"即使"作用相同的还有"就是""就算""纵然""哪怕"等。例如：

（3）哪怕"黑客"们个个神通广大，也无法进入这样的网站。

（4）就算你是一村之长，也不能随便推翻村民委员会的决议啊！

三、多重复句与划线分析法

两个或两个以上分句在一个层次上组合而成的复句，就叫基本复句。三个或三个以上的分句在两个以上的层次上组合起来的复句叫作多重复句。复句有几个层次，就叫几重复句，因此，就有二重复句、三重复句、四重复句等。例如：

你如果不按人民的意志办(A)，或者工作不能让人民满意(B)，人民就有权力批评你控告你(C)，甚至罢免你惩办你(D)。

```
   A    ‖    B    |    C    ‖    D
       选择          条件       递进
```

复句分析的重点是多重复句。复句分析的目标有两个：一是确定分句之间的关系，二是划分复句内部的层次。分句与分句的组合是有层次的，因此，**把层次分析法的原则和方法运用到多重复句的分析上，并用竖线表示出来，这就是"划线分析法"。**

多重复句分析的基本原则是形式和意义相结合。意义包括复句表述的内容、分句之间的关系意义、说话人的主观意义、语境意义等，形式包括关联词语、句序等。

分析多重复句可以先从形式上入手，根据形式确定复句的类型与层次，然后从意义方面加以验证；也可先从意义方面入手，根据逻辑语义关系确定复句的类型，进而决定层次，然后再从形式方面加以验证。其原理跟分析复杂短语的层次分析法实际上是一致的，只是名称、对象以及具体程序略为有一些区别。具体操作的程序，可以分为四步：

第一,确定是单句还是复句,如果是复句,再确定是基本复句,还是多重复句;如果是多重复句,再分析它的层次和关系。

第二,确定这个多重复句有几个分句构成,在分句之间用一根竖线划开,其关键是搞清楚单句与复句的界限,不要把单句内部的停顿误判为分句之间的停顿。

第三,根据关联词语、语序以及分句之间的语义关系,确定分句两两之间的关系,并且标出它的基本复句类型。

第四,根据分句之间的逻辑语义关系,以确定复句内部的层次。第一层次用一条竖线,第二层次用两条竖线,其余依次类推。例如:

(1) 我们结婚的时候,手电筒是唯一的家用电器。(单句)

(2) 昨天是休息,│今天复习,│明天正式考试。(基本复句)

(3) 高尔基在自学的过程中,既没有名师指点(A),│更没有资料可供查阅(B),│碰到的困难当然就比寻常人更多(C),│但是困难总是吓不倒他的(D)。

例(3)是多重复句,但由于"高尔基在自学过程中"后面的逗号属于句内停顿,因此,整个多重复句由四个分句构成,分别划上三条竖线。然后根据关联词语、语序以及语义关系,确定其层次和结构关系为:

   A ‖‖ B ‖ C │ D
    递进   因果   转折

(二) 分析多重复句的辅助方法

1. 看切分以后的两部分的语义是否相对完整。例如:

孔乙己是这样的使人快活(A),可是没有他(B),别人也这么过(C)。

这个复句从理论上讲可以有两种切分:

    A,‖ B,│ C。
    A,│ B,‖ C。

如果按照上面一种切分,A 与 B 先结合,"孔乙己是这样的使人快活,可是没有他",根本就不成话。如果按照下面一种切分,B 与 C 先结合,"可是没有他,别人也这么过",意义基本上可以理解。可见上面一种切分是错的,下面一种切分是对的。

2. 运用换位的方法看分句之间的关系是否合理。例如:

封锁虽严(A),冒险偷渡者依然不绝(B),而且十有八九是偷渡成功的(C)。

这一复句也可以有两种切分:

A,‖B,│C。

A,│B,‖C。

从语义是否相对完整来看,如果是 A 与 B 先结合,"封锁虽严,冒险偷渡者依然不绝",语义可以理解;如果是 B 与 C 先结合,"冒险偷渡者依然不绝,而且十有八九是偷渡成功的",同样意义也可以理解。那么,到底哪一种切分是对的呢?这就要用"换位法"来检测了。

第一,A,‖B,│C。→C,│A,‖B。

而且十有八九是偷渡成功的(C),封锁虽严(A),冒险偷渡者依然不绝(B)。

第二,A,│B,‖C。→B,‖C,│A。

冒险偷渡者依然不绝(B),而且十有八九是偷渡成功的(C),封锁虽严(A)。

显然,第一种换位不能成立,第二种换位可以理解,因此这一切分是正确的。

三、紧缩复句

(一) 紧缩复句的性质

"紧缩"有两层意思:"紧"是紧凑,取消了语音停顿;"缩"是简缩,去掉了一些词语。紧缩大都是就复句的变化而言的。**一般的复句在分句与分句之间的语音停顿取消了,并且省略了一些关联词语,那就变成了紧缩复句,简称"紧缩句"**。例如:

(1) 无论你到哪儿,我都跟着。(一般复句)

你到哪儿我都跟着。(紧缩句)
(2) 你如果有意见,就说出来。(一般复句)
你有意见就说出来。(紧缩句)

(二) 紧缩复句的固定格式

紧缩句常用成对、成套的关联词语(副词)构成一些固定格式,表示各种关系。

1. "不……不……"。表示假设关系,相当于"如果不……就不……"。例如:

钟不敲不响。　　　　　我不说不痛快。

2. "不……就……"。表示假设关系,相当于"要是不……就……"。例如:

他不想去就别勉强他。　　校长不来就开不成会。

3. "不……也……"。表示让步关系,相当于"即使不……也……"。如:

他不说我也明白。　　　　这种小病不治也会好。

4. "再……也……"。也表示让步关系,相当于"即使再……也……"。

工作再难我也不怕。　　　电视再差也有人看。

5. "一……就……"。有两种作用。一是表示承接关系:

老王一吃过晚饭就散步去了。
他一碰就觉得不对劲儿。

一是表示条件关系,相当于"只要……就……"。例如:

他一来就没好事。　　　　老袁一闲就生病。

6. "非……不/才……"。表示条件关系。例如:

我非做完作业不睡觉。
你非要学几年才能干好这工作。

7. "越……越……"。表示条件关系(倚变关系),后者随着前者的变化而变化。如:

阿Q越想越生气。　　　　　他越解释我越糊涂。

（三）紧缩复句的特点

1. 有一些紧缩句只使用单个的关联词语。例如：
（1）你找谁也没有用。　　（2）有话哪儿都能说。
2. 紧缩句的主语。可以相同,也可以不同；可以全部出现,可以部分出现,也可以全不出现。例如：
（1）多做练习才能提高成绩。（前后主语相同,都未出现）
（2）天王爷来了也不怕。（前后主语不同,只出现前一主语）
（3）一响我吓一跳。（前后主语不同,只出现后一主语）
（4）不打不老实。（前后主语不同,都未出现）

练习题

一、请判别下面的句子,哪些是单句,哪些是复句。

1. 他这个人呀,就是不听老人的话。
2. 才说了几句,他就睡着了。
3. 对你,对我,他都不太信任。
4. 他这是对你说,不是对我说。
5. 为了弟弟,我们都作出了极大的牺牲。
6. 为了迎接总统到来,我们里里外外打扫了一遍。
7. 她走过去关上门。
8. 她走过去,关上门。
9. 不但全体学生,而且所有的教师都参加了这个运动会。
10. 这地方不但风景优美,而且空气新鲜。
11. 墙上挂着两张地图,一张是世界地图,一张是中国地图。
12. 墙上挂的两张地图,一张是世界地图,一张是中国地图。

二、分析下列多重复句。

1. 发展个体经济不是权宜之计,而是我国一项长期的方针,也是改革的一个重大步骤。

2. 由于老年人各自"闭关自守",信息闭塞,即使知己就在咫尺,相互之间却"老死不相往来"。

3. 没有人,政策法规再好,也是难以发挥作用的。

4. 由于地下军事要塞的修筑是在秘密状态下进行的,为防止军事泄密,劳工要么被折磨致死,要么被秘密杀害。

5. 念小学时,家境拮据,买不起漂亮的信笺,更买不起自来水笔。

6. 过去捧着"铁饭碗",混社会主义的"大锅饭"吃,那不叫主人翁,而是败家子。

7. 与会代表不仅专业知识精湛,而且见多识广,能得到他们的首肯,靠的不是溢美之词,而是材料、事实、理论和数据。

8. 不管你再怎么身居高位,一旦犯了错误,尤其是贪污罪,不是被免职,就是降级或长年不加薪,直至判刑。

9. 人生中一些极珍贵极美好的东西,如果不好好把握,便常常失之交臂,甚至一生难得再遇再求。

10. 大学的原意是学生组合成的团体,想读书研究的人,不论年老年轻,大家组成一个团体,聘请名师来讲授,这就是大学的起源。

三、下列句子哪些是紧缩句,哪些是单句?判断的理由是什么?

1. 他不去不要紧。

2. 梨不吃不知道味道。

3. 你要来明天就来。

4. 你真是越长越漂亮了。

5. 他们一家五口就住两间房子。

6. 没找到凭据就下判断叫武断。

7. 你再说也没有用。

8. 他放学回家一口气吃了三碗饭。

思考题

一、下面两个例句有争议,你认为是单句还是复句,为什么?

1. 他用牙刷刷刷这边牙齿,刷刷那边牙齿。
2. 我们希望你们马上过来,一起参加讨论。

二、主语出现在关联词语的前面或后面,意义上会有微妙的变化,请就下面的例句作分析:
1. 与其你去,不如他去。
2. 你与其去,不如不去。

三、以前往往把"我知道他没有来"说成是"包孕复句",即大句子中包含着一个小句子,你觉得这样分析有没有道理?为什么?

四、有人说紧缩句是用单句的形式表达了复句的内容,因而紧缩句既不是单句,也不是复句,而是一个独立的类。你对此有何看法?

参考文献

吕叔湘. 汉语语法分析问题[M]. 北京:商务印书馆,1979.
赵元任. 汉语口语语法[M]. 北京:商务印书馆,1979.
吕叔湘. 现代汉语八百词[M]. 北京:商务印书馆,1980.
朱德熙. 现代汉语语法研究[M]. 北京:商务印书馆,1980.
吕叔湘. 中国文法要略[M]. 北京:商务印书馆,1982.
朱德熙. 语法讲义[M]. 北京:商务印书馆,1982.
朱德熙. 语法答问[M]. 北京:商务印书馆,1985.
张斌,胡裕树. 汉语语法研究[M]. 北京:商务印书馆,1989.
邢福义. 汉语语法学[M]. 长春:东北师范大学出版社,1997.
马庆株. 语法研究入门[M]. 北京:商务印书馆,1999.
陆俭明. 现代汉语语法研究教程[M]. 北京:北京大学出版社,2003.
陆俭明,马真. 现代汉语虚词散论(修订本)[M]. 北京:语文出版社,2003.
邵敬敏. 汉语语法专题研究(增订本)[M]. 北京:北京大学出版社,2009.
邵敬敏. 新时期汉语语法学史[M]. 北京:商务印书馆,2011.

第五章 语　　用

第一节　现代汉语语用概述

> 教学提示：重点理解语用分析的意义和善用语用规律的重要性。1. 认识语用分析的基本要素。2. 深刻领会语境的作用。

传统语言学研究的对象是语言符号系统内部的关系和规律，主要是语音、词汇和语法。而**语用学探讨的则是语言符号及其使用者与语言使用环境三者之间的关系，研究这个规律的就是语用学，重点是话语在特定语境条件下的交际意义**。人们在具体语境中的话语，不管是口语和书面语，也不论是一句话还是一次对话，或者一篇文章、一本书，都是语用分析的对象。语言交际必须充分考虑到语境因素，才能达到表达和理解的最佳效果。在语用中，表达能力指的是利用语境进行恰当的口头或书面方式表达的能力；理解能力指的是利用语境准确获取语用含意的能力。

人们为了交际的最佳效果，必须调动各种语言的意义、形式和语境的因素，来丰富语言运用的手段。在长期的交际过程中，这些手段便形成了固定的格式或特征体系，通常称之为辞格或语体，所以，辞格和语体也是现代汉语语用分析的重要内容。

一、语用分析的意义

语用分析能使我们了解现代汉语交际表达和理解的一般规律，

认识语言交际是如何调动各种语言因素和非语言因素,使说话者能够准确地传情达意,而受话者能够准确获取说话者的真情实意,从而达到交际的目的。

在具体交际场合中,说话人传递的语言信息可能并不是句子表面所传达的意义,例如:

(1) a:今晚大学生俱乐部有晚会,我们一起去好吗?
 b:啊呀,明天我们考英语呢。

b 的回答实际上只是个借口。真实含义是委婉拒绝。

(2) 您能把胳膊朝边上挪一挪吗?

表面上这是一个疑问句,实际上却是祈使句的特殊用法,显得比较婉转客气。可见,语言交际的各种因素综合决定句子的真正意义,有时即使同样一个句子,由于各种交际因素的差异,句子真实含义也可能不一样。可见,语用知识能够使我们懂得如何获取话语的真正意思以及发话者交际的真实意图,同时,学会如何巧妙表达才能达到自己的交际目的。

二、语用的基本要素

(一) 发话者

发话者指语言信息的发出者,包括口语说话者和书面语作者。在正常情况下,大都是发话者实施某种言语行为,或者有事情有想法想要倾诉,或者想跟别人建立联系,或者发出某种请求、指令等。例如李老师对全班同学说:

明天上午八点钟你们都到办公室来。

"李老师"是发话者,发出某种语言信息,实施这一言语行为的意图就是要向全班同学发出某个指令。

(二) 受话者

受话者指听话人或读者。言语交际除了发话者,还要有受话者,从而构成了交际双方。某些交际行为好像分辨不清发话者和受话者,例如公共场所的警示语"禁止吸烟"等,其实,发话者是公共场所的管理者,受话者是进入该场所所有的人,双方都是潜在的。

(三) 话语内容

话语内容指发话者用语音或文字所表达的具体内容。没有具体内容的言语交际是不存在的。话语内容有多种类型,如激发型、传授型、宣泄型等,比如中国人见面常说:"你好!""吃了吗?"表面上看,这些话语似乎并未传递什么有用的信息,但实际上,这正是中国社会人们亲切问候的惯用语,就类似于英国人见面常常会问天气如何的道理是一样的。因此,我们必须通过话语的表层深入了解对方的真实意图。

(四) 语境

语境就是语言交际行为发生的具体环境。语境是现代汉语语用分析中最重要的因素。任何一个言语行为,都离不开语境因素的制约。语境通常包括以下四个方面:

1. 上下文

指语言符号链条组成的口语的前后语或书面语的上下文。

2. 现场

指言语行为发生的具体时空环境。它的范围是言语交际各方当时感知能力所达到的限度。例如上课时师生的交际行为通常发生在教室里,教室以及能通过窗户见到教室外的东西就都属于现场语境。

3. 情境

指与言语交际行为相关的种种客观要素,包括交际主题、场合、方式(口头还是书面,电话、录音还是视频,独白还是对话,电子邮件还是传真等)、社会关系因素(年龄、身份、教养、职业、地位、关系密切程度等)。

4. 背景知识

指人们贮存在记忆中关于整个世界的百科知识,以及一定文化背景下的信念系统等。

(1)百科知识。第一类是规律性的,例如水到一百度会沸腾,买东西必须付钱,四川人爱吃辣等。第二类是事件性的,如中华人民共和国成立于哪一年,某同学的生日是哪一天等。

(2)信念系统。即常规常理,人们普遍接受的社会价值观念,以及在这种观念支配下人们对一些现象的看法,如个人的隐私应受到保护,子女对父母应该孝顺等。

以上四种语境,第一种语境用语言符号表达,其余三种是非语言符号的语境知识。当人们进行语言交际时,语境知识对表达和理解过程起着重要的作用。

三、语用分析的主要内容

(一)语境在语言交际中的重要作用

在日常语言交际中,每个词、每个句子乃至整个交际的话语语义,只有在特定语境中才能表达、理解。没有语境及其知识参与的话语交际是不存在的。这个特点和规律,对汉语教学同样具有重要的应用价值。

1. 共有的语境知识是交际的基础

任何语言交际要达到最佳效果,交际各方必须要有共有语境知识作为表达和理解的出发点或基础。例如:

(1)甲:昨天那场球实在太精彩了!
　　乙:什么?
(2)甲:我不去了,你呢?
　　乙:我还是去吧。

例(1)甲和乙缺少共同的球赛语境信息,谈话就无法进行下去了。例(2)中,显然你和我都很熟悉,双方也非常清楚要"去"哪里以及做什么,这样,交谈就很顺利。

一切语境知识在没有语言交际之前,都只是"潜在的"因素;一旦语言交际行为出现,交际各方的语境因素就被"激活"起作用。因此,交际过程中的表达和理解,有赖于各方共有的语境知识,才能达到最佳的交际效果。

2. 语境提供表达和理解的语用策略

第一,从已知信息到未知信息策略。在一般的情况下,人们获取新经验时遵循"已知信息→未知信息"的心理顺序。**为了让受话者能最大限度地理解话语的原意,发话者表达时必须选择受话者已有信息作为出发点,然后再传达其未知信息**,所以,"已知→未知"的认知规律说明,对于不同的交际对象,由于对方的语境知识不同,应该考虑不同的表达方式。

第二,语境优先策略。发话者要让受话者清楚地理解表达的内容,又不能过多地占用对方的精力和时间,这就要充分借助于语境,**语境能够提供的信息要优先于话语本身的信息,凡受话者可以从语境中获得的信息,原则上都可以不表现为语言形式**,除非有必要特别强调它。例如:

(1)他是我们的红娘呢!

(2)甲:听说你俩都荣升新爸爸了?恭喜啊!

乙:是的是的,昨天生的,他是男孩,我是女孩。

例(1)中"红娘"(相当于"媒人")的词义要有语境知识才能理解。例(2)对话里"他是男孩,我是女孩"真正意思只有借助于语境信息才能获知,否则逻辑上说不通。由于有了语境知识的帮助,就不需要更多的言语了。

现代汉语中有非主谓句句型,还有省略或者隐含等现象,这些话语中的语义空白,受话者可以从语境中找到,通常并不妨碍理解。

(二)语境帮助获取语用含意

用语音或用文字来表达的语言符号意义我们统称为"字面意义"。话语内容有些可用字面意义直接表达出来,有些却**不用字面**

意义表示,利用特定语境下交际各方的共有信息,间接地传递真实的意思,这可称为语用含意,也称为言外之意。例如:

甲:现在几点了?

乙:哦,太晚了,我们下次再谈吧!

甲:好吧。

例句中,发话者不是真的在询问时间,而是在提醒谈话可以结束了,受话者也立即领会到了。这说明,语言交际的字面意义并不都是发话者的表达的真实意思。**语用含意属于语境意义,是语用分析的核心内容。**

(三) 话语语义结构及连贯规律

不管话语多么丰富和复杂,**都必定根据发话者的交际意图组成一个完整的语义结构,其中的组织规则就是连贯。**所以话语语义结构及其连贯规律,是语用分析的主要内容。

话语语义结构的连贯首先表现在语言符号链条上的衔接,每个句子都在逻辑语义上彼此照应,前后联系起来。现代汉语常见的衔接手段是语序,还可以用词汇、语法等手段。

语境是话语语义结构的连贯因素,当发话者表达语用含意时,语境知识通过蕴含方式对话语语义起连贯作用,提供给受话者理解的线索。汉语是一种话题凸显的语言,**话题对于话语连贯性起重要作用。**

练习题

一、你认为学习语用与学好现代汉语课程有关系吗?为什么?请举例说明。

二、两个人正在聊天儿,其中一人突然看了看手表,另外一个人马上说:"那我们下次再约个时间谈?"你认为是哪一些非语言符号的语境因素对交际起了作用?是什么作用?

三、语境在话语交际中有什么重要作用?跟语言符号之间的关系如何？试举例说明。

思考题

一、在人类认知规律中，为什么要遵循"已知信息到未知信息"的规律呢？请举例说明。

二、在日常交往中，你认为人们都能正确理解彼此话语的真正意思吗？为什么？

三、汉语中有非主谓句、省略句等现象，它们如何体现话语语义的连贯性呢？请举例说明。

第二节 言语行为的基本准则

> 教学提示：重点掌握言语行为的合作原则与礼貌原则。1. 能够运用这些基本准则解释语言交际现象。2. 运用言语行为准则推求语用含意。

话语交际是人类复杂的言语行为，语用意义在特定语境下是发话者通过字面意义希望表达的真实意义。如果希望达到表达和理解的最佳效果，那就是交际各方都必须遵守话语交际的两个基本准则：合作原则和礼貌原则。

1. 会话合作原则：保证信息传递能顺利进行，各方能达到最大限度的相互理解。

2. 会话礼貌原则：调节交际各方的人际关系，使言语行为在和谐的氛围中顺利进行。

一、言语行为及类型

言语行为是指用言语来实施并达到交际意图的行为。 人们运用语言进行交际的过程，实际上是由言内行为——言外行为——言后行为三部分构成,最后实现发话者的交际意图。

1. 言内行为

言内行为指言语表达(说或写)这一行为本身。人们首先按照说话意图选择语言形式,形成话语,又称为"以言指事"。例如:

(1) 今天是国庆节。

(2) 姐姐昨天从香港回来了。

2. 言外行为

言外行为指用言语表达(说或写)实施发话者意图的行为。人们用话语表达来实施多种交际行为,以达到各种意图,又称为"以言行事"。例如:

(1) 退休工人老张昨天去世了。

(2) 请把茶杯递给我,好吗?

(3) 你再敢说这种话,我绝饶不了你!

(4) 对不起,我来晚了。

上述各例分别显示:例(1)陈述,例(2)请求,例(3)警告或威胁,例(4)道歉。

3. 言后行为

言后行为指受话者接收发话者话语之后所受到的影响,也就是话语所带来的实际效果,又称为"以言取效"。例如:

我明天会完成任务的。

发话者的话语释放出"承诺"的意思,使受话者听了"放心"。这就是话语带来的效果。

二、会话合作原则

(一) **数量准则**

话语所提供的信息量是交际所需的。如果信息量太少,必然导致必要信息缺漏,发话者不能把交际意图完整地传递给受话者;如果无关信息过多,结果是浪费了受话者的精力和时间,以上两种言语交际都是不成功的。遵循数量准则的会话交际,要既能保证传递足够的信息又符合经济性的要求。

当然,一次言语行为中发话者提供的信息是否符合数量准则,要看特定语境。如果发话者认为受话者记忆力较差,或者在嘈杂喧闹的现场语境中,相同信息就可能被多次重复,这类情况,人们通常并不会感觉到信息冗余。

(二) 质量准则

话语提供的信息必须是真实的。发话者所提供的信息必须真实可靠,受话者相信发话者不会说假话。这是话语交际合作的基础。

用质量准则来衡量,就会发现,言语交际中完全可能出现发话者说谎或者受话者受骗的现象,即发话者违反了质量准则,利用受话者的信任而弄虚作假致使受话者受骗上当。不过,在不同语境条件下,质量准则的遵守也会有一定的变化。例如我们在读小说的时候,明知小说家在编故事,却仍然被感动得热泪盈眶、死去活来。不同语境的交际对此原则的要求程度不同。例如列车上旅客的闲聊,真实性要求就不高;但是法庭作证,却必须句句确凿。

(三) 方式准则

话语表达方式要易于让受话者理解。发话者要诚心诚意告诉受话者一些事情,话语的表达方式就应清楚明白,说话时尽量避免歧义、晦涩、啰唆、含混等现象,而追求一种通晓流畅、条理分明、易于理解的表达方式。

对方式准则要有正确的理解,因为话语的理解往往涉及两种因素:一是内容本身,是艰深还是浅显;一是表达方式,是清楚还是晦涩。应当在把特定内容准确表达出来的前提下尽可能地把话说得简明扼要清楚明白,而不能仅仅为了清楚明白去降低对表达内容的要求。

（四）关联准则

话语必须与话题、交际意图紧密关联。对发话者来说，认真按照所说事物之间的逻辑联系，按照受话者心理顺序来组织、展开话语。话题要明确，这是发话者的兴趣所在，也是希望受话者注意力集中的对象；所有的话语都应围绕话题展开。在此情况下，发话者思路清晰明确，受话者注意力稳定集中，容易理解发话者的意思，两者配合，交际意图就能顺利实现。

不同语境的交际有很大的差别。例如在现场交谈中，由于有语境因素的补充，那么，在别人听来没有关联的话语交谈各方却觉得环环相扣。又如在诗歌创作和欣赏中，诗人提供一些刺激读者联想的话语，激发读者寻找与诗人共同的语境，从而捕捉诗里行间的真情实感，从而达到作者和读者的共鸣。

三、会话礼貌原则

礼貌原则指在其他条件相同的情况下，尽量把不礼貌的表达方式减低到最低限度，也称为得体原则。它是在合作原则基础之上提出的，为了让合作原则效率更高，效果更好，也为了更合理解释话语交际上的种种复杂现象，例如，人们为什么经常不直接用字面意义表示真正意思，而是拐弯抹角间接地表达"会话含意"呢？这说明礼貌原则比合作原则具有更大的灵活性和可操控性。只有遵循了礼貌原则，才谈得上真正贯彻合作原则。

（一）礼貌原则的心理基础

人在世界上生存，都希望得到肯定和尊重，这是一种基本的心理需求。在这种心态的共同语境中，发话者从关心交际对象利益的角度来表达，会使受话者感到真诚和尊重，这有利于实现维护自身利益的最终意图。例如汉语里丰富的称谓语表达，就体现了中华文化讲究"自谦敬人"的礼貌原则。

（二）从礼貌角度给言语行为分类

1. 竞争类言语行为。这类行为有"命令""要求""批评""禁止"等。这些行为形式显然不是很有礼貌的，但与冲突类言语行为不同，因此可以选择较为礼貌的或不很礼貌的语言方式。

2. 冲突类言语行为。这类行为有"训斥""咒骂""威胁"等，它们不仅在交际意图上是失礼的，而且语言方式也只能是不礼貌的。

3. 和谐类言语行为。这类行为有"邀请""祝贺""感谢""道歉"等，它们不论是交际意图还是语言方式都必须是礼貌的，因为人们不可能不礼貌地感谢、不礼貌地祝贺。

4. 合作类言语行为。这类行为有"报告""讲述""宣布""介绍"等。这类言语行为以交换信息为主要目的，因而要求各方最大限度地遵循礼貌原则，否则会招致受话者的反感抵触，不利于发话者实现自己的交际意图。

（三）礼貌原则的三条准则

1. 慷慨准则：尽量少表达利己的和有损于对方的看法

这一准则基于处理人际关系的道德观念：尽量使对方受惠最大而受损最小，尽量使自己受惠最小而受损最大。这里的"惠"和"损"可以是实际利益上的，也可能是感情上或者观念上的。

2. 谦虚准则：在话语中尽量少赞誉自己并少贬低对方

谦虚同样基于人际关系中的道德观念：就是在话语方式上维护对方的自尊。按谦虚准则说话，就应对受话者多赞扬，少指责；对自己则应避免炫耀，甚至有时适当地贬低自己。不过，对谦虚准则方面，不同的民族有不同的表达方式，具有鲜明的文化特点。

3. 一致准则：在话语中尽量缩小与对方的分歧，尽量强化与对方的一致性

这里的分歧和一致可以是观点上的，也可以是情感上的。越是强化与对方在观点上的一致之处，就越能让对方认同；尽量显示情感上同情或关心，就能淡化对方的厌恶或不满，使对方缩短或消除

情感距离,更易于在融洽的氛围中实现交际意图。

以上所说三个准则,不同的语境会有不同要求,有程度上的区别。不过,礼貌原则有一个普遍适用的方式:语言表达方式越间接,话语就越显得礼貌。例如:

(1) 把车钥匙拿来!
(2) 把车借给我。
(3) 请把车借给我。
(4) 能把车借给我吗?
(5) 您下午用车吗?我下午想到亲戚家去,可是那里没有公交车。

从例(1)到例(5)礼貌程度依次增加,话语方式却越来越间接。

(四) 运用合作原则推求语用含意

如果发话者不直接用字面意义表示真实意思,而是间接地表达"语用含意",这就很有可能是发话者的语用策略:一方面暗示话中有话,一方面促使受话者去推求。可见,**故意违反合作原则是语用含意的推理信号**。

1. 违反数量准则引发言外之意

A:你认识隔壁班那位新同学吗?
B:我去过他家都好多次了,一起做作业,还有几次一起看电影呢。

例句通过答话中的多余信息传达"我跟新同学很熟"的语用含意。

2. 违反质量准则引发言外之意

一个早晨,有一个人去餐馆吃早餐,等了很久。服务员过来了,问他吃点什么,顾客回答:"我要吃中午饭了"。

例句中顾客显然说了假话,言外之意是:"我等得太久了。""你们的服务太差了。"

3. 违反方式准则引发言外之意

在曹禺的名剧《雷雨》中,周朴园的大儿子周萍跟继母周繁漪之间有过一段不伦之情,纯朴的鲁四凤出现之后,他想摆脱繁漪,但繁漪却不愿意失去她唯一的精神依托,于是两人激烈地争吵起来。争吵中周萍对繁漪说:

周　萍　(冷冷地)如果你以为你不是父亲的妻子,我自己还承认我是我父亲的儿子。

周萍之所以使用这样晦涩甚至近乎废话的表达方式,正是要让对方意识到他们之间的那种关系不能继续下去了。

4. 违反关联准则引发言外之意

曾思懿　……你当你还小么?十七岁,成了家的人了。你爷爷在你那么大,都养了家了!(突兀地)你的媳妇回来了没有?

曾　霆　(一直很痛苦地听着他的话,微声)打了电话了。

曾霆"很痛苦",没有直接回答"媳妇回来了没有"的问话,不过从他"微声说""打了电话"可以推求出"媳妇还没回来"的真实意思。

那么,合作原则为什么可以解释产生语用含意呢?这是因为我们在表达时,字面意义是与话题紧密关联的,如果字面意义缺少了对交谈主题的针对性和直接性,势必会干扰、降低与话题的关联程度,所以,**关联准则对语用含意推求有重要作用**,字面意义与话题的关联程度降低就是受话者推求语用含意的总信号。关联程度越低,语境前提就会越复杂,受话者所做的推求、理解的难度也越大。例如:

(1) A:现在几点了?

　　 B:对面的小学刚放学呢。

(2) A:你参加今晚小王的生日聚餐会吗?

　　 B:我听说小周也要去。

例(1)只要知道小学放学的时间前提就能推出言外之意;例(2)蕴含在对话里的相关语境信息错综复杂,必须先了解小周、小王、"我"与其他参加者之间的关系,以及这些关系跟"小王生日聚餐"话题的关联性,然后再推求 B 的言外之意。

既然这样,人们为什么要选择"言外之意"的表达方式呢?这是因为生活中有各种原因,促使人追求最好的交际效果,例如有时羞于启齿,有时难以言传,有时为了委婉含蓄,有时为了留有余地,有时想含讥带讽,有时则是想让话语生动有变化……。总之,"言外之意"可以使话语表达方式更加丰富、奇妙,同时也真实地反映了人类社会交际关系的实际状况。

(五) 语用含意的推理过程

如何借助共有信息从字面意义推求发话者的语用含意,是语用的核心问题。那么,受话者是如何推导这个言外之意的呢?

1. 推理的起点:字面意义

字面意义始终处于话语交际的中心地位,其功能是双重的:一方面因与话题缺乏关联性,成了暗示推理的信号;另一方面它又是推理的起点。受话者用共知信息推求相关前提,使话语最终具有关联性,从而达到理解。例如:

(1) 甲:小王的文字水平怎么样?
　　乙:她当过办公室秘书。

甲根据乙"她当过办公室秘书"的字面意义,激活交际双方共有信息前提:a. 秘书属于文员职务;b. 秘书经常起草、整理各种文件;c. 秘书要全面辅助主管人员的工作;d. 秘书综合处理各种信息,等等,从而推求出"小王写作能力不错"的语用含意。

2. 推理的根据:相关的共知信息

受话者推求语用含意时,根据就是与话题的相关程度,从共知的信息提取前提并进行选择。例如上面甲和乙的话题是"文字水平",各种前提条件中"b"相关度、合适性最高,所以选此作为推求的根据。

3. 推理的过程:字面意义与共有信息相互作用

语用含意推理是演绎式的,需要有大前提(一般性知识)和小前提(针对性的具体知识)。选定相关的语境知识作为大前提,字面意义是小前提,经过对字面意义和相关大前提两个环节的处理,推求

出结论来:
  大前提(相关的共有信息): 秘书经常起草、整理各种文件
  小前提(字面意义):   小王当过办公室秘书
  结 论(言外之意):   小王文字水平不错
  4. 推理的结果:语用含意及交际意图

  从以上推理过程可以看出"言外之意"的两个特点:第一,没有语言形式,只存在于受话者推求出来的结论中;第二,寄托了发话者的真实交际意图。例如:

  (2) 甲:服务员,请问你们这里什么时候换过桌布啊?
    乙:先生,很遗憾,我没法告诉您,我在这里工作才三个月呢!

  (3) 甲:我该回家了。
    乙:时间还早呢!

例(2)言下之意是"这间店起码三个月没换过桌布了",同时也寄托了发话者的交际意图:"告知顾客一个事实"。**交际意图是话语中最深层而又最重要的语义,分为两类:"致知"和"致行"。**除了推求言外之意,语用分析最重要的是获取发话人的交际意图。例(1)例(2)交际意图都是"致知",例(3)乙通过语用含义表示了"致行"的交际意图,希望让对方实施某种行动——留下继续谈话。

练习题

  一、请以下面对话为例,解释一下言语行为的三个类型。
  甲:要等全班同学来齐了,才能讨论排练什么节目啊!
  乙:那好吧。
  二、请举例说明现代汉语里哪一些表达方式体现礼貌原则,为什么?
  三、请分析下面的对话,如何从字面意义推求出语用含意?
  1. 甲:哎呀,这两天总提不起精神来。

乙：是啊，好些天没见太阳了。
2. 甲：二妹！你男朋友的电话！
乙：哎呀！我还在洗澡呢！

思考题

一、为什么"电信骗子"说的假话总会有人受骗上当？请举例用言语行为的基本准则来分析。

二、语用含意跟交际意图是同一回事吗？为什么？

三、现代汉语通常怎么表达"批评"？用礼貌原则怎么解释这种言语现象？

第三节　话语衔接与语义连贯

> **教学提示**：重点认识话语衔接与语义连贯的规律。1. 了解话语语义衔接手段。2. 掌握话语语义推进的常用类型。3. 熟悉会话结构的特点。

话语的语义指一次完整话语交际的意义，具有连贯的规律特征。认识话语结构及语义的连贯规律，对于提高现代汉语的分析能力和表达能力具有积极的作用。

一、话语衔接

（一）话语衔接

话语衔接指话语语义的衔接方式。例如：

a. 杨先生坐在沙发里，b. 这个满面春风的生意人望着来客笑容可掬，c. 他的金丝边眼镜也在闪闪发光。

此例中三个小句存在语义联系，依靠指示语"这个"显示出来：c 句通过"他"和"也"的作用与 b 句、甚至与 a 句发生语义联系，形成了话语衔接。

联系话语语义前后部分的语言方式称为衔接手段。现代汉语的衔接手段非常丰富,其中代词的衔接作用最强,是最常用的衔接手段,例如上例的"这个""他"。受话者根据这些词语去寻找语境中有联系的语言成分,把"满面春风的生意人"跟上句"杨先生"衔接起来,从而理解了上下文的意思。

话语的语义一经衔接,就能通达畅顺,连贯性是语言表达最基本和最关键的要求。

(二) 话语衔接的类型

现代汉语话语衔接的手段非常丰富,或者利用语序衔接;或者在语序的基础之上,兼用词语、语法等手段衔接。

1. 语序关系

单纯依靠事物陈述的次序关系衔接。例如:

天还没亮,夜色还没有完全退去。街道在月光雪影下朦朦胧胧的,像罩上了一层烟雾。四面山头上的炮楼子里,还闪烁着红红的灯光。鸡在一声一声地长鸣。

例句按照话语陈述的景象呈现的次序衔接。

2. 指代关系

指代关系依靠代词与先行词之间的联系把话语前后语义衔接起来。例如:

<u>柯蓝</u>算是娱乐主持中的红人了,但每次看到<u>她</u>,我都会很快地找到遥控器——换台。我不知道<u>她</u>是不了解<u>她</u>所要说的因而故弄玄虚呢,还是觉得那种说话方式能让<u>她</u>显示什么娇媚,总之<u>她</u>捏着嗓子,刻意让所有字眼从牙缝中挤出⋯⋯

人称代词"她"对先行词"柯蓝"有指代关系,把下文每一个"她"的句子与出现"柯蓝"的首句衔接了起来,形成连贯的话语结构。

3. 省略关系

省略是一种常用衔接手段。句子中有的句法成分(如主语、宾

语)被省略,受话者就会努力到上文中去寻找与之衔接的信息,一旦找到,话语语义也就连贯起来了。例如:

那个学生模样的年轻人$_1$从桌上的辣油罐里又挖了厚厚一勺辣子$_2$到面汤$_3$里,0$_1$搅拌开0$_2$,0$_1$埋头吹了吹0$_3$,0$_1$喝了一大口0$_3$,然后0$_1$连忙张大嘴巴,0$_1$拼命地哈气。

例句中标上"0"的地方都省略了主语或者宾语成分,但都可以从首句中找回:所有的主语都是"那个学生模样的年轻人","搅拌开"的宾语是"辣子","吹了吹"和"喝了一大口"的宾语是"面汤"。

省略具有话语衔接的信号作用,促使受话者去找回那些帮助理解的信息,把话语语义连贯起来,可见,句法成分也具有衔接功能。

代词有语词形态和零形态两种存在方式,如语词形态表现为"他""她""它"等;如果被省略了,就表现为零形态。如例句中每一个标上"0"(零)的地方。使用代词的衔接手段也称为"零形指代"。

4. 逻辑关系

话语衔接也可以用逻辑关系为手段,通常由关联词语来体现。例如:

平时也罢了,我们也习惯刘孜呆呆笨笨,作程前的应声虫。可是到了关键时候,她却偏要极力表现,破坏了大场面。

"可是"关联着前三句,管辖着后三句,对这段话的语义理解起着关键的作用,"可是"体现的逻辑关系把话语衔接了起来。

5. 替代关系

同一个指称对象,在前后句子里用不同词语来指称,这些词语就形成了替代关系,也叫同指关系,这种关系形成了话语语义的衔接。例如:

著名表演艺术家赵丽蓉昨天早晨7时30分在北京家中溘然辞世,享年73岁。老人临终时,三个儿子及两个孙子都在身边。

"老人"与"著名表演艺术家赵丽蓉"有同指关系,所以在下文如提及赵丽蓉时可用"老人"来替代。

6. 词义关系

衔接手段可以利用词义系统内部各种关系,除了平时常说的同义、近义、反义、类义、上下位义等关系之外,常见的还有构成关系(如电脑与显示器、主机、鼠标器的关系)、同现关系(如邮局与汇款、平信、包裹的关系)、受动关系(如"吃"与"面包、面条、蔬菜"的关系)、结果关系(如"写"与"文章"的关系)等语义关系。我们理解任何一个词语都可在词义关系制约中实现价值。例如:

这是一个特殊的日子。天空中飘着雪,很冷。我们走进一个幽静的温暖的<u>餐厅</u>。<u>屏障</u>是高大的木框和低矮的砖墙,还有花和小树。<u>酒杯</u>里有红烛在飘。<u>吉他手</u>轻轻地弹唱,安静。温和,又有一丝忧伤。

"餐厅"与"屏障""酒杯""吉他手"之间在共现关系在引导着我们理解"特殊日子",否则,镶嵌着这些词语的句子就很可能只是一些不相干的语句的随意杂陈。

现代汉语的语义衔接还有其他的手段,例如独立成分、共用成分、谐音成分等。

二、话语的语义结构

(一) 话题、述题与焦点

现代汉语丰富的衔接手段形成了话语语义的连贯性,**连贯的话语语义内在信息传递规律形成了话语的语义结构**。话语语义结构由话题和述题构成,**话题是话语交际的主题或话头**,它具有以下特征:第一,是表达的出发点;第二,具有语义连贯定向的作用;第三,一般承载着已知信息,是获取未知信息的基础。**述题是对话题的陈述说明**,述题一般提供新信息或未知信息。**句子作为交际的基本单位,话语的语义结构表现为"话题——述题"形式**。这一话语语义结构既反映了人类接受知识从已知到未知信息的规律,又揭示了发话者的表达安排意图,体现了话语语义内在的连贯规律。

句子中,说话人要强调的语义重点,称为"**焦点**",焦点在口语中

用语音重音表达。一般情况下,焦点是新信息的中心,由句子后面的述题部分承载。例如:

(1) 甲:你刚才喝了什么?

乙:我喝了咖啡。

例(1)中,"什么"和"咖啡"分别是发话者表达的新信息、焦点,由句子的述题承载。不过,也有未知信息在前、已知信息在后的情形。例如:

(2) 秦腔我会唱,粤曲我也会唱。

例(2)中的"秦腔""粤曲"都是受话者未知信息,发话者说话的新信息和焦点,分别处于两个句子句首话题的位置上,称为"对比焦点"。

(二) **话题推进**

话题规定了话语交际的内容,**话题跟话题的衔接及其推进的方式,显示语义连贯的内在联系及规律,引导着受话者理解、整合话语的语义中心**。话题推进常见有以下类型:

1. 同题推进。上文话题延伸到下文,后一句的话题是前一句话题的延伸。延伸的衔接手段也各有不同("0"表示话题的省略)。例如:

(1) 我扭头跑进里间,0 贴着墙弯腰跑进窗台,0 然后慢慢站起来,0 从窗棂格眼里朝一望,0 看见石榴树下有一撮人影,其中似乎有四眼狗。

(2) 外面的雨下得更猛了,雨点扑到玻璃上,0 很快又流了下来。

例(1)"我"分别是六个句子的话题,后面五个句子用话题省略形式衔接。例(2)衔接形式有些变化,第二句使用同指词语替代,第三句用了零形回指。

2. 异题推进。上文的话题跟下文的话题不同,可以表达不同事物的不同方面或者情况、同一事物的不同方面或情况。例如:

(1) 老栓走到家,店面早经收拾干净,一排一排的茶桌,滑溜溜的发光。

(2) 总之,病菌进攻的方式不同,作物防御病菌和抑制病菌的方式也是多种多样的。

例(1)表示不同话题及其不同情况;例(2)表示不同事物的同一情况:病菌进攻方式不同,作物防御的方式也不同。

3. 包题推进。上下文的话题有包容关系,在一定范围内揭示或者概括一个事物的不同部分。例如:

(1) 省事的办法倒也不少。最舒服的莫过于在哪家豪华的餐馆里美美地吃上一顿,然后声明自己不名一文,这就可以稍稍地安安静静地交给警察手里。

(2) 一楼的门里门外,连通着现在和过去。门外是繁华璀璨的外滩风景,门内全是黑白两色的照片,记录了外滩变迁的百年风云。

例(1)话题链的第1个话题"省事的办法"包含了第2个话题"最舒服的"。例(2)"门外""门内"分别是第二、三句的话题,都是分别从第一句话题"一楼的门里门外"分解出来的;而"门外""门内"又形成异题推进。

4. 套题推进。同题推进、异题推进、包题推进相套,形成更复杂的推进的情况。例如:

(1) 苏比对自己西服背心最低一颗纽扣以上的部分很有信心。他刮过脸,他的上装还算过得去,他那条干干净净的活结领带是感恩节那天一位教会里的女士送给他的。

"苏比"与"他"是同题推进,再跟"他的上装""他那条干干净净的活结领带"形成包题推进;"他的上装"跟"他那条干干净净的活结领带"是异题推进。可见,例(1)是同题推进套进与包题推进,包题推进又套进异题推进,体现了汉语语义连贯及衔接的特点。

(三) 述题推进

述题陈述说明新信息,有时候后续句的话题是前一句述题的延

伸,称为述题推进:

1. 线性推进

在这样的艰难岁月中,我多么希望得到<u>来自她的帮助</u>,但<u>她的帮助</u>是要付出<u>巨大的情感上的代价</u>的,<u>这代价</u>意味着什么,我不敢再想下去了。

例句一环扣一环地延伸了两次,修辞格中的"顶针"就是这样形成的。

2. 分叉推进

英语的语法研究经历了<u>规范性</u>、<u>描写性以及解释性</u>三个阶段,<u>规范性研究</u>强调的是哪些语言形式是最好的,应该以它为范本;<u>描写性研究</u>注重现实的语言是怎样的,必须如实反映它;<u>解释性研究</u>的兴趣则在探寻语言现象背后的原因。

例句后面的三个子话题分别从首句的述题中派生出来,在下位层次再派生推进。

3. 组合推进

由前句的话题和述题组合成后句的新话题延伸推进。

<u>现在有些紧靠高架道路的居民楼和商业建筑已经开始受到冷落</u>,<u>这</u>是一个信号,即人们愈加重视自己周边的生态环境。

例句借助一个总括性词语"这",接纳前面话题和述题组合一个新话题延伸推进。

三、会话结构

(一) 会话的整体结构

在日常口头交际中,会话与独白有很大差别。会话的结构由开端、主体、结尾组成。

1. 会话的开端

会话的开端具有两方面的功能:发话者用一定手段引起对方的注意,受话者则会表示他已经把注意力转移过来,形成"召唤——回应"的会话开端结构方式。

召唤导入常用的方式是运用称呼语(小李、王经理、爷爷等)

和呼语(喂、哎等)。回应功能最普遍的方式是运用应答语(哎、嗯等),也常用反问的方式:"什么事?""干吗?"体态语具有同样的作用。

2. 会话的主体

会话的主体是围绕话题而展开的话语部分,包括话轮、话对、话段三种。

A. **话轮:会话是交际各方不断轮番说话的过程,每一个参与者一次连续说的话,就是一个话轮**。例如下面的会话,鲁四凤和鲁贵说的话都是一个话轮,四凤的话轮只有一个句子:

(1) 鲁四凤　(紧张地望着他)您瞧见什么?

　　鲁　贵　就在这张桌上点着要灭不灭的洋蜡烛。我恍恍惚惚地看见两个穿黑衣裳的鬼,并排地坐着,像是一男一女,背朝着我。这个女鬼像是靠着男的身边哭,那个男鬼低着头直叹气。

B. **话对:前后相邻、内容相关并且分别由会话各方的两个话轮构成的会话单位是话对**。如提问与回答,提议与认可或谢绝,批评与接受或解释或反驳等。例(1)中四凤和鲁贵的两个话轮构成了一个话对。

C. **话段:围绕着同一话题展开的一个话对构成一个话段**。只要发生了话题的转换,也就随之而转到了另一个话段。例如:

(2) 周繁漪　怎么这两天没见着大少爷?

　　鲁四凤　大概是很忙。

　　周繁漪　听说他也要到矿上去,是么?

　　鲁四凤　我不知道。

　　周繁漪　你没有听说么?

　　鲁四凤　没有,倒是侍候大少爷的张奶奶这两天尽忙着给他捡衣裳。

　　周繁漪　你父亲干什么呢?

　　鲁四凤　不知道。——他说,他问太太的病。

周繁漪　他倒惦记着我,(停一下,忽然)他现在还没起来么?
　　鲁四凤　谁?
　　周繁漪　(没有想到四凤这样问,忙收敛一下)嗯——大少爷。
　　鲁四凤　我不知道。

例(2)有十二个话轮,构成六个话对,组成了三个话段。

3. 会话的结尾

会话结尾一般由三个部分组成:结束信号语、前置收尾语和收尾语。

A. 结束信号语:会话过程中有一方会率先发出会话该结束的信号,另各方则做出认可或是反对的回应。

B. 前置收尾语:结束信号语在发出后、正式结束之前,往往出现前置收尾语,目的是从礼貌考虑,希望与交际各方一致。典型的前置收尾语有"就谈到这里吧""下次再聊"等。各方可以附和,也可重复。如果还有话说,可以引出新的话题。

C. 收尾语:收尾语是会话正式结束的标志,一般由叮嘱语、道别语等。

会话结束时,发话者语速明显放慢,停顿时间往往比较长,语气加强,以提醒受话者。发话者也往往用体态语表示会话即将结束。

(二) 会话的轮换规则

会话还要遵守轮换原则,典型格式是一个说完了另一个接着说,其具体方式是:

1. 发话者点明下一个发话者和点明接下来的话题

在多人会话中,发话者常常在讲话的同时,指定接下来的发话者和确定下一个话题。发话者也可以用体态语(眼神、手势等)确定接下来的发话者。例如:

(1)甲：老场长，您不介意谈谈你们那里的春耕情况吧？
乙：当然可以。我们那里的情况是……

发话者有时候确定了下一个话题，但可以不确定下一个发话者。例如：

(2)教师：我刚才已对会话原则作了解释说明。希望有人能把会话原则总结一下。

2. 自由抉择

由交际各方自行决定发言与否及内容，这种情形在日常生活中最普遍。严格说来，自由抉择的会话没有绝对的结束之处，只有相对的可能结束之处。这就涉及准确判断话轮延伸标记和话轮结束标记。

(三)会话标记

会话标记是会话结构衔接与语义连贯的重要手段，是发话者利用语境，制约并引导听话者理解及获知信息的。它们通常是一些词、短语，出现在话轮的开头、中间、末尾。其作用主要在以下几个方面：

1. 话轮延伸

A. 显示结构衔接的词语。当发话者要讲大段话语时，为了避免被打断，经常用能够表示逻辑顺序的词语连接，如"第一……，第二……，第三……"等。

B. 使用延续功能的词语。当发话者不想结束发言，为了避免被打断，常常使用一些具有延续作用的词语，如"嗯……""这个……""那个……"等。

2. 话段转换

话段转换也称为话题转换，所用词语一般在话轮开头或者末尾。

A. 显示转换的词语。发话者常用"我来说""大家认为""下面……"等，开始新话段。

B. 使用转换功能的词语。当发话者希望转换话段,会在话轮开头用"嗯""好""好吧"等;或者在话轮末尾用"是吧""对不对""你知道不"等,暗示新话段开始。

3. 求应互动

在话轮开头、中间或末尾常出现一些词语,或者是发话人引导对方注意和参与,或者听话人领会回馈,以加强交谈的互动性。

A. 明确显示。常使用"请注意""你在听着吗"或"对""是的"等。

B. 使用求应功能的词语。如"是吧""对吧""是不是啊""你知道吧""哦""嗯"等。

以上所说,会话标记主要使用了 A、B 两种形式,A 类是具有实义的词或短语;B 类词或短语意义较虚化,是独立成分,不与相邻词语构成句法结构。

练习题

一、请分析下面话语,具体指出使用了哪一种语义衔接手段。

1. 有人从湖北来,带来了洪湖的几颗莲子,外壳呈黑色,极硬。据说,如果埋在淤泥中,能够千年不烂。因此,我用铁锤在莲子上砸开了一条缝,让莲芽能够破壳而出,不至永远埋在泥中。这都是一些主观愿望,莲芽能不能够出,都是极大的未知数。反正我总算是尽了人事,把五六颗敲破的莲子投入池塘中,下面就听天由命了。

2. 美国摄影家安瑟·亚当斯原来学的是音乐,也许是受到很大的压力,后来生病了。可正是他在养病期间,到一个长辈开的照相馆随便玩摄影器材。这一玩,他产生了很大的兴趣。本来摄影只是他生了病消遣玩一玩的,谁料以后他花费很多时间、精力在这里,成了当时非常受欢迎的一位摄影家。

3. 所有的星星和恒星系全都在飞快地运动者。太阳也带着地球和其他行星以每秒十九公里的速度飞奔。同时,太阳系也参加银河系的自转运动。在这运动中,太阳系每秒钟要走二百五十公里。

二、试分析下面的话语,说明使用了何种话题推进方式。

1. 暑假期间,为了让孩子们多了解历史,我打算带着他们到北京去游览。一听说要到北京旅游,孩子们都高兴极了。北京有许多古老的建筑,其中,孩子们最想去的是长城。据说长城最早是秦始皇时代修建的,能保存到现在真是个奇迹。

2. 小时候,母亲外婆就曾说我是"书虫脱胎",我想如果真有"前世"的话,这话大概是不错的。至今,我仍将淘书买书读书视为人生最大之快事。而我的夙愿,便是有朝一日将我买的书读完,当然,首先我得活着。不过如果真有"轮回"的话,死去也无妨,我将递上一纸申请报告:大慈大悲的菩萨、上帝、真主啊,来世再让我变成一只"书虫"吧!

3. 俗话说:"一句话能把人说笑,也能把人说跳。""把人说笑"的句子,能使交谈在愉快的气氛中进行,"把人说跳"的句子,只能使交谈陷入困境。我们在交谈中,应尽量使用"把人说笑"的方式。

三、请在小说、剧本中选择一段会话,或者实录实际生活中的对话,按照会话结构知识对其特点进行分析。

思考题

一、一位导游一边介绍景点,一边对身边的游客们说:"这里是咖啡馆,这里是博物馆,这里曾经是天文台,现在还是见证外滩变迁的历史陈列室"。三个"这里"作用是什么?

二、从日常交际中观察,话题改变通常在什么情景下发生?使用什么方式?

三、举例说明会话标记的形式和作用。

第四节　指称指示和语境意义

> 教学提示：重点学习语境对话语理解的重要影响。**1. 认识指称和指示的形式和特点。2. 了解发话者通过语境间接表达的语用含意。**

语境意义指的是在日常交际中，语言形式与特定语境联系起来表达的具体意义。概括起来有两大类型：1. 指称和指示；2. 语用含意（言外之意）。

一、指称与指示

人们在日常话语交际中经常使用指示词语，它们必定与具体语境中的特指对象相联系。例如：

（1）孩子正在看一本书。

（2）他在那儿唱歌呢。

例(1)中，"孩子"是指什么人，"正在"是指什么时间，"书"是什么书，只有在特定语境才能了解。例(2)中，在特定语境才知道"他"指什么人、"那儿"是什么地点、唱的是哪首歌，这些都是语用分析必不可少的内容。

（一）指称

指称主要是名词的功能。**用名词的概括性词义去确定特定语境中的所指对象，同时用相应的语音去称呼它。**指称有不同的情形：

1. 有指和无指

名词在语境中使用时，有具体的对象与之联系，是"有指"；但有时不用于指称意义，是"无指"。例如：

(1) 他打碎了一块玻璃。

(2) 他卸下了一扇玻璃窗子。

(3) 这些李子长得真好,个个都有拳头那么大。

例(1)中的名词"玻璃"跟语境一块特定的玻璃联系起来,这是"有指";例(2)中指称作用的是"窗子",而"玻璃"仅表示性质,"玻璃"是"无指"用法;同样,例(3)的"李子"是"有指","拳头"是"无指"。

专有名词所指对象一般独一无二,表示"有指";但如"千万个雷锋在成长""王海现象"中的"雷锋""王海",却指以这些个体为代表的精神品质、思想观念,是"无指"。

2. 实指和泛指

"实指"和"泛指"都属于"有指":当语境中有确切的对象,是"实指";当语境中指任意的该类对象,是"泛指"。例如:

(1) 营业员小姐,借支笔给我行吗?

(2) 请把我的笔递给我。

例(1)中的"笔"并不确指哪一支特定的笔,属于"泛指";例(2)中的"笔"却是发话者的笔,属于"实指"。

3. 全指和别指

"实指"又可分为"全指"与"别指"。虽然都有确定的对象,但"全指"把词语跟所指对象的全体成员联系起来,而"别指"只确定个别的或某些对象。例如:

(1) 蜡梅冬天开花。

(2) 最近图书馆进了不少书。

例(1)的"蜡梅"是指所有的蜡梅,是"全指"。例(2)的"书"是指称某些确切的对象,与别的对象有所区别,是"别指"。

4. 定指和不定指

所指对象对于发话者而言,当然是已知的,可对受话者而言,就有"已知"和"未知"两种可能。如果发话者认为受话者已经了解,于是作为已知事物向受话者陈述,这是"定指";如果发话者认为受话者可能并不了解,于是就作为陌生事物向受话者陈述,这是"不定

指"。例如:

(1) 杭州消息:一个年龄只有13岁的男孩怀揣5元钱,想尝尝"泡妞"的滋味。……经审讯,该男孩王某系嵊州市黄泽镇人,为该镇某中学初一年级学生。……

作者估计读者都不会了解那个"男孩"是谁,于是起始句中采取了"一个"这样"不定指"的用法。可是当"男孩"在下文中再出现时,作者就采取了"该"的"定指"用法。

现代汉语中,"不定指"往往通过数词"一"与量词组成数量短语,加在名词前来实现。在没有数量短语的情况下,出现在主语位置上的名词一般是"定指",而出现在宾语位置上一般是"不定指"。例如:

(2) 小偷从后门进来了。(定指)

(3) 后门来了个小偷。(不定指)

"定指"的手段比较多,最常用的是指示代词"这""那""该";也可以通过熟知的事物去对名词进行语义限制,例如:

(4) 发明了相对论的科学家让人崇敬。

(5) 我的笔不见了。

(二) 指示

某些词语以具体交际情景的要素(说话者、说话时间、说话地点等)作为参照点,获得词义的所指对象,这些词语称为"指示语"。指示语以发话者为基准,在语境中有明确的指示对象和具体意义,这叫作"指示"。例如:我、他、这里、今天、此刻、上文、本世纪、下星期、本法官等,这些词语可作为指示语。例如有一位体育老师对他的学生宣布:

现在解散,十分钟后,我们在这里集合!

"现在""我们""这里""十分钟后"这些是指示语,必须有体育老师、具体言行、时间和地点等要素作为参照点,才能确定这些词语指示的真正意思。可见,"指示"是话语交际常见现象,指示语的意义必须联系具体语境才能确定。"指示"主要有以下四种：

1. 人称指示

用指示语表示话语交际各方参与者所承担的角色。通常分为三类：第一人称、第二人称及第三人称。

体现第一人称的指示语有"我""本人""本+职务（如本法官、本律师等）"，文言色彩浓一些的则有"敝人""在下"等。

第二人称除了"你""您"之外，还有用于面称的称呼语（如"爸爸"可用于面称，而"父亲"一般不行）。不过这样的称呼语一般与"你""您"同时出现才可表示第二人称：

（1）经理您去不去？

第三人称的范围最广，因为无论是人还是物，任何对象都可以被言语行为说及：

（2）警察低头望了望撞坏了的汽车。

（3）他小心地看了看它。

上面两个句子都是第三人称叙述，"警察""汽车"本身不是指示语，之所以能表现第三人称，是因为只能与"他""她""它"换用。

2. 时间指示

用指示语表示各种时间，就是时间指示。时间指示有三大类：

A. 指示发话者说话的那一时刻，指示语有"此时""此刻"等。这样的指示语从小到大有"今天""本星期""这个月""今年""本世纪"等。"现在""眼下""目前"也是指示说话时间的，它们的范围可大可小。

B. 指示说话时间之前的时间，有"刚才""昨天""前天""上星期""上个月""去年""前年""上世纪"等。

C. 指示说话时间之后的时间，有"明天""后天""下星期""下个月""明年""后年""下世纪"等。也有的指示语表示说话时前后的时间，如"这时""那时"。

3. 空间指示

用指示语表示发话者说话时所在地点的各种空间位置，就是空

间指示。有的语言或汉语方言有近指、中指、远指三种空间指示,现代汉语只有近指、远指两种方式:

A. 近指:发话者所在的位置或靠近这个位置的空间范围,指示语用"这里""这儿"表示;

B. 远指:远离发话者所在位置的空间位置,可用指示语"那里""那儿"表示。

近指、远指有时候不指实际的空间距离,而是抽象的心理距离。例如当我们在说"这个意见""那个问题"时,近、远指就可能是指关注度的大小,或者是谈及事件的远近,甚至时间的远近。

此外,空间指示还有一种动态的形式,它以发话者所在空间位置为基准的运动方向,具体表现在"来""去"的用法中。在日常交际中,也可以用手势指示地点或位置。

4. 话语指示

指用指示语指示发话者表达内容在语句中所处的位置。话语指示的关键在于确定指示语,**只有依靠特定情境才能确定所指对象的词语,才能称为话语指示语**。

话语指示一般有三个位置:

A. 发话者正说到或写到的部分,通常借用"这里""这儿",或者用"这"表示。例如:

当今天我写到<u>这儿</u>的时刻,它还在我耳畔轰轰作响。

B. 这部分之前的话语。

C. 这部分之后的话语。

表示 B 和 C 的指示语则有"上文""下文""那句话""那个词""在上一段里""在下一节中"等。

二、语用含意

日常语言交际中,有时候发话者利用语境间接地表达意思,受话者需要去揣摩、推求,才能真正理解这种话语的实际意思。

(一) 语用含意

在特定语境中,发话者把真实意思隐藏在字面意义背后,需要受话者推求出来的话语意义,称为语用含意,也就是一般人所说的"言外之意"。例如:

甲:你到哪里去啊?

乙:到快餐店吃晚饭呢。你呢?

甲:我也饿坏了。

例句中,针对甲的问话,乙直截了当地回答了,可是甲对乙的问题"你呢",似乎答非所问,但表达的就是语用含意"我们一起去吧"。对于受话者而言,理解发话者的言外之意,需要根据特定语境已知的常识推求出来。

(二) 前提

前提是交际各方已经共有的语境知识,前提的来源由发话者设定;前提的存在时间在交际话语出现之前,所以,前提也称为"预设"。例如:

小张妹妹考取了大学。

这句话除了字面意义之外,还包含了以下前提:

a. 有一个叫小张的人

b. 小张有个妹妹

c. 世界上有大学

d. 小张妹妹有能力去考大学

e. ……

在发话者说出这句话的时候,已预设对方也共有这些前提信息,而且,这些共有的语境知识是话语交际的重要基础,同时能使话语更为简洁。例如曹禺话剧《雷雨》中有这样一段对话:

周繁漪　四凤的年纪很轻,她才十九岁,是不是?

鲁侍萍　十八。

周繁漪　(委婉地)那就对了,我记得好像她比我的孩子大一岁的样子。这样年轻的孩子,在外边做事,又生得很秀气的。

  鲁侍萍　(急切地)四凤有什么不检点的地方么?请您千万不要瞒我。

周繁漪根据自己的判断,预设鲁侍萍共有的语境知识为前提,对周公馆里发生的事情用"言外之意"表达出来:

  a. 年轻的孩子易上当受骗
  b. 生得秀气的女孩子更容易受环境诱惑
  c. 周公馆是道德败坏的地方
  d. 四凤和繁漪的儿子年龄相近
  ……

果然,鲁侍萍从周繁漪的话语中,敏感而迅速地推求出一个她认为是周繁漪最合理的语用含意:四凤的行为出现了不检点之处。这说明,受话者如要正确理解发话者的语用含意,前提必须能够理解特定语境中发话人的前提。

  因为语言符号表达的字面意义可以触发、激活前提,所以它始终处于话语交际的中心地位。如何利用字面意义,推求语用含意,这与人类语言交际基本准则有着密切关系。

练习题

  一、下列句子中画线部分的词语运用了什么指称方式?请分别指出。

  1. 小张在三门峡当<u>工程师</u>的时候,结识了一位著名的<u>工程师</u>。
  2. <u>牡丹</u>五月份开花,那个有<u>牡丹</u>图案的花坛里种的<u>牡丹</u>花色最为鲜艳。
  3. 走,咱们喝<u>酒</u>去,街对面一家酒店新开张。
  4. 劳驾,把<u>杯子</u>递给我。
  5. 这个<u>老外</u>想买一只细瓷花瓶。
  6. 今年结的<u>葡萄</u>,几乎都有<u>灯泡</u>那么大,不像去年,最大的也比不上你儿子手里的那颗<u>玻璃球</u>。

二、下列句子中画线部分的词语,哪些是指示语,哪些不是?若是指示语,请说出属于什么类别。

1. <u>前天</u>我还打算<u>下星期二</u>动身到<u>你</u>那里去,也就是<u>元旦前一天</u>。可是<u>忽然</u>又改变了主意,想干完了手中的活<u>然后</u>再动身。

2. <u>不久</u>就有消息传到了<u>这里</u>。<u>最近</u>风声也很紧,<u>刚才</u>还有红卫兵来训过话但<u>即刻</u>就走了。<u>此刻</u>院子<u>外头</u>人们<u>刚刚</u>聚集起来,打倒的口号声<u>顿时</u>响成一片。

三、请分析下列话语片段的语用含意。

1. 甲:面条里要放辣油吗?
   乙:我是地道的四川人。

2. 甲:我们去逛逛公园吧。
   乙:你看,下雨了!

思考题

一、举例说明指示词语的语法分析和语用分析的区别。

二、下面话语的前提是什么?

1. 来中国以后,我常常吃中国菜。

2. 有些人认为挣了钱就应该花掉。

三、为什么说在话语交际中,用语言符号表达的字面意义始终起着中心的作用?

第五节 语用效果与辞格

> **教学提示**:认识修辞是语言运用行为,对交际效果具有重要作用。**1.** 了解语言三要素的修辞方式和效果。**2.** 分析常用辞格的特征和作用。

修辞,是指语言使用者为了实现交际意图、追求最好的表达效果,利用语境对语言手段进行选择、加工和调整的语言运用行为。修辞行为和语言运用是同时产生的:一方面,人们利用语言三要素——语音、词语、语法与语境的巧妙配合,寻求事理和情感最佳表达方式。另一方面,人们常常有意识地突破生活常理或者语言常规,创造出形象、生动、感人的表达格式。因此,有人说,语法管的是"通不通",逻辑管的是"对不对",修辞管的是"好不好"。

一、语言要素的修辞

具体来讲,语言要素修辞指的是语音的协调、词语的选用和语法的调整,在交际上展现汉语的美感和表现力。

(一) 语音与修辞

语言都是用语音表达的,如果善于利用汉语语音的特点,在交际中注意讲究声音美,就能传达丰富微妙的思想和情感。下面是常见的语音协调的修辞方式。

1. 节奏匀称

语音是语言的表达形式,当发出一段语音话语时,语言内在的意义和语法结构规律就会在声音上产生特有的韵律节奏,这是人们常说的"语感"的重要特征之一。例如:

* 阅读报/阅读报纸   * 种植树/种植树木

以上词组能说或是不能说,就受到了语法结构内在韵律的制约。

我们常说的节奏感,是指**相同的语音成分重复出现**、**彼此呼应而产生匀称的节奏**,有一种回环复沓的听觉美感,常见的有以下几种形式:

A. 双声叠韵现象。两个音节声母相同是"双声",韵母相同是"叠韵",这是汉语词语特有的语音形式。例如,双声联绵词"伶俐""仓促""坎坷";叠韵联绵词"灿烂""苗条""唠叨"等。把双声或叠韵的词语相隔排列,在听觉上重复出现,就能造成美妙的节奏感。例如"娇小伶俐"(叠韵+双声)、"光怪陆离"(双声+双声)、"孤苦伶仃"(叠韵+叠韵)、"孤芳自赏"("芳"与"赏"间隔叠韵)、"翻云覆雨"("翻"与"覆"、"云"与"雨"间隔双声)等。

"叠韵如两玉相叩,取其铿锵;双声如贯珠,取其婉约。"如果双声兼叠韵,就形成叠字,朗朗上口,表达发话者的特有情感。例如李清照著名的《声声慢》,词的起句一连用了七组平仄相间的叠字,用极富音乐美的方式,倾诉对家国的悲切凄婉的心境:

(1) 寻寻觅觅,冷冷清清,凄凄惨惨戚戚,乍暖还寒时候,最难将息。

现代散文也有这样的例子,善于利用声韵营造语境,例如朱自清的《桨声灯影里的秦淮河》:

(2) 夜幕垂垂地下来时,大小船上都点起灯火。从两重玻璃里映出那辐射着的黄黄的散光,……透过这烟霭,在黯黯的水波里,又逗起缕缕的明漪。

B. 押韵现象。押韵以句子为单位,大大增强了汉语的音乐节奏感。押韵的方式很多,常见的有:逢双句押韵的"偶韵",逢单句押韵的"奇韵",一韵到底的"排韵",每两句押一个韵的"随韵",一、三句押一个韵而二、四句押另一个韵的"交韵"等。例如:

(3) 白日依山尽,黄河入海流。欲穷千里目,更上一层楼。

(4) 小嘴巴,小嘴巴,哭一哭,像喇叭;笑一笑,像朵花。

在非诗词、散文中利用和调整语音要素,也能增加话语的感染力,例如一则新闻标题:

(5) 赔了夫人又进班房　法国酒鬼状告酒商

C. 音节组合及呼应造成节奏感。在现代汉语里,构词"双音节化"和用词"四字格趋势"两种原因配合,形成了现代汉语运用中"2+2四音节"节奏表现,人们甚至不顾实际语义结构,把所有的四字格式都按"2+2音节"来发音,以求得一种匀称的节奏感。例如:

(6) 望而｜生畏(1+3)　　乘人｜之危(1+3)

(7) 丧家｜之犬(3+1)　　弦外｜之音(3+1)

四字格本身又形成了一种语音节奏模式,于是又发生了四字格连用

的现象。例如:

(8) 不入虎穴,焉得虎子　　种瓜得瓜,种豆得豆
(9) 今年二十,明年十八　　热气腾腾,蒸蒸日上

汉语里也有奇数字格式的,例如五字格,但只要有呼应,就会取得音节匀称的节奏。例如杜甫《八阵图》五言绝句:

(10) 功盖三分国　名成八阵图　江流石不转　遗恨失吞吴

2. 音韵和谐

音韵和谐讲究音节组合流畅自然而不拗口,要求不同的语音成分相互对比、彼此衬托。例如中国古典诗词平仄规则,正是体现了语音高低错落的声律和谐感:

(11) 春蚕到死丝方尽,蜡炬成灰泪始干。
　　　平平仄仄平平仄　仄仄平平仄仄平

现代汉语的表达也可以把音节声调高低悉心安排,由此产生出音韵和谐感给人深刻的印象。例如:

(12) 弯弯的月儿小小的船,小小的船儿两头尖,
　　　我在小小的船里坐,只看见闪闪的星星蓝蓝的天。

这首儿歌用词虽然简单,但是在声调和押韵等配合上朗朗上口,响亮和谐,表达了千千万万中国儿童对美的无限向往与渴求。

3. 表象传神

表象指人感觉器官感的形象表现,包括听觉、视觉、味觉、嗅觉、触觉等形象。拟声词是语音表象功能的主要手段。例如在《黄冈竹楼记》中有这么一段描述:

(1) 夏宜急雨,有瀑布声;冬宜密雪,有碎玉声;……宜围棋,子声丁丁然;宜投壶,矢声铮铮然……

"丁丁然""铮铮然"使人似乎真切地听到了"瀑布声""碎玉声"。再例如:

(2) 天黑了,楼房噼噼啪啪亮起一方一方灯光。
(3) 我拉着他,只觉得他的全身在得得得地颤抖。
(4) 那烟味儿呼呼地扑过来了。

例(2)"噼噼啪啪"是视觉表象,例(3)"得得得"是触觉表象,例(4)"呼呼"是嗅觉表象。

(二) 词语与修辞

汉语词语意义积淀了我们整个民族文化的全部经验,因此,我们在运用词语时,要看特定语境,善于挖掘词义中的丰富蕴藏。

1. 词语意义及语境制约

词语修辞必定以词义为基础,词语在具体运用中的意义,要靠语境来确定。例如:"不管多么难,我是个父亲哪!"这里"父亲"不仅仅是"有子女的男子"的字面意义了。又例如:"他写信给女朋友用毛笔呢!""用毛笔"蕴含着比"用毛笔做书写工具"更复杂的意思。

2. 文化含义

文化含义是词语最重要的语用意义,反映在传统观念、文化心态和价值评判的差异,便形成了词语的文化含义。例如汉语的"梅花"和英语的"wintersweet"所指对象虽然一样,但汉语中"梅花",大量文学作品赋予它冰清玉洁的品格,民间传统文化把它与松、竹、兰并列为"四君子"的形象,这些文化含义成了"梅花"词义不可缺少的一部分。

3. 联想意义

联想意义是最能反映词义特性的意义。词语在具体运用时,引起人们联想到相关的事物而产生另外的意义,这种现象包括语音联想和语义联想。例如词语后缀重叠:"香喷喷、沉甸甸、绿油油""暖乎乎、软乎乎、胖乎乎""紧巴巴、干巴巴、眼巴巴、凶巴巴"等,就是通过语音联想引起的程度强化意义。语义联想的,例如"阳光"一词,由光和热,联想到开朗、热情、充满朝气、生气勃勃等意义。"蜜蜂"和"臭虫"虽同属于昆虫,但人们的心理反应却有区别,其联想意义就不一样。

词语修辞可以通过联想赋予词语鲜明的形象意义,例如构词时着眼点不同或构词语素的不同,就会造成形象强弱或性质差异。

例如：

人行横道线——斑马线　美洲豹——金钱豹　吊车——塔吊

4. 情感意义

情感意义指词语表达具体情感、态度的意义。一般称为词语的感情色彩或者词义含褒贬。例如"聪明"和"狡猾"，都指智力发达，但前者是褒义词，后者是贬义词，反映出截然相反的情感色彩。像"小孩儿""金鱼儿"本来不带感情色彩，儿化以后就带了喜爱的意思。

5. 搭配意义

词义相近的一些词语，在具体运用中只能搭配固定的词语，这种搭配关系表现的词语意义称为搭配意义。例如：

A. 交换——礼物、意见　　　交流——思想、经验
B. 履行——条约、诺言、义务　执行——命令、任务

（三）语法与修辞

汉语语法的特点为修辞表达提供了多种方式。这里主要从语序安排、句子形式选择两方面来观察汉语语法的语用策略。

1. 语序变化

A. 词语的语序变化。词语语序变了，语法结构和语义都没有变化。或者语序变了，虽然句法结构关系没有变，语义却是明显不同。例如：

（1）西昌通铁路了——铁路通西昌了

（2）三十岁才结婚——结婚才三十岁

B. 语法的语序变化。例如：

（3）我不知道如何回答这个问题。——这个问题我不知道如何回答。

（4）"老太太，信是早收到了。……"闰土说。

例（3）"这个问题"提到句首，成了话题，目的是吸引受话者注意力。

例（4）"信"是受事，把它提到句首做话题，因为它是闰土与老太太之

间的已知信息,有利于保持上下文语义上的联系。语法的语序变化最常见就是话题化,句中任何一个名词性成分几乎都可以提到句首成为话题主语。

C. 语用的语序变化。

语用的语序变化,最大特点就在于变化后词语所处的不是常规的位置,用这样的语序,产生修辞效果。最常见的首先是强调后移成分,多见于书面语。例如:

(5) 终于过去了,中国人民哭泣的日子,中国人民低垂着头的日子。

(6) 我们看见了一轮西部的太阳,用黄土捏就的,用血汗揉就的,用黄河水塑就的⋯⋯

其次是强调前移成分,多见于口语。例如:

(7) 干吗呀,这是?

(8) 你可别忘了我嘱托你的事情,千万千万!

2. 句子格式的变化

现代汉语的句子格式极为丰富,不同的句式有着不同的表达作用,句式的多样化为句式的选择提供了一种可能性。

A. 简单句与复杂句的格式变化。一个句子从简单变得复杂,主要有三个途径:添枝加叶,局部发达,前后衔接。例如:

(1) 弟弟回来了。——他的弟弟已经回来了。(添枝加叶)

(2) 弟弟回来了。——去美国读了五年研究生的弟弟终于回来了。(局部发达)

(3) 弟弟回来了。+弟弟又走了。——弟弟回来又走了。(前后衔接)

如果想用多个句子来表达,句法成分承载量少,句子显得简单,多见于口语。例如:

(4) 念小学,我就自个儿找戏听。我那会儿家住门框胡同,门口儿就是"同乐园",出胡同,"之庆""华乐""文明",方圆不够半里地,七个戏园子! 一年三百六十五天,除了封箱那几日,天天有戏,郝寿臣、梅兰芳、李万春,尽是名角儿。

如果有比较复杂的内容要表达,可以把它压缩在一个句子中,使句法成分复杂化,增加并列性成分。再高一层次的扩展则是递归,即在某句法结构中再套用该句法结构。例如:

(5)科学给现代人带来了令人忘乎所以的物质力量和享乐,但是把科学知识同时夸张为解释一切的精神力量和思维方式,则又带来了许多始料不及的危险。从根本上说,"现代"并非由反抗神权、反抗皇权和封建制度以及生活世俗化和商业发展造成的,而是由科学的物质力量和科学化思维的普遍化造成的。

B.紧凑句与松缓句的格式变化。一组句子,如果受到了某种结构关系的严密控制,或者彼此之间的结构方式相同或相近,从而给人一种关系紧密的感觉;紧凑句让人注意力高度集中,感受到语义一脉贯通。汉语的紧缩复句其实也是紧凑句。例如例句(6)。

(6)嘶哑的嗓子吼出的歌声如嚎如喊。那啸声猛地<u>变成</u>一道竖起的巨浪,<u>变成</u>一道坍塌而下的大墙。水鸟和鬼锐烈地掠着,朝着他淹<u>过来</u>,盖<u>过来</u>,冲<u>过来</u>了。

语言交际中,绝大多数句子是松缓句,语气显得随意、轻松。例如(4)。句子之间共同的因素越少,句子之间的衔接关系就不紧密,句子也就越松缓。

句子变化的重要内容是句式的变换,这主要指:主动句和被动句、把字句和被字句、肯定句和否定句、设问句和反问句、常式句和变式句。

二、常用辞格

为了实现交际意图、追求最好的表达效果,人们**在语言运用中对逻辑常理或语言常规有效偏离,形成特定的格式,这种修辞格式称为辞格**。

辞格的共同特征是体现生活,形象生动,富于感染力。辞格以类相聚,分为两大类:偏离逻辑常理的称为超常搭配类辞格,偏离语言常规的称为特殊标志类辞格。

(一) 超常搭配的常用辞格

1. 比喻

用与本体(甲)本质不同但有相似性的喻体(乙)来描写或说明本体,从而更形象、生动地表现喻体的特征或作用,这种辞格叫比喻。相似点是比喻形成的关键要素。常见的比喻有以下三种格式:

A. 明喻:**直接明白地用喻体来描写或说明本体的比喻类型**,形式上有"像""似""如""宛如""仿佛""一般"等比喻词来联结本体和喻体。典型结构式是:甲像乙。例如:

(1) 二月春风似剪刀。

(2) 那平静的湖面,犹如一面硕大的银镜。

B. 暗喻:**直接将本体等同于喻体以描写或说明本体的比喻类型**。常用"是""成为""成了""等于"等动词联结本体和喻体。典型结构式是:甲是乙。例如:

(3) 建筑是凝固的音乐。

(4) 战士的勇敢成了她心中永远抹不去的丰碑。

暗喻还可以通过超常的特殊搭配,把本体和喻体直接组合成为一个句法结构。例如:

(5) 我的思想感情的<u>潮水</u>,在放纵地奔流着。

(6) 随着归期的临近,我的心更紧张了,常在心里呼喊:<u>祖国母亲</u>,我就要回来了。

C. 借喻:**不出现本体,也没有喻词,直接用喻体替代本体来进行描写或说明**。典型结构式为:乙(代替话语中没有出现的甲)。例如:

(7) 夕阳映照下的西湖湖面上洒满了<u>碎银</u>,波光粼粼,熠熠生辉。

(8) 这个鬼地方,一阴天,我心里就堵上个<u>大疙瘩</u>。

2. 比拟

运用联想,直接将本体当作拟体进行描写或陈述,从而体现表达者的喜爱或憎恨的情感态度,这种辞格叫比拟。从形式上说,比拟只有两个要素:本体和拟词,构成陈述或描写关系。常见的比拟有拟人、拟物两种:

A. 拟人:**将事物或现象当作人来描写或说明,从而揭示出本体的实质。**例如:

(1) 春天来了,百花快乐地唱起了歌、跳起了舞。

(2) 真理总是悄悄地走进勇敢者的心间,向他昭示智慧的魔方。

B. 拟物:**将人当作事物或将此物当作彼物来描写或说明。**例如:

(3) 尽管生活相当艰苦,老张还是繁殖出了满屋子的子孙来。

(4) 我的歌啊,你飞吧,飞到爱人的心中,去找你停泊的地方。

3. 移就

将本不能描写甲事物的词语用来描写甲,构成修饰语与中心语的偏正关系,在语义上却是描写与甲相关的人或事,这种辞格叫移就。

A. 移情:**用描写人的词语来描写事物。**例如:

(1) 看着丈夫手握着支<u>无精打采的笔</u>,半天没写一个字,萧雅知道他又遇到什么不顺心的事了。

(2) 多少年的相思只能寄托于频传的飞鸿,在孤寂中品尝这<u>甜蜜的忧愁</u>。

B. 移觉:**用此感觉修饰彼感觉。**例如:

(3) 每想起儿时学堂生活,眼前便浮现出俞老先生从讲台上看我们的那<u>辣辣的眼神</u>来。

(4) 打王琳转学进我们班起,教室里每天都可听到她<u>甜甜的声音</u>。

4. 拈连

将原本用于甲事物的词语顺势搭配到乙事物上,产生两个相关

联的陈述或描写,这样的辞格叫拈连。从形式上看,前后两个结构,后一个则明显是超常搭配,并与前一个结构构成某种因果关系。拈连可以分为两类:

A. 完整式:**指在形式构成上,甲事物和乙事物都出现。例如:**

(1) 夜晚,昏黄的灯下,母亲埋头为我缝补着远行的背囊。她缝上的是密密的针脚,不也缝进了母亲的深深祝福吗?

(2) 天寒热泪冻成冰,冻不住心头的爱和憎。

B. 缺省式:**甲事物不出现,只出现超常搭配的乙事物。例如:**

(3) 这架飞机该有多大的重量啊!它载着全国人民的希望,载着我们国家的命运!

(4) 我只好静静地,静静地坐在这里,用针线牵引出我心底的思念。

5. 夸张

故意对事物或行为属性的范围、数量、程度等方面进行超出或者缩小等的描述,从而表达出强烈情感,这种辞格叫夸张。

A. 扩大夸张:**故意突破事物、行为的逻辑属性,往高、大、强等方面去描述。例如:**

(1) 别哭了,就是你哭出一太平洋的泪来,也唤不回他要走的决心。

(2) 他哥哥你可惹不得,力气大得给座山都能把它扛起来扔了。

B. 缩小夸张:**故意缩小事物、行为的逻辑属性,往低、小、弱等方面去描述。例如:**

(3) 他呀,胆子小得很,连树叶掉下来都怕把自己砸死了。

(4) 小军很贪玩,语文、算术在他心中,只占芝麻绿豆般的地位。

6. 双关

利用语言声音或意义的联系,使同一语言形式兼有两层意义,字面上一个意思,暗含另一个意思,这种辞格叫双关。主要有三种形式:

A. 谐音式：**利用词语的同音或近音，使词语同时关涉表、里两个意义**。例如：

（1）孔夫子搬家——尽是书。（书：输）

（2）我看你是贾家姑娘嫁贾家，贾门贾氏，明明是熊蛋包，还要往自己脸上贴金。（贾：假）

网络词语利用双关手段，改写原词语书写方式，表现了谐趣、形象的目的。常见的分为汉字谐音式和数字谐音式。例如：版主——斑竹、版猪，主页——竹叶，俊男——菌男，美女——霉女，这样子——酱紫，拜拜——88，了不起——687。

B. 语义式：**利用语句的多义性，使某个语句关涉表、里两个意义**。例如：

（3）她们的死，不过像无边的人海里添几粒盐，虽然使扯淡的嘴巴们觉得有些味道，但是不久还是淡、淡、淡。（淡：淡漠）

（4）北大荒使他联想到了开拓初期的美国西域。一下吉普车，在迎接他的人们面前，专家滑了一跤，爬起来后，他情不自禁地扬臂大呼："朋友们，我是为你们的北大荒而倾倒的！"（倾倒：喜爱）

C. 对象式：**利用交际者的角色关系，借话题使其关涉表、里两层意义**。多用于讽刺、揶揄甚至漫骂，平常说的"指桑骂槐"。例如：

（5）院子里，强英在喂猪。

水莲和仁芳哼着歌子回到家里。

强英白了她们一眼，挖一勺猪食骂一句："死东西，哼呀哼的，看把你自在的！"

两头猪抢食吃，她用勺子敲黑猪，骂道："再叫你这张嘴称霸道！"又用勺子敲白猪，骂道：

"再叫你大白眼耍心眼！"……

仁芳忍无可忍，又从堂屋跑到院子，怒气冲冲地质问强英："大嫂，你骂谁？"

强英头一扬："骂兔子骂猪骂畜生！你心惊什么？"

仁芳："有意见公开提，指桑骂槐我不爱听！"

7. 反语

使用相反意思的语句来表达真正的意思,这样的辞格叫反语,也叫反话。在书面上,有时使用某种标记的形式,比如引号或着重号来显示。反语可以分为两类:

A. 讽刺反语:**借以表达批评、抨击等真正的态度的反语**。例如:

(1) 至于男盗和女娼,那是非但无害,而且<u>有益</u>:男盗——可以多刮几层地皮,女娼——可以多弄几个"裙带官儿"的位置。

(2) 他真是一个"<u>廉洁</u>"的表率! 在任市长的短短的两年间竟然就贪污了三千万元!

B. 风趣反语:**有风趣、幽默等效果而运用的反语**。例如:

(3) 你这个<u>死丫头</u>,工资有多少呀? 一下子给妈妈买这么多东西!

(4) 你呀,可会挑<u>好日子</u>了,这么大的风雨还赶过来,船万一出了事怎么办?

8. 借代

用与本体相关的事物(代体)来指称本体,这种辞格叫借代。借代有以下六种常见类型:

A. 特征借代:**用与本体的相关特征指称本体**。例如:

(1) 门卫说:"两天前,老王家来了一个光头青年,昨天傍晚,我看见<u>光头</u>急匆匆地背包走了。"

B. 成分借代:**用本体的构成成分指称本体**。例如:

(2) 为了两国尽早恢复外交关系,<u>北京</u>和<u>华盛顿</u>都秘密地有了惊人的举动。

C. 地名借代:**用与本体(多为商品)相关的地名指称本体**。例如:

(3) 平时他最喜欢喝的茶是杭州的"<u>龙井</u>"。

D. 作者借代:**用作者的姓名指称其作品**。例如:

(4) 虽然时代不同了,但现在再读<u>鲁迅</u>,仍然不时会让我们背脊上惊出细细的汗来。

E. 品牌借代：**用商品的品牌指称商品，多见于广告**。例如：

（5）在国产汽车中，"红旗"的信誉资产评估价高达三十八亿元人民币。

F. 材料借代：**用本体的构成材料指称本体**。例如：

（6）现在生活好了，酒也高档了起来，但"高粱"还是老头子最喜欢的。

（二）特殊标志的常用辞格

1. 对偶

将字数相等、结构相同或相似、意义相关的两个句子（或短语）并举，这种辞格叫对偶。对偶有严式与宽式的区别。严式对偶在语音、词汇和语法等方面都有严格的规定；宽式对偶较为自由。从内容上看，对偶可分为三类：

A. 正对：**上下两句的内容相互补充、强调**。例如：

（1）种牡丹者得花，种蒺藜者得刺，这是应该的，我毫无怨言。

B. 反对：**上下句的内容相反、相对**。例如：

（2）青山有幸埋忠骨，白铁无辜铸佞臣。（杭州岳坟的对联）

C. 串对：**上下句的内容有时间、因果等逻辑关系，又称流水对**。例如：

（3）才饮长沙水，又食武昌鱼。（连贯关系）

（4）欲穷千里目，更上一层楼。（目的关系）

2. 排比

用三个以上字数大体相等、结构相似、语气一致的短语或句子排列起来，这种辞格叫排比。有两种格式：

A. 平排：**构成单位之间在内容上具有并列平铺的关系**。例如：

（1）时间就是生命，时间就是速度，时间就是金钱，时间就是力量。

（2）松树既不需要谁来施肥，也不需要谁来灌溉。狂风吹不倒它,洪水淹不没它,严寒冻不死它,干旱旱不坏它。它只是一味地无忧无虑地生长。松树的生命力可谓强矣!

B. 递排:**构成单位之间在内容上具有逐层递进的关系**。例如:

(3) 保卫黄河! 保卫华北! 保卫全中国!

(4) 难道我不爱我的祖国? 不爱我的故乡? 不爱我的生我养我的家?

3. 顶真

前一个句子结尾部分是后一个句子开头,使相邻的两个句子头尾蝉联,环环相扣,表意紧凑,这种辞格叫顶真。也称顶针、联珠,结构式是:甲+乙→乙+丙……。有两种格式:

A. 词语顶真:**用词或短语构成的顶真**。例如:

(1) 中国南方有一座美丽的城市,城市的名字叫杭州,杭州城里有个秀美的西湖,西湖——那是一个留下了多少美好传说的地方。

(2) 创作离不开灵感,灵感来自于生活的积累,生活的积累又决定于对创作的态度。

B. 句子顶真:**以句子为单位构成的顶真**。例如:

(3) 山冈伏下身躯,村庄已经沉睡。战士站在山头,雨点滴着钢盔。雨点滴着钢盔,仿佛把心儿敲扣。眼光穿过云雾,望见熟悉的窗口。望见熟悉的窗口,闪着灯火的光辉。爱人正凝眸沉思,数着檐头的滴水。数着檐头的滴水,想着闪亮的钢盔。在这风雨的深夜,战士在边疆守卫。

4. 回环

将前一个句子或句子的一部分的组成成分次序颠倒,形成第二个句子,使前后两个句子内容循环往复,紧密相关,这种辞格叫回环。结构式是:甲+乙→乙+甲。有两种格式:

A. 严式回环:**语序颠倒、构成成分基本不变**。例如:

(1) 窗外的明月<u>缺了又圆</u>,<u>圆了又缺</u>。她的枕巾<u>湿了又干</u>,<u>干</u>

了又湿。女儿默默地在心中呼喊着,呼喊着爸爸的早日归来。

B. 宽式回环：**语序颠倒、构成回环的主要成分不完全相同或中间穿插其他成分。**例如：

（2）往日不见,<u>一日就好像三年</u>;今日不见,<u>三年却如同一日</u>。

（3）远远的<u>街灯</u>明了,<u>好像</u>是闪着无数的<u>明星</u>。天上的<u>明星</u>现了,<u>好像</u>是点着无数的<u>街灯</u>。

5. 反复

同一个词语或句子使用两次以上,这种辞格叫反复。针对同一语义强化表达,增加感染力。有两种格式：

A. 连续反复：**同一个语言形式不间断地反复使用。**例如：

（1）<u>滚</u>、<u>滚</u>、<u>滚</u>！你这个忘恩负义的东西！

B. 间隔反复：**某些词或句子间隔地反复使用。**例如：

（2）<u>漓江的水真静啊</u>,静得让你感觉不到它在流动;<u>漓江的水真清啊</u>,清得可以看见江底的沙石;<u>漓江的水真绿啊</u>,绿得仿佛那是一块无瑕的翡翠。

（三）辞格综合运用

在实际交际中,辞格综合运用更为常见。一般说来,有连用、兼用和套用三种情形。

1. 辞格连用

在一句话内,一个或几个辞格连续性出现,这种情形叫辞格连用。

A. 同格连用：**同一个辞格接连出现。**例如：

（1）海在我们脚下沉吟着,诗人一般。那声音仿佛是朦胧的月光和玫瑰的晨雾那样温柔;又像是情人的蜜语那样芳醇;低低的,轻轻的,像微风拂过琴弦;像花飘零在水面上。（比喻连用）

B. 异格连用：**不同的辞格并列地连续出现,描写一个共同的话题。**例如：

（2）蒲公英立在路旁,在春风的抚慰下享受着和煦阳光的温

暖,看着整天行色匆匆的过客,不免深沉地对朋友嘀咕道:名利追逐何时休,光阴空掷哪里求?(比拟、对偶连用)

2. 辞格兼用

两种或者两种以上的辞格融合到一起,这种现象叫辞格兼用。例如:

(1)黄河,你千百年来坚韧地浇灌着华北大地,养育着华夏子孙,就如一位慈祥、坚韧的伟大母亲护养着她生养的儿女!(比拟和比喻兼用)

(2)此时,积压在心底的仇恨,就像沉埋在地下几千年的火山一样喷发出来,一泻千里,势不可挡。(夸张和比喻兼用)

3. 辞格套用

一个辞格中包含着另一个或多个其他的辞格,这种现象叫辞格套用。例如:

(1)史学家是凸面镜,汇集无数的光线,凝结起来,制造一个实的焦点;史剧家是凹面镜,汇集无数的光线,扩展出去,制造一个虚的焦点。(对偶套用比喻)

(2)激情,你是灵感的火花,你是创作的动力,你又是爱情的试金石!(排比套用比喻)

辞格综合运用情况较复杂,有时候难以绝对归类。例如:

(3)人生有限,知识无穷。当你用汗水敬献她的时候,她和你携手前进;当你用懒惰讨好她的时候,她和你分道扬镳。(对偶比拟兼用,套借代)

(4)春分刚刚过去,清明即将到来。"日出江花红似火,春来江水绿如蓝。"这是革命的春天,这是人民的春天,这是科学的春天!让我们拥抱这个春天吧!(第一、二句是对偶,第三、四句对偶比喻兼用,第五、六句反复排比兼用,最后一句比拟)

练习题

一、品味辨析以下每组词语在各种意义上的差别,并尽量用语言把这语义差别描述出来。

　　下岗/失业　　理发店/美容厅　　借钱/贷款
　　付款/买单　　写字楼/办公楼　　幽默/搞笑

　　二、以下两组句子中,第一组是扩展句,第二组是简单句。你能把扩展句改写成简单句,而把简单句改写成扩展句吗?

　　1. a. 那些穿着奇异的黑色或棕色、无领无扣的布质上衣,衣边镶着窄窄白边或花边,头上扎着五颜六色的丝带和戴着银饰的民歌手们正站在竹枝同木条搭成的台子上吱吱哑哑地演唱,通过扩音器,尖厉的声音像一群烈日下往空中飞去的金属。

　　b. 陈先生对事情和事实所做的精彩分析显示了带有后期维特根斯坦和奥斯汀风格的娴熟的哲学分析技巧。

　　2. a. 白肉,白煮肉,白切肉,名虽不同,都是白水煮猪肉。谁不会煮?但是煮出来的硬是不一样。各地的馆子都有白切肉,各地人家也都有这样的家常菜,而巧妙各有不同。

　　b. 正义路原先有一家很大的茶馆,楼上楼下,有几十张桌子,都是荸荠紫漆的八仙桌,很鲜亮。因为在闹市区,坐客常满,人声嘈杂。

　　三、请指出下列句子使用了那些辞格,有什么修辞作用。

　　1. 那沉甸甸的稻谷,像一垄金黄的珍珠,炸蕾吐絮的棉田,像一厢厢雪白的珍珠,婆婆起舞的莲蓬,却又像一盘盘碧绿的珍珠。

　　2. 日本著名画家魁夷先生的一张画……题名是"绿色的声音",它不是瀑布的声音,而是重重叠叠的绿叶仙姿发出的无声的旋律。

　　3. 她眼睛并不大,可是灵活温柔,反衬得许多女人的大眼睛像政治家的大话,大而无当。

　　4. 刚下岗的日子里,人疏懒得很,腿脚像灌了几千斤重的铅一样,哪里也不想去。

　　5. 听过妻子的一番话,他低头吃着冷饮,虽然是盛夏时节,他仍然觉得从身体到心里,都冷透了。

6. 啊,秋天,美丽的秋天,哪一个诗人能为你写下这么瑰丽而动人的诗篇?哪一个画家能为你涂上这么传神而美妙的色彩?

7. 择偶标准也要注意客观可行,不应把对象"模特"化,除了某些"硬件"外,还要考虑内涵、修养、感情等"软件"。

8. 他的确"孝"得很,父母两个老人在外乞讨五六年了,他从来不管不问。

9. 欧阳兰白发苍苍,黄盖苍苍白发。他们老了,孩子们大了。

10. 王老师家里有张年画,年画上画着一个小牧童,小牧童骑在牛背上吹笛子。

四、请指出下列材料中各使用了哪些辞格,它们分别属于辞格综合运用的哪种类型。

1. 人生是一条没有尽头的路,我走着走着,不停地走着,我探索着人生,人生也探索着我。

2. 田野尽头大山脚下是一片不大的山坡,山坡上卧着些小村庄,小村庄的房顶上卧着点雪。

3. 美丽的雪山在向世人们诉说着藏胞们美丽的崭新生活,美丽的感人现实,美丽的诱人前景。

4. 家是一种企盼,家是一种怀念,家是蜜蜂酿蜜的蜂房,家是渔船远航归来的港湾。

思考题

一、不少人认为修辞就是指辞格,你认为正确吗?为什么?

二、你平时在表达中注意了语音修辞了吗?请举例并说明为什么。

三、现代汉语辞格确立的标准是什么?请谈谈你的看法。

第六节 语体的分类与功能

> **教学提示**：重点了解现代汉语的语体系统。1. 了解语体的属性。2. 掌握口语语体、书面语语体的特点。3. 了解常用语体的主要特征。

一、语体及其属性

语体是语言符号在长期的使用过程中，为适应交际语境的需要而形成的具有不同语言风格特点的语言表达体系。

1. 系统性

从形式上看，语体是由语言手段，如词语、句子以及修辞方式等构成的特征系统，系统内部可以分为书面语体和口语语体系统；口头语体又可分为日常谈话语体、正式演说语体；书面语体又可分为大众传播语体、公文事务语体、科学技术语体。还有新兴语体——网络语体。

2. 稳定性

语体是语言符号在长期交际过程中形成的特征系统，每种语体的表达形式在一个相当长的时期具有约束效应，人们会遵守这一约定，充分发挥语体的交际功能。

3. 开放性

语体是在社会交际中形成的，它也将随着社会生活的变化而进一步变化。因此，语体系统在保持自身相对稳定的同时，又必然处于不断发展的开放状态中。

二、语体分类与特征

（一）口头语体及其特征

口头语体指为适应现场交际语境的需要而形成的口头话语表

达体系。其主要特点是：

1. 辅助言语手段的参与

口语体产生于以语音为媒介的交际活动中，体态语成为言语交际的辅助工具。例如：

歹徒<u>眼露凶光地</u>威胁道："快说，钱在哪里？"她知道此时正面冲撞于事<u>无补</u>，便<u>假装害怕、可怜的样子</u>说："别，别杀我，我真的不知道钱在哪儿，都是我爸爸管的，别杀我，我帮你找找还不行吗？"歹徒看看她的样子，相信了她。她趁着歹徒不注意，机智地闪进卧室，拨了110。

2. 语音手段的充分运用

语音形式积极地参与口语体以助表情达意。例如：

"喂，你哪儿？（听不清，大声）<u>我问你哪儿？你要哪儿</u>（暴躁地）你到底要哪儿……啊，你骂人……你才是……什么？（声渐低）<u>你姓金</u>？啊……哪……您老人家是，金八爷！……是……是……是……我就是五十二号……您，我实在看不见，我不知道是您老人家……（赔着笑）您尽管骂吧！"

3. 通俗易懂的生活化用词

口语在谈话过程中交际者多选择生活化的词语，有时还夹带出富有地方特色的俗词、俚语等。例如：

"<u>盖了</u>！<u>化装得真棒</u>，肯定学过！"

"她多大？"

"十九吧。考音乐学院没考上，在家<u>待了半年业</u>，听经理说的……"

"嗓子不错，就是<u>长得一般了点儿</u>。"

"得了呗！这嗓子干专业肯定不行，也就是长相还凑合，往那一站<u>像那么回事</u>……她眼好，可惜一只单眼皮，一只双眼皮，不过倒<u>挺有神的</u>……"

"你看得还挺细。"

"她挺招人看……卖了八箱可乐？这么快！"

4. 灵活多变、简短轻便的句子形式

因为有现场语境帮助,加上体态语的辅助,口语体句子形式上经常性出现省略、倒装等情形,限定、附加的成分较少。例如:

"星期天你想去哪儿玩啊?"
"随便。"
"你喜欢去公园吧,你说?"
"哪儿都成。您怎么,星期天想动弹动弹了?"
"我是想带你去玩。我答应过带你玩一次,我说到得做到。"
"我无所谓,星期天待家里也可以,不一定非去,真的。"
"去游乐场?"
"去过了,没劲……"

5. 极富生活化的修辞格式

口语体辞格运用较多,具有鲜明的生活气息。例如:

儿子:妈,您往后别再烦我这事儿了,瞧<u>您上次给我找的媳妇,整个一个冬瓜</u>!

妈妈:别瞎编排小胡姑娘,看看你自己,三十好几的人了,像个<u>抽飞了的陀螺,整天乱转</u>!

6. 游离的话题中心、随机不定的话轮转换

口语体话题常常表现出随机性和不可预测性。例如:

李:老张,这两天怎么没来听戏呀?

张:别提了,来不了哇。

李:哟,出什么事啦?

张:老伴儿前几天在家里摔了一跤,去医院做了手术,这几天都在医院里忙呢。

李:哎哟,那可是大事,手术做得好吗?听说现在都要给医生送红包,送了吧?

张:是啊,我们也听说了。不过,我们这一会可没被宰,医院最近正抓行风建设,态度不错。

李:算你运气。哎,老张,过两天,我们街道要搞桥牌比赛,要不

要来看看？

张：那敢情好,得空一定来。哟,不早喽,我得去买早点啦,明天见！

李：走好,明天见。

(二) 书面语体及其特征

书面语体是指为适应不同的交际语境的需要而形成的书面话语表达体系。书面语体有下面这样一些特点：

1. 书面语词、术语及文言词的选用

书面语为突出其应有的表义的严谨、风格上的典雅等特点,在选择和使用词语上一般偏重于书面语词、术语甚至文言词语。例如小说《动物凶猛》的开头一段文字：

我羡慕那些来自乡村的人,在他们的记忆里总有一个回味无穷的故乡,尽管这故乡其实可能是个贫穷凋敝毫无诗意的僻壤,但只要他们乐意,便尽可以尽情地遐想自己丢失殆尽的某些东西仍可靠地寄存在那个一无所知的故乡,从而自我原宥和自我慰藉。

2. 句子结构成分完备,较少省略、跳脱,限制修饰语复杂

因缺少现场语境的帮助,书面语要求表义的完整清晰,较为严谨地体现逻辑关系,因此通常出现关联词语,常常要有附加成分,这使得书面语句子较长、结构较复杂。

3. 语序结构总体上相对固定,合乎常规

书面语一般采用固定的常规语序。例如：

80年代以来,语体学研究发展迅速,比起60年代,研究队伍有了增多,研究规模逐步扩大,研究方向更趋多样,研究领域有了开拓,研究深度也有了新的开掘。

当然,在文学作品的书面表达中为了突出其重要性或补足信息,尤其是作为修饰语的定语和状语,可以后置。例如：

他此时此刻躺在公园的草坪上梦想着美好的未来生活,一种他期待已久而从未经历过的。

4. 强调形式上的均衡、对称效果

书面语体,从一定意义上说,是用来"看"的作品,因此,在表达意义的同时,还追求形式上的均衡、对称,给人以美感。例如:

河南农民说:"联产责任制办法灵,<u>能治穷,能治懒,能高产</u>。""<u>治好了病人,挖出了闲人,卡住了滑人,管住了特殊人,拴住了外流人</u>。"

5. 话题中心突出,话题转换服务于话题中心

书面语体的话题中心突出,即便一个复杂语段中含有多个分话题,也都在更大的话题中心范围内进行。这在学术科技语体、公文事务语体以及大众传播语体表现得尤为突出。

6. 丰富多彩、形式齐备的辞格表达

书面语体一般有充分条件可以对言语手段进行选择锤炼,加上书面语体形式上的审美特性及其可视性的特征,要求书面的表达追求最好的效果,所以,辞格在书面语体中有了充分的使用价值,其中强调形式均衡对称的对偶、排比、顶真、回环等辞格使用频率更高。特别是文学艺术语体,各种辞格都可以有其用武之地。公文事务语体则相对较差,但也允许一定程度的变异表达。

三、七种常用语体

(一) 日常谈话语体

谈话语体指的是人们日常交谈活动的话语表达体系,词语丰富生动,对语境的依赖性极强,经常使用省略形式,句子一般都比较简短。在语音上,产生同化或异化等音变现象,有时还允许个别音素的脱落。

(二) 正式演说语体

演说语体指的是说明事理,表明自己观点的话语表达体系。它有鲜明的话题中心,对语言环境的依赖性不像谈话语体那么强。它

句式简短,表情色彩强烈,与之配合有手势动作、情感语调来补充。

(三) 大众传播语体

大众传播语体,是指在公众生活语境中关涉大众和社会生活主题的话语表达体系。从其外部条件来看,带有明显的公众性和有备性,因此它在语体特征上跟书面语体大体一致,如电视、广播、报刊的新闻通讯和社论、时评,以及公众性演讲等。其语言表达上具有倾向性和感染力。对于社论、时评及演讲来说,这一特点更为明显。

(四) 公文事务语体

公文事务语体,是指在社会公众语境中关涉公务或行政管理主题的话语表达体系,又称公文体,如政府的各类法规、通告,社会管理部门之间的来往信函、文件,企业部门间的合同、协议等。这类语体只能是书面语体,可以通过口头形式表达,如判决书的公开宣读等,此外,公众事务语体还具备自身的一些特点:

1. 词语的书面色彩浓厚。
2. 用词力求客观、准确,避免模糊歧解。
3. 句类上以陈述句和祈使句为主。
4. 往往有固定的行文格式。

(五) 科学技术语体

科学技术语体,指关涉科学研究、教育等主题进行交际所形成的**话语表达体系**。科技语体总体上看,具有书面语体的一般特征。其功能在于准确地记录自然、社会及人类自身的各种现象,这些作品包括:科技专著、学术论文、考察、实验报告、技术标准、教材等,科技通俗读物也应属于这一语体。因此,科技语体总体上具有书面语体的一般特征,还有以下几个区别性特征:

1. 专业用的特殊符号。
2. 大量的专业术语、外来语。

3. 句子结构紧凑,多修饰限制成分,多用逻辑关系严谨的复句。

4. 语言风格上平实、朴素,少有语言变异形式,对辞格的使用有严格的选择性。

(六)文学艺术语体

文艺语体是以语言文字为工具,形象化地反映客观现实的话语表达体系,也称为"文学语体""艺术语体"。它通过作者情感直接或间接的表达,感染受话者(听众/观众、读者),引起共鸣。主要特征是:

1. 充分利用语音手段,实现和谐的韵律美,使行文产生抑扬顿挫、往复回环的音乐美、节奏感,达到声情并茂的艺术效果。

2. 词语的选择上强调形象和色彩,借以描绘形象、勾勒情节、展示情怀。

3. 句子结构形式活泼灵活,不拘一格。

4. 语言规则的变异运用,高度适应形象塑造、情感表达的需要。

5. 大量使用辞格。

6. 话题中心含蓄隐晦,话题转换灵活。

(七)网络语体和网络流行体

网络语体,指的是利用互联网即时通信工具和社交平台进行交际而形成的话语表达体系。网络语体兼有口语语体和书面语体的特点,具有视觉性、即时性和非当面性等特征,要求话语符号充分显示变异表达的语用功能,同时体现网络用户们崇尚个性、追求新奇、戏谑娱乐、热衷模仿等社交心态。主要特征是:1. 词语创新立异。2. 句式混用。3. 辞格兼用。

网络流行体指的是在网络交际中快速传播,具有一定时效性的文本模块,通常根据其特征被称为"××体"。网络流行体充分体现了网络语体的性质和功能,同时也反映了思想内容和审美趣味的高低差别。

练习题

一、下面话语分别是什么语体？其表达风格是从哪里表现出来的呢？

1. 中午，父亲和哥哥喝酒。喝过几盅，父亲对哥哥说：来，咱爷俩儿划几拳。每次开划，他们都喊爷儿俩好哇，爷儿俩好哇！不管谁输谁赢，他们喝得都很自觉，都说我喝我喝。田桂金和嫂子一块儿帮母亲包饺子，她怕父亲喝得太多，降不住酒，便腾出手凑过去说：我跟我哥划两拳。她把哥哥的大手握了一下，喊的是：哥儿俩好哇，好哇，好哇……

2. 存储果蔬的误区：把所有果蔬混在一起存。实际上，无论是常温保存还是冷藏保存，都应该注意不同果蔬应保持一定距离。因为很多果蔬会释放乙烯，如苹果、梨、木瓜、香蕉等，而乙烯会加速果树的成熟和老化，若将其他果蔬与此类果蔬放在一起，就容易提早老化、腐烂。

3. 1930年，钱穆到燕京大学任教，校长司徒雷登问他对燕大印象如何，他答道："起初听说燕大是中国教会大学中最中国化的大学，心中特别向往。我来燕大一看，才发现并非如此。一入校门就看到M楼和S楼，这难道就是中国化吗？我希望将燕大各建筑都改为中国名。"不久，燕大专门召开会议，决定改M楼为穆楼，S楼为适楼，贝公楼为办公楼，其他建筑一律赋以中国名称。钱穆还为校园的一个湖取名"未名湖"。

二、请找出两篇著名演讲词，用语言材料具体分析演讲语体的特点。

三、试着找出20个网络词语和5个网络句式，说明其用法和构成方式。

思考题

一、语体可以有不同分类方法，例如有人建议把语体分为四类：公文语体、科技语体、政论语体、文艺语体。对此你有什么看法？

二、系统地掌握语体的理论对我们分析作品、进行语言表达有哪些作用？

三、你对网络语体怎么看？网络语言需要规范吗？为什么？

第七节　病句的类型与修改

> 教学提示：能够准确修改病句并且给予解释。1. 了解病句的性质，掌握发现病句以及修改病句的原则和方法。2. 熟悉现代汉语中病句的常见类型。3. 不但能够改正病句，而且能说明原因。

一、修改病句的原则和方法

（一）什么是病句

所谓病句，就是指不合规范的句子。所谓规范，一是要符合语法组合规则，二是要符合语义的搭配要求，三是要符合语用的表达习惯。寻找产生病句的原因，可能涉及语法、语义和语用多个层面。确定一个句子是否病句，要注意几点：

第一，语言是复杂的。语言规则是多方面的，千万不能以片面的教条来作为衡量句子是不是合乎规范的标准。例如当年曾经有人认为"恢复疲劳""打扫卫生"等说法是病句，这就是因为他们认定动词与宾语的关系只能是动作和受事的关系，而忽视了实际上还存在着许多其他的语义关系，例如动作与结果、目的、原因等关系。

第二，语言是发展的。当年认为是不规范的句子，由于群众的广泛使用，这种句子的用法逐渐已经被接受，因此我们必须具有历史发展的眼光。例如20世纪50年代初《语法修辞讲话》曾经批评"转变了过去站在生产之外，空喊保证生产的作风"中的"转变"是不及物动词，所以不能带宾语，而现在我们再也不认为"转变"不能带宾语了。

第三,语言不等于逻辑。任何一个合法的句子当然应该符合逻辑,符合常理。但是,语言有其表达的规律。例如"老爷爷生了个孙子""他是语音,我是语法""他是最受欢迎的运动员之一",虽然不太符合逻辑,但却是个好句。至于修辞上故意违背逻辑常理以达到某种修辞效果的做法就更多了,例如"他是块木头""绿色的生命"等。

(二) 修改病句的原则

1. 忠于原意的原则

修改后的病句应该尽量保持句子原来的意义。例如:

* A 法国电影周的上映,加强了中法两国人民的传统友谊。

? B 法国电影的上映,加强了中法两国人民的传统友谊。

√ C 法国电影周的举办,加强了中法两国人民的传统友谊。

例 A 是病句,因为只能是"电影"而不能是"电影周""上映",但如果改成 B,句子虽然通顺了,但却失去了"电影周"这层意思,所以最好是改换动词,C 句合乎规范又忠于原意。

2. 从简不从繁的原则

在修改病句时,应该以改动尽可能地少为准则。不要随意增减词语。例如:

* A 中学时代打下的坚实的基础知识,为他进一步自学创造了条件。

? B 中学时代学到的坚实的基础知识,为他进一步自学创造了条件。

√ C 中学时代打下的坚实的知识基础,为他进一步自学创造了条件。

例 A"打下的"不能跟"基础知识"搭配,如果改为 B,句子虽然改通了,但与原意不符。其实只要将"基础"和"知识"语序对调,C 句不仅通顺流畅、忠于原意,且方法最简单。

3. 尽量维持原句结构的原则

修改病句时,不要轻易改变原来的句法结构,特别是一些特定句式。因为结构变化,往往会引起意义的某种变化。例如:

＊A 大家先把这个问题考虑,以后再抽时间研究。

？B 大家先考虑这个问题,以后再抽时间研究。

√C 大家先把这个问题考虑一下,以后再抽时间研究。

例 A 不符合把字句对谓语部分必须是复杂的基本要求;如果改成 B,虽然通顺了,但由于改成了主动句,结构发生了变化,处置义也没有了,C 应该是正确的改法。

4. 修改要对症下药,重点解决造成病句的原因

病句错误的原因,常常可以从不同的角度来分析。例如:

＊在改革开放的形势下,对我们的教育质量提出了更高的要求。

上例的毛病可以说是"主语残缺",也可以说是"滥用介词结构"。因此,在修改的时候就要尽量对症下药,比如上面的病句就可以分别有两种修改的办法:

√A 在改革开放的形势下,人民对我们的教育质量提出了更高的要求。

√B 改革开放的形势对我们的教育质量提出了更高的要求。

例 A 是针对原句"主语残缺"来修改的,B 是针对"滥用介词结构"来修改的。

修改病句的这四项原则,是以"忠于原意"的原则为根本的有机整体。在修改病句中,应该努力贯彻这四原则,才能把学到的语言知识运用到具体的语言实践中去。

(三)修改病句的方法

修改病句时,首先要充分利用我们对于汉语的语感,在此基础上,自觉主动地运用所学到的有关现代汉语的知识、理论及方法,予以理性的思考和实践。能够分析其错误的原因并说明修改的理由。

规范句子的格式总是有限的,而错误句子的情况则是千变万化的。下面帮助检查病句的方法只是一种示范和导向。具体来说,有两种常用的方法。

1. 紧缩法

紧缩法是先检查句子的"主干",再检查句子"枝叶"。首先检查主语(中心)、谓语(中心)、宾语(中心)之间能否搭配、有无残缺或多余等。例如:

(1) ＊A 建桥工人充分发扬了不怕苦、不怕累的精神和团结互助的友情。

√B 建桥工人充分发扬了不怕苦、不怕累的精神和团结互助的风格。

例(1)A 句紧缩为"工人发扬精神和友情"后即可发现,"发扬"与"精神"能够搭配,但与"友情"不能搭配,属于动宾搭配中顾此失彼的毛病。

如果句子的主干没有毛病,则进一步检查定语、状语或补语与其中心语等能否搭配、有无残缺或多余等。例如:

(2) ＊A 屋里陈列着各式各样的鲁迅生前用过的东西和书籍。

√B 屋里陈列着鲁迅生前用过的各式各样的东西和书籍。

例(2)A 句紧缩为"屋里陈列着东西和书籍"后,"主干"成分没有问题,但分析"枝叶"成分即可发现,"东西和书籍"前的两个定语,即表示性状的"各式各样"和表示领属的"鲁迅生前用过",这两个定语语序倒置了,会误解为"各式各样的鲁迅",所以应该调整语序。

2. 类比法

类比法是造出一些相类似的格式来同原句比较,以判断原句正误的一种方法。例如:

(1) ＊歌声突然变得格外亲切而且动人多了。

该例似是而非,一时难于判定其正误。那么,就可以类比原句来仿造若干个句子:

A ＊十分整齐、干净多了。

B　＊特别香甜可口多了。
C　＊格外美丽而且雄伟多了。
D　√分外明亮,而且清洁多了。

A、B、C三句都有毛病,因为"十分""特别""格外"与"多"语义重复;B句和C句还把状心短语和述补短语套合在一起,犯了结构杂糅的毛病。因此,跟A句同构的其他句子也是不能成立的。D句则是对的,可据此对例(1)进行修改:

(2)歌声突然变得格外亲切,而且动人多了。

二、语法病句类型

(一) 词性不对

指在某个句法位置上应该出现这类词,却用了另外一类词。例如:

＊(1)湖面上倒影着点点白帆。

＊(2)除了银幕上活跃的人物之外,我仿佛还感到了一个没有出场的人物,那就是作者自己。

＊(3)《丝路花雨》用生动的艺术形象阐明了"历史悬明镜,强盛不闭关"。

例(1)"倒影"是名词,不能带宾语,应该改为"倒映"。例(2)"感到"是个谓宾动词,要求带谓词性宾语,所以宾语要改成"有一个人物没有出场"。例(3)"阐明"是体宾动词,要求带体词性宾语,因此,宾语要改为"'历史悬明镜,强盛不闭关'的真理"。

(二) 虚词不妥

汉语的虚词极为丰富,不仅用法复杂,而且语义微妙,稍微不注意就会用错。例如:

＊(1)最近,一百六十多名在职人员通过自修取得了博士和硕士学位。

＊(2)亚明曾被应邀到荷兰、丹麦、冰岛、挪威等五国访问和

讲学。

*（3）这座县城对他是陌生的,没别的熟人,没别的可落脚的地方。

例(1)连词"和"表示的是并列关系,这里显然应该用表选择关系的"或"。例(2)既然是"应邀",已经是被动的了,就不必再用"被"了。例(3)的关键是谁对谁的问题,可以改为"他对这座县城是陌生的",或者改为"这座县城对他来说是陌生的"。

（三）成分残缺

句法结构成分往往两两相对,有时会出现顾此失彼的错误,以至于造成句法结构的不完整,表达的句义不准确。

1. 主语残缺

*（1）由于计算机应用技术的提高,为高校文科开展多媒体教学打下良好的技术基础。

*（2）看到老师们忘我工作的情景,使我很受感动。

例(1)因滥用介词而造成主语残缺,只要去掉介词"由于"就可以了。例(2)因多用了"使"字而造成主语残缺,或者去掉"使",或者去掉句首的"看到"。

2. 谓语残缺

*（1）朱老师在去教学大楼的路上,突然有一位老人面带笑容地迎面走来。

*（2）为适应专业改造的要求,我校必须建立新的规章制度等一系列工作。

例(1)主语"朱老师"后只有状语,没有谓语中心语,以致造成谓语陈述不完整,可改为"朱老师在去教学大楼的路上,突然发现有一位老人面带笑容地迎面走来"。例(2)"建立新的规章制度等一系列工作"是同位短语充当宾语,句中因没有谓语动词充当动语而使宾语无所支配,可改为"为适应专业改造的要求,我校必须做好建立新的规章制度等一系列工作"。

3. 宾语残缺

＊(1) 鲁迅乐于为出版青年的作品写序作跋,有时还从版税中拿出钱来资助。

＊(2) 在音乐学院的一间古色古香的大厅里,站着一位身穿绿色绒线上衣,咖啡色西裤,宛如春天早晨亭亭玉立的小树。

例(1)"资助"所支配的对象不明,可改为"鲁迅……,有时还从版税中拿出钱来资助他们"。例(2)述语"站"所涉及的对象既不是"上衣"也不是"西裤",应该是"人",可见,在缺失了宾语中心语,可改为"站着一位身穿绿色绒线上衣,咖啡色西裤的女孩"。

4. 修饰语残缺

＊(1) 要想取得优异成绩,必须付出劳动。

＊(2) 在本届演讲比赛中,北京大学代表队和清华大学代表队获得冠军和亚军。

例(1)"劳动"缺少定语"艰苦",否则,会使人误认为只要劳动就能取得优异成绩。例(2)状语不完整,应改为"北京大学代表队和清华大学代表队分别获得冠军和亚军"。

5. 补语残缺

＊(1) 昨天我找了你。

＊(2) 大家的不同意见,表现在如何计量。

例(1)不能独立成句,是补语残缺,可改为"昨天我找了你三次",或"昨天我找过你"。例(2)补语不完整。应改为"大家的不同意见,表现在如何计量上"。

(四) 结构杂糅

如果把两种不同的说法硬凑在一起,把两种结构套叠在一起,就可能造成结构不合法则,语义混乱费解。

1. 格式套叠

＊(1) 水的化学成分是一个原子的氧和两个原子的氢化合而成。

＊(2)自修大学是一所培养在岗职工学习专业知识的新型学校。

例(1)述宾短语"是……两个原子的氢"和状心短语"(由)……两个原子的氢化合而成"套叠,可改为"水的化学成分是一个原子的氧和两个原子的氢",或改为"水是由一个原子的氧和两个原子的氢化合而成"。例(2)述宾短语"培养在岗职工"和主谓短语"在岗职工学习专业知识"套叠,可改为"自修大学是一所培养在岗职工的新型学校",或改为"自修大学是一所在岗职工学习专业知识的新型学校"。

2. 句式杂糅

＊(1)今年国庆将放假一周,我们应该把这个好消息让大伙儿知道。

＊(2)你不认真学习,那怎么会有好的成绩是可想而知的。

例(1)"把"字句与被动句杂糅,可改为"今年国庆将放假一周,我们应该把这个好消息告诉大伙儿",或改为"今年国庆将放假一周,这个好消息应该让大伙儿知道"。例(2)反问句和陈述句杂糅,可改为"你不认真学习,那怎么会有好的成绩呢?"或改为"你不认真学习,成绩不好是可想而知的"。

三、语义病句类型

(一)搭配不当

语法结构上符合规则的句子并不一定就是好句,我们还要注意语义上的搭配关系,通常情况下,是指这些相互搭配的成分在语义上不能贯通,很难理解。

1. 主谓搭配不当

＊(1)风夹着豆大的雨点哗哗地下起来了。

＊(2)这个核电厂的发电量,除供应本地外,还向香港等地输送。

例(1)主语"风"与充当谓语的"下起来"语义上不能搭配,应改为"风夹着豆大的雨点呼呼地刮起来了"。例(2)主语中心语"发电量"与谓语中心"输送"语义上不能贯通,因为"输送"的只能是"电",不是"发电量",应改为"这个核电厂发的电,除供应本地外,还向香港等地输送"。

2. 述宾搭配不当

＊(1) 采取各种办法培养和提高师资水平,实在是一件迫在眉睫的事。

＊(2) 我抬起头,伸了伸疲倦的肢体,红肿的双眼,陷入了深思。

例(1)可以说"提高师资水平",但不能说"培养师资水平",这是述宾组合中的顾此失彼。例(2)述语"伸了伸"无法跟"红肿的双眼"组合,这是偷换述语,可改为"我抬起头,伸了伸疲倦的肢体,揉了揉红肿的双眼,陷入了深思"。

3. 主宾搭配不当

＊(1) 秋天的北京是一年中最长最美的季节。

＊(2) 河南以北的收复,表示安史之乱取得了最后的胜利。

例(1)主语中心语是"北京",所以不可能是"季节",可能是受到"秋天"的误导,应改为"北京的秋天是……季节"。例(2)的宾语是个主谓短语,显然不是"安史之乱"取得胜利,而应是"平定安史之乱取得了最后的胜利"。

4. 偏正搭配不当

＊(1) 他丰富的发言,吸引着所有的听众。

＊(2) 矿区的师生,都为矿区中学教学质量的提高而担心、焦急。

例(1)定语"丰富"与中心语"发言"语义上不照应,应改为"精彩的发言"。例(3)状语"为……的提高"与中心语"担心、焦急"语义上不相呼应,应改为"为……的滑坡而担心、焦急"。

5. 述补搭配不当

＊(1) 对不起,这次我们对你们照顾得太不周全了。

＊(2) 大家把教室打扫得干干净净、整整齐齐。

例(1)补语"太不周全"与述语"照顾"在语义上不相呼应,应改为"对不起,这次我们对你们照顾得太不周到了"。例(2)述语"打扫"的结果可能是"干干净净",但却不会是"整整齐齐",这是述语跟补语的顾此失彼,可补上述语"布置得整整齐齐"。

(二) 表述歧义

语义的表达要明确,不能有歧义。产生歧义的原因是很复杂的,但是不管哪种歧义,在表达上都是要力求避免的。

﹡(1) 姐姐借他十块钱。

﹡(2) 同志之间,特别是领导干部之间有了意见,要开诚布公地摆到桌面上来,否则,这将不利于团结,不利于工作。

﹡(3) 国庆晚会上,十几个少数民族的同学跳起了欢快的民族舞蹈。

﹡(4) 南京长江大桥是双层铁路、公路两用桥。铁路桥和公路桥由正桥和引桥组成。

例(1)"借"有借进和借出两个意义,可改为"姐姐借给他十块钱",或改为"姐姐向他借了十块钱"。例(2)由于"这"指代不明,或指向"有意见",或指向"摆到桌面上来",可能引起歧解,应该删去"这"。例(3)关键是"十几个少数民族的同学"可以有两种切分,"十几个少数民族的/同学"或"十几个/少数民族的同学",所以要改为"少数民族的十几个同学"或"分属十几个少数民族的同学"。例(4)"双层铁路、公路两用桥"有歧解:或者是一层铁路,一层公路;或者是两层都有铁路和公路。应该改为"南京长江大桥是一座双层两用桥。下层铁路桥和上层公路桥都由正桥和引桥组成"。

四、语用病句类型

(一) 成分多余

所谓的成分多余,是指句子中语义相同的成分重复出现,或者出现了不应该出现的成分,以致造成语义啰唆甚至不合逻辑。

1. 主语多余

*（1）我们的革命先辈，为了人民的利益，他们一不怕苦，二不怕死。

*（2）往事的回忆又像电影一样一幕一幕地在我眼前映现。

例(1)"我们的革命先辈"跟"他们"重复，宜去掉"他们"。例(2)"往事"跟"回忆"语义累赘，应删去"的回忆"。

2. 谓语多余

*（1）国庆之夜，到处张灯结彩，人来人往也特别多。

*（2）清明节，我们全班同学前往烈士陵园进行了献花。

例(1)"也特别多"多余，应删去。例(2)"进行"多余，应改为"清明节，我们全班同学前往烈士陵园献了花"。

3. 宾语多余

*（1）气温骤然下降，我们合盖着一条被子还冻得发抖，只好相互用身子暖和着对方。

*（2）全国人民决心以实际行动热烈庆祝中华人民共和国成立五十周年的到来。

例(1)宾语"对方"多余，应删去。例(2)宾语中心语"的到来"多余，应删去。

4. 修饰语多余

*（1）历代古今中外的经验证明，温室里是培养不出有用的人才的。

*（2）同学们都静静地全神贯注地听着王教授的讲演。

例(1)主语中的定语"历代"多余，应删去。例(2)状语"静静地"和"全神贯注地"语义重复，应删去一个。

5. 补语多余

*（1）从此，这栋楼房就经常发生出使人不安的怪事。

*（2）为了精简字数，不得不略加删节一些。

例(1)补语"出"多余，应删去；例(2)既然已经"略加删节"，就不必用"一些"了,宜删去"一些",或删去"略加"。

(二) 语序有误

所谓的语序有误,是指一些句子成分倒置了应有的语序,以致造成语义模糊或不合逻辑。

1. 定心错位

＊(1) 一阵急促的敲门声打破了宁静的夜晚。

＊(2) 由于提高了产品质量,近年来我国电视机的出口深受东南亚国家的欢迎。

例(1)宾语"宁静的夜晚"应改为"夜晚的宁静。"例(2)主语"电视机的出口"应改为"出口的电视机"。这是定语与中心语的语序错误地颠倒了。

2. 定状错置

＊(1) 李红等六名毕业生要求去山区当教师的申请公布后,在同学中强烈地引起反响。

＊(2) 这次会议对引进外资问题交流了广泛的经验。

例(1)状语"强烈"应该是"反响"的定语,应让它复位。例(2)定语"广泛"应该是"交流"的状语,也应让它复位。这是将修饰语定语和状语的位置搞错了。

3. 状补错置

＊(1) 几个小孩游玩在月光照耀的街道上。

＊(2) 我们整整齐齐地穿衣服,准备去参加国庆游园活动。

例(1)"在月光照耀的街道上"应是"游玩"的状语,应让它复位到状语的位置上。例(2)"整整齐齐"是"穿"的结果,应让它复位作补语。这是指状语或补语的位置搞错了。

4. 状语错位

＊(1) 迎面吹来一股寒风,不禁使我打了个寒噤。

＊(2) 每天早晨,图书馆一开门,就有人陆续来借书了。

例(1)的状语"不禁"修饰的应该是"打了个寒噤"。例(2)状语"陆续"修饰的应该是"有"。这是指状语修饰的主体搞错了。

5. 误补为定

＊(1) 几个值日生擦好了洁白通亮的玻璃窗。

＊(2) 这位老教授被剥夺了整整十年教学、科研的机会。

例(1)的"洁白通亮"是"擦"的结果,应复位改为"把玻璃窗擦得洁白通亮"。例(2)的"整整十年"是"被剥夺"的时间,应复位改为"这位老教授被剥夺了教学、科研的机会整整十年"。这是指错将补语置于定语的位置上。

6. 多层定语语序混乱

＊(1) 三岁的黑李长子小李已经病了三天了。

＊(2) 批评和自我批评是有效的改正错误提高思想水平的方法。

例(1)定语"三岁"是限定"长子小李"的,全句应改为"黑李三岁的长子小李已经病了三天了"。例(2)定语"有效"是修饰"方法"的,全句应改为"批评和自我批评是改正错误提高思想水平的有效方法"。

7. 多层状语语序混乱

＊(1) 我把张老先生家里珍藏的古书几次借来看。

＊(2) 妈妈亲切地走到我跟前,对我说:"学习是长期的,不能搞突击,要妥善安排好时间。"

例(1)对象状语要求紧挨着谓语中心语,应改为"我几次把张老先生家里珍藏的古书借来看"。例(2)"亲切"是修饰"说"的,应改为"妈妈走到我跟前,亲切地对我说……"。

五、复句常见病句及其修改

(一) 分句间意义缺乏联系

1. 分句间意义缺乏照应

＊(1) 我沿着小路走着,两旁是一片绿油油的麦田,春风吹来,是一丛丛五颜六色的野花。

＊(2) 中国人民是勤劳勇敢的,中国人民决心发展同世界各国

人民之间的友谊。

例(1)第三分句"春风吹来"与第四分句"是一丛丛五颜六色的野花",缺乏意义联系。可调整为"我迎着春风,沿着小路走着,路的两旁是一丛丛五颜六色的野花和一片绿油油的麦田"。例(2)第一分句和第二分句意义上互不相关,应改为"中国人民是勤劳勇敢的,中国人民是热爱和平,中国人民决心发展同世界各国人民之间的友谊"。

2. 分句间意义不合逻辑

＊(1) 乡镇企业办得好坏,对提高农民生活水平,进一步发展农业生产具有十分重要的意义。

＊(2) 他接过同学们的捐款,连声道谢,感动得说不出一句话来。

例(1)第一分句具有选择性,第二分句不具选择性,两句逻辑不一致,应改为"办好乡镇企业,对提高农民生活水平,进一步发展农业生产具有十分重要的意义。"例(2)第二分句"连声道谢",即说了很多话,第三分句却"说不出一句话来",显然与逻辑相悖,应改为"他接过同学们的捐款,感动得热泪盈眶,并连声道谢"。

3. 分句陈述对象不一致

＊(1) 半夜里,我被一声巨雷惊醒了,接着,马上是一场暴雨。

＊(2) 林师傅脸上挂满了笑容,身材高大,着实有一座大山的气势,步履比往日更加矫健了。

例(1)第一分句的陈述对象"我",在第二分句中被暗换了,应改为"半夜里,一声巨雷把我惊醒了,接着又是一场暴雨"。例(2)第一分句陈述对象是"林师傅脸上",后面几个分句转化为"林师傅",陈述范畴大小不一。可改为"林师傅脸上挂满了笑容。他身材高大,实有一座大山的气势,步履比往日更加矫健了"。

(二) 分句间次序层次混乱

1. 分句间次序混乱

＊(1) 可怜的民工已经奄奄一息地躺在地上,满脸伤痕,无力

呼救了。

　　*（2）即使我们的工作取得很大的成绩,也不要自满自足,沾沾自喜,否则就会一落千丈,停滞不前。

例(1)第二分句和第一分句次序倒置,可调整为"可怜的民工已经满脸伤痕,奄奄一息地躺在地上,无力呼救了"。例(2)第四分句和第五分句次序倒置,可调整为"即使我们的工作取得很大的成绩,也不要自满自足,沾沾自喜,否则就会停滞不前,一落千丈"。

　　2. 分句间层次不清

　　*（1）在革命的征程中,他,不怕困难,顽强战斗,英姿飒爽,茁壮成长。

　　*（2）我虽然下决心要好好学习,可成绩老是上不去,老师也经常个别辅导。

例(1)"英姿飒爽"与"不怕困难"等并列,结构不相同,语义不相称,以致层次不清。可调整为"他,英姿飒爽;在革命的征程中不怕困难,顽强战斗,茁壮成长"。例(2)第一和第三分句显然是先组成一个层次,再跟第二分句组合,应改为"我虽然下决心要好好学习,老师也经常个别辅导,可成绩老是上不去"。

（三）关联词语使用不当

　　1. 关联词语与分句间的逻辑意义相悖

　　*（1）我在班级里参加劳动时拈轻怕重,常落后于别人,任务不能很好完成,况且自己自觉去做就更谈不上了。

　　*（2）由于作者没有很好地深入调查,凭主观想象加了一些不恰当的情节,反而大大减弱了小说的感染力。

例(1)最后一个分句用了表示追加一层理由的"况且",但该句无此意思,应改为"我在班级里参加劳动时拈轻怕重,常落后于别人,任务不能很好完成,至于自己自觉去做就更谈不上了"。例(2)的第一、二分句和第三分句之间所构成的是因果关系,原句却用了表示递进关系的"反而",应改为"由于作者没有很好地深入调查,凭主观想象加了一些不恰当的情节,因而大大减弱了小说的感染力"。

2. 关联词语滥用

＊(1) 因为怕要下雨,所以我还是把伞带走。

＊(2) 我国古代的这类神话反映了人和自然的斗争,但是也反映了古人朴素的自然观。

例(1)为日常用语,前后句的因果关系清楚,不用关联词语反而显得简洁自然,应改为"怕要下雨,我还是带把伞走"。例(2)分句间没有转折关系,应去掉转折连词"但是"。

3. 关联词语欠用

＊(1) 冬天毕竟是冬天,晚上我穿着厚厚的衣服到操场上看电影。

＊(2) 她回头看武妹,武妹已不似刚才那样悠闲地点竹篙,紧张地从排尾跑到排的前半部,又从前半部跑到排尾,不停地用竹篙撑在石头上使木排不与乱石相撞。

例(1)因缺少必要的关联词语,以致分句间的顺承关系不太明显,句子也令人感到有点别扭,应改为"冬天毕竟是冬天,晚上我还是穿着厚厚的衣服到操场上看电影"。例(2)第二分句和后面的几个分句语义上正好是相对的,且第二分句用了"不(似)",应有"而(是)"与之相配。可改为"她回头看武妹,武妹已不似刚才那样悠闲地点竹篙,而是……"。

4. 关联词语搭配不当

＊(1) 一个国家的工业水平,既取决于产量,而且取决于质量。

＊(2) 只有从思想上解决为什么人的问题,就能更好地为人民服务。

例(1)的关联词语"既"跟"而且"不能配搭,可改为"既……又",或改为"不仅……而且"。例(2)的关联词语"只有"不能跟"就"配搭,可改为"只有……才",或改为"只要……就"。

5. 关联词语位置有误

＊(1) 我国原来是半封建半殖民地的国家,工业不但不发达,

而且农业也很落后。

*（2）他是个急性子，不等大家到齐，就他一个人走了。

例（1）后两个分句主语不同，所以"不但"应像第三分句一样，置于主语前，全句改为"我国原来是半封建半殖民地的国家，不但工业不发达，而且农业也很落后"。例（2）最后一个分句的"就"应置于主语"他"后面，全句改为"他是个急性子，不等大家到齐，他就一个人走了"。

练习题

一、下列句子有无搭配不当的毛病？如果有，请予以改正并说明理由。

1. 中学生是青年学生学习的重要阶段。

2. 近几年来文坛非常活跃，小说、散文、诗歌的数量和质量都显著地增加了。

3. 节日的公园洋溢着一派生机勃勃、欣欣向荣的景象。

4. 我们不但盖出了林立的工厂、学校、住宅，而且盖出了人民大会堂和历史博物馆这样宏伟浩大的工程。

5. 从事这种工作的人，他们的思想负担和精神状态往往是沉重的。

6. 我们要到最艰苦的地方去锻炼，决不做温室的花朵，要做暴风雨中的栋梁材。

7. 这一研究成果，曾前后在去年的上海化学化工年会和全国结构化学学术会议上作过汇报，得到了好评。

8. 不仅这样，他们还把小岛建得花园一样美丽。

二、下列句子有无成分残缺的毛病？如果有，请予以改正并说明理由。

1. 通过这些事实，使我们认识到进行爱国主义教育的重要性、必要性和迫切性。

2. 鲁迅先生在斗争中创造了杂文，成了文学艺术中的奇葩。

3. 我们要为把我国建设成四个现代化的社会主义强国。
4. 他以最新的科研成果向科学大会的献礼。
5. 叶老师虽然每天工作很忙,但还是抓紧和同学们谈心。
6. 这支古老遗民仍然保留着以钻木取火的方法获取火种照明和取暖。
7. 这是对全国人民进行学习科学、破除迷信的一次展览。
8. 大家的不同意见,主要集中在如何更彻底的改革陈规陋习。

三、下列句子有无成分多余的毛病?如果有,请予以改正并说明理由。

1. 我哥哥到深圳打工离现在已经整整十年了。
2. 一立方米的空气中最多可以包含水汽是17.30克。
3. 大家的关心使我感到一点儿也不想家。
4. 母亲雪白的乳汁哺育着婴儿的生机。
5. 过去,我曾多次见过总理。总理和我亲切握手交谈的情景,经常在我眼前浮现。
6. 这句话的后面,包含了多么丰富的"无声"的潜台词啊。
7. 经过一夜苦战,他已经累得直不起腰的样子。
8. 翻开科学史的记录可以看到:从天体运动规律的总结中得出了万有引力定律。

四、下列句子有无语序不当的毛病?如果有,请予以改正并说明理由。

1. 这次会议对引进外资问题交流了广泛的经验。
2. 这次运动会共进行了六十九个比赛项目。
3. 故宫博物院最近展出了两千多年前新出土的文物。
4. 这个问题,去年热烈地在这里讨论过。
5. 中国政府一贯认为和平谈判是最好的解决边界问题的办法。
6. 纪昌就把虱子用牛尾毛挂在窗口上。
7. 我第一次平生见到这样的奇观,真使人激动不已。
8. 我们和农民一起,参加了积肥的紧张劳动。

五、下列句子有无句式杂糅的毛病？如果有，请予以改正并说明理由。

1. 今天我们教《词的构成》这篇基础知识短文的主要内容是合成词的结构方式。

2. 这张报纸比任何特效药都好，把夜班后的疲劳、瞌睡都赶到九霄云外去了。

3. 这届学术研讨会是由中文系为主持单位召开的。

4. 在有一次攻击敌人重兵把守的山头时，他只身冲入敌阵，孤军作战，炸毁两个敌堡。

5. 小说《吕梁英雄传》的作者是马烽、西戎合写的。

6. 我们就不得不敬佩关汉卿在七百多年前就在舞台上为我们创造了这样一个熠熠生辉的女性形象。

7. 他是我们家中第一个人对国家所受到的威胁加以严肃而清醒的考虑，而毅然去参军的。

8. 我们今天学习这则小故事，对我们还很有启发意义。

六、下列句子中有无歧义的毛病？如果有，请予以改正并说明理由。

1. 昨天，我们八个科技小组的成员都参加了市里组织的竞赛。

2. 出席座谈会的有我校各系教师和学生代表一百多人。

3. 大家不由得热烈鼓掌，望着慰问团微笑着走进会场。

4. 老人说，他的家在加利利地区的阿卡山下，那里有他的橄榄树、苹果树，真是美极了。

5. 为了进一步了解农村改革的情况，我在那里调查研究了一个星期之后，又走访了附近的几个村落，在那里所了解到的情况基本同我过去插队落户的大名村相同，变化也很大。

6. 校长、副校长和其他学校领导出席了本届迎新大会。

7. 这部散文集是一幅历史长卷，文章写作年代前后历四十五个春秋。

8. 这部由广东电视台新录制的电视剧，将于明晚八点首播，电视剧里将给观众讲述一个动人的故事。

七、下列复句有无毛病？如果有，请予以改正并说明理由。

1. 在这次扑灭森林大火的战斗中，武警战士和烈火搏斗了几个昼夜，保住了森林，战胜了烈火。

2. 他不仅迅速端正了学习态度，而且诚恳地接受了老师的批评。

3. 这个工厂，由于生产搞上去了，因此各项政策也落实了。

4. 如果分析什么文章，只有掌握了这种分析方法，才能迎刃而解。

5. 如果我们前一时期已经克服了学习上的一些困难，那么今后的困难同样也能克服。

6. 不论我们做了很多的思想工作，他就是想不通。

7. 只要增加投入，才能使粮食生产稳步增长。

8. 新加坡的竹节虫，不仅体色几乎和竹子一样，体形在安静时完全像一根树枝。

9. 阿里发音不但准确清晰，而且笔译通顺流畅。

10. 北京举行科学技术展览会，但总有一大部分科技人员想参观而得不到机会。

思考题

一、我们如何凭借"语感"来识别病句？在语文实践中应该怎样识别病句？

二、语言的规范与语言的发展是怎样的一种关系？代表语言发展方向而又突破语言现有规范的句子算不算病句？为什么？例如"很男人""非常雪白""清洁香港""被小康"。

三、"贵宾们所到之处，受到热烈欢迎。"这是病句吗？为什么？

参考文献

倪宝元.修辞[M].杭州：浙江人民出版社，1980.

刘焕辉.言语交际学[M].南昌：江西教育出版社，1986.

黄国文.语篇分析概要[M].长沙：湖南教育出版社,1988.

西禛光正.语境研究论文集[M].北京：北京语言学院出版社,1992.

胡壮麟.语篇的衔接与连贯[M].上海：上海外语教育出版社,1994.

沈开木.现代汉语话语语言学[M].北京：商务印书馆,1996.

何自然,冉永平.新编语用学概论[M].北京：北京大学出版社,2010.

徐默凡,刘大为.汉语语用趣说[M].广州：暨南大学出版社,2011.

池昌海.现代汉语语法修辞教程(第3版)[M].杭州：浙江大学出版社,2014.

索振羽.语用学教程[M].北京：北京大学出版社,2014.

附录一

汉语拼音方案

(1957年11月1日国务院全体会议第60次会议通过)
(1958年2月11日第一届全国人民代表大会第五次会议批准)

一、字母表

字母名称							
Aa ㄚ	Bb ㄅㄝ	Cc ㄘㄝ	Dd ㄉㄝ	Ee ㄜ	Ff ㄝㄈ	Gg ㄍㄝ	
Hh ㄏㄚ	Ii ㄧ	Jj ㄐㄧㄝ	Kk ㄎㄝ	Ll ㄝㄌ	Mm ㄝㄇ	Nn ㄋㄝ	
Oo ㄛ	Pp ㄆㄝ	Qq ㄑㄧㄡ	Rr ㄚㄦ	Ss ㄝㄙ	Tt ㄊㄝ	Uu ㄨ	
Vv ㄪㄝ	Ww ㄨㄚ	Xx ㄒㄧ	Yy ㄧㄚ	Zz ㄗㄝ			

v 只用来拼写外来语、少数民族语言和方言。
字母的手写体依照拉丁字母的一般书写习惯。

二、声母表

b ㄅ玻	p ㄆ坡	m ㄇ摸	f ㄈ佛	d ㄉ得	t ㄊ特	n ㄋ讷	l ㄌ勒
g ㄍ哥	k ㄎ科	h ㄏ喝		j ㄐ基	q ㄑ欺	x ㄒ希	
zh 业知	ch 彳蚩	sh ㄕ诗	r 日日	z ㄗ资	c ㄘ雌	s ㄙ思	

在给汉字注音的时候,为了使拼式简短,zh ch sh 可以省作ẑ ĉ ŝ。

三、韵 母 表

		i 丨 衣	u ㄨ 乌	ü ㄩ 迂
a ㄚ	啊	ia 丨ㄚ 呀	ua ㄨㄚ 蛙	
o ㄛ	喔		uo ㄨㄛ 窝	
e ㄜ	鹅	ie 丨ㄝ 耶		üe ㄩㄝ 约
ai ㄞ	哀		uai ㄨㄞ 歪	
ei ㄟ	欸		uei ㄨㄟ 威	
ao ㄠ	熬	iao 丨ㄠ 腰		
ou ㄡ	欧	iou 丨ㄡ 忧		
an ㄢ	安	ian 丨ㄢ 烟	uan ㄨㄢ 弯	üan ㄩㄢ 冤
en ㄣ	恩	in 丨ㄣ 因	uen ㄨㄣ 温	ün ㄩㄣ 晕
ang ㄤ	昂	iang 丨ㄤ 央	uang ㄨㄤ 汪	
eng ㄥ	亨的韵母	ing 丨ㄥ 英	ueng ㄨㄥ 翁	
ong (ㄨㄥ)	轰的韵母	iong ㄩㄥ 雍		

(1)"知、蚩、诗、日、资、雌、思"等七个音节的韵母用 i,即:知、蚩、诗、日、资、雌、思等字拼作 zhi, chi, shi, ri, zi, ci , si。

(2) 韵母ㄦ写成 er,用作韵尾的时候写成 r。例如:"儿童"拼作 ertong,"花儿"拼作 huar。

(3) 韵母ㄝ单用的时候写成 ê。

(4) i 行的韵母,前面没有声母的时候,写成 yi(衣),ya(呀),ye(耶),yao(腰),you(忧),yan(烟),yin(因),yang(央),ying(英),yong(雍)。

u 行的韵母，前面没有声母的时候，写成 wu（乌），wa（蛙），wo（窝），wai（歪），wei（威），wan（弯），wen（温），wang（汪），weng（翁）。

ü 行的韵母，前面没有声母的时候，写成 yu（迂），yue（约），yuan（冤），yun（晕）；ü 上两点省略。

ü 行的韵母跟声母 j，q，x 拼的时候，写成 ju（居），qu（区），xu（虚），ü 上两点也省略；但是跟声母 n、l 拼的时候，仍然写成 nü（女），lü（吕）。

（5）iou，uei，uen 前面加声母的时候，写成 iu，ui，un。例如 niu（牛），gui（归），lun（论）。

（6）在给汉字注音的时候，为了使拼式简短，ng 可以省作 ŋ。

四、声调符号

阴平	阳平	上声	去声
-	ˊ	ˇ	ˋ

声调符号标在音节的主要母音上，轻声不标。例如：

妈 mā　　麻 má　　马 mǎ　　骂 mà　　吗 ma
（阴平）（阳平）（上声）（去声）（轻声）

五、隔音符号

a，o，e 开头的音节连接在其他音节后面的时候，如果音节的界限发生混淆，用隔音符号（'）隔开，例如：pi'ao（皮袄）。

附录二 国际音标简表

发音方法		发音部位	双唇(上唇下唇)	唇齿(上齿上唇)	舌尖前(舌尖齿背)	舌尖中(舌尖上齿龈)	舌尖后(舌面硬腭前)	舌叶	舌面前(舌面前硬腭前)	舌面中(舌面中硬腭)	舌面后(舌根软腭)	喉
辅音	塞音	清	不送气	p			t				c	k	ʔ
		清	送气	pʻ			tʻ				cʻ	kʻ	
		浊		b			d					g	
	塞擦音	清	不送气		pf	ts		tʂ	tʃ	tɕ			
		清	送气		pfʻ	tsʻ		tʂʻ	tʃʻ	tɕʻ			
		浊				dz		dʐ	dʒ	dʑ			
	鼻音	浊		m	ɱ		n	ɳ		ɲ		ŋ	
	闪音	浊						ɽ					
	边音	浊					l						
	擦音	清		ɸ	f	s		ʂ	ʃ	ɕ	ç	x	h
		浊		β	v	z		ʐ	ʒ	ʑ	j	ɣ	ɦ
	半元音	浊		w ɥ	ʋ						j(ɥ)	w	

（续表）

类别		舌尖元音				舌面元音					
		前		后		前		央		后	
舌位（舌、唇形、口腔）	口腔	不圆	圆	不圆	圆	不圆	圆	自然	圆	不圆	圆
高 最高	闭	ɿ	ʮ	ɿ	ʯ	i	y			ɯ	u
高 次高						ɪ					ʊ
中 高中	半闭					e	ø	ə		ɤ	o
中 正中								ə(ɚ)			
中 低中	半开					ɛ	œ			ʌ	ɔ
低 次低						æ					
低 最低	开					a		A		ɑ	ɒ

附录三

普通话声韵配合总表

音节 声母\韵母	-i	a	o	e	er	开 ai	口 ei	呼 ao	ou	an	en	ang	eng	ong
					ê									
b		ba 巴	bo 玻			bai 掰	bei 杯	bao 包		ban 班	ben 锛	bang 帮	beng 崩	
p		pa 趴	po 坡			pai 拍	pei 胚	pao 抛	pou 剖	pan 攀	pen 喷	pang 旁	peng 烹	
m		ma 妈	mo 摸	me 么		mai 埋	mei 煤	mao 猫	mou 谋	man 蛮	men 门	mang 忙	meng 萌	
f		fa 发	fo 佛				fei 非		fou 否	fan 翻	fen 分	fang 方	feng 风	
d		da 搭		de 的		dai 呆	dei 得	dao 刀	dou 兜	dan 单	den 扽	dang 挡	deng 登	dong 东
t		ta 他		te 特		tai 胎		tao 涛	tou 偷	tan 滩		tang 汤	teng 疼	tong 通
n		na 拿		ne 讷		nai 奶	nei 内	nao 脑	nou 耨	nan 难	nen 嫩	nang 囊	neng 能	nong 农
l		la 拉		le 勒		lai 来	lei 雷	lao 捞	lou 楼	lan 蓝		lang 郎	leng 冷	long 龙
g		ga 嘎		ge 哥		gai 该	gei 给	gao 高	gou 沟	gan 甘	gen 根	gang 刚	geng 更	gong 工

（续表）

声母\韵母	-i	a	o	e	er	ê	ai	ei	ao	ou	an	en	ang	eng	ong
k		ka 咖		ke 科			kai 开	kei 剋	kao 考	kou 抠	kan 刊	ken 肯	kang 糠	keng 坑	kong 空
h		ha 哈		he 喝			hai 孩	hei 黑	hao 毫	hou 候	han 寒	hen 痕	hang 夯	heng 哼	hong 红
j															
q															
x															
zh	zhi 知	zha 渣		zhe 遮			zhai 摘	zhei 这	zhao 招	zhou 周	zhan 沾	zhen 真	zhang 章	zheng 争	zhong 中
ch	chi 吃	cha 插		che 车			chai 拆		chao 抄	chou 抽	chan 搀	chen 尘	chang 昌	cheng 成	chong 充
sh	shi 师	sha 纱		she 赊			shai 筛	shei 谁	shao 烧	shou 收	shan 山	shen 深	shang 伤	sheng 生	
r	ri 日			re 热					rao 饶	rou 柔	ran 然	ren 人	rang 让	reng 扔	rong 荣
z	zi 资	za 杂		ze 责			zai 灾	zei 贼	zao 遭	zou 走	zan 咱	zen 怎	zang 脏	zeng 增	zong 宗
c	ci 雌	ca 擦		ce 测			cai 猜		cao 槽	cou 凑	can 蚕	cen 岑	cang 仓	ceng 层	cong 从
s	si 私	sa 撒		se 色			sai 腮		sao 嫂	sou 搜	san 三	sen 森	sang 桑	seng 僧	song 松
		a 啊	o 喔	e 鹅	er 儿	ê 欸	ai 哀	ei 欸	ao 熬	ou 欧	an 安	en 恩	ang 昂	eng 㖃	

（续表）

声母\韵母	i	ia	ie	iao	iou	ian	in	iang	ing	iong	u	ua	uo
b	bi 逼		bie 别	biao 标		bian 边	bin 宾		bing 兵		bu 不		
p	pi 批		pie 瞥	piao 飘		pian 偏	pin 拼		ping 平		pu 扑		
m	mi 眯		mie 灭	miao 妙	miu 谬	mian 棉	min 民		ming 名		mu 木		
f											fu 夫		
d	di 低		die 爹	diao 叮	diu 丢	dian 颠			ding 丁		du 督		duo 多
t	ti 踢		tie 贴	tiao 条		tian 天			ting 听		tu 秃		tuo 脱
n	ni 泥		nie 捏	niao 鸟	niu 牛	nian 年	nin 您	niang 娘	ning 宁		nu 奴		nuo 挪
l	li 离	lia 俩	lie 列	liao 撩	liu 流	lian 连	lin 林	liang 粮	ling 铃		lu 炉		luo 罗
g											gu 姑	gua 瓜	guo 锅
k											ku 哭	kua 夸	kuo 阔
h											hu 呼	hua 花	huo 活

齐齿呼 / 合口呼

(续表)

声母\韵母	齐齿呼										合口呼		
	i	ia	ie	iao	iou	ian	in	iang	ing	iong	u	ua	uo
j	ji 基	jia 家	jie 接	jiao 交	jiu 纠	jian 间	jin 今	jiang 江	jing 京	jiong 窘			
q	qi 欺	qia 掐	qie 切	qiao 锹	qiu 球	qian 牵	qin 亲	qiang 枪	qing 轻	qiong 穷			
x	xi 希	xia 虾	xie 些	xiao 消	xiu 休	xian 先	xin 新	xiang 香	xing 兴	xiong 兄			
zh											zhu 珠	zhua 抓	zhuo 捉
ch											chu 初	chua 欻	chuo 龊
sh											shu 书	shua 刷	shuo 说
r											ru 如		ruo 若
z											zu 租		zuo 昨
c											cu 粗		cuo 错
s											su 苏		suo 锁
	yi 衣	ya 压	ye 耶	yao 腰	you 优	yan 烟	yin 因	yang 央	ying 英	yong 用	wu 乌	wa 蛙	wo 窝

（续表）

音节\韵母\声母	合口呼						撮口呼			
	uai	uei	uan	uen	uang	ueng	ü	üe	üan	ün
b										
p										
m										
f										
d		dui 堆	duan 端	dun 蹲						
t		tui 推	tuan 团	tun 吞						
n			nuan 暖				nü 女	nüe 虐		
l			luan 峦	lun 轮			lü 驴	lüe 略		
g	guai 乖	gui 归	guan 关	gun 滚	guang 光					
k	kuai 快	kui 亏	kuan 宽	kun 坤	kuang 筐					
h	huai 怀	hui 灰	huan 欢	hun 昏	huang 黄					

（续表）

音节 声母\韵母	合口呼						撮口呼			
	uai	uei	uan	uen	uang	ueng	ü	üe	üan	ün
j							ju 居	jue 决	juan 捐	jun 军
q							qu 区	que 缺	quan 全	qun 群
x							xu 虚	xue 靴	xuan 宣	xun 勋
zh	zhuai 拽	zhui 追	zhuan 专	zhun 准	zhuang 庄					
ch	chuai 揣	chui 吹	chuan 穿	chun 春	chuang 窗					
sh	shuai 摔	shui 水	shuan 栓	shun 顺	shuang 双					
r		rui 瑞	ruan 软	run 润						
z		zui 最	zuan 钻	zun 尊						
c		cui 催	cuan 汆	cun 村						
s		sui 随	suan 酸	sun 孙						
	wai 歪	wei 威	wan 弯	wen 温	wang 汪	weng 翁	yu 迂	yue 约	yuan 冤	yun 晕

图书在版编目（CIP）数据

现代汉语通论精编/邵敬敏主编.—2版.—上海：
上海教育出版社，2021.6
ISBN 978-7-5720-0906-8

Ⅰ.①现… Ⅱ.①邵… Ⅲ.①现代汉语-教材
Ⅳ.①H109.4

中国版本图书馆CIP数据核字(2021)第009742号

责任编辑　朱宇清
封面设计　陈　芸

现代汉语通论精编（第二版）
邵敬敏　主编

出版发行	上海教育出版社有限公司
官　　网	www.seph.com.cn
地　　址	上海市闵行区号景路159弄C座
邮　　编	201101
印　　刷	上海昌鑫龙印务有限公司
开　　本	890×1240　1/32　印张 13.5　插页 1
字　　数	351千字
版　　次	2021年6月第1版
印　　次	2024年12月第4次印刷
书　　号	ISBN 978-7-5720-0906-8/H·0029
定　　价	58.00元

如发现质量问题，读者可向本社调换　电话：021-64373213